《华侨大学哲学社会科学文库》编辑委员会

主　编　徐西鹏

副主编　曾　路

编　委（以姓氏笔画为序）

马海生	王丽霞	毛浩然	邢尊明	许少波	许斗斗	许培源
孙　锐	李志强	宋　武	张向前	陈历明	陈文寿	陈旋波
林怀艺	林宏宇	林俊国	郑向敏	赵昕东	胡日东	胡培安
姜泽华	贾益民	徐　华	徐西鹏	郭东强	郭克莎	黄远水
常　彬	梁　宁	曾　峰	曾　路	蔡振翔		

华侨大学哲学社会科学文库·文学系列

1939：中国士人的知与行

1939: THE KNOWLEDGE AND ACTION OF
THE CHINESE SCHOLARS

陈旋波 著

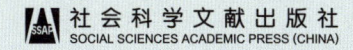

社会科学文献出版社
SOCIAL SCIENCES ACADEMIC PRESS (CHINA)

摘 要

本书通过对1939年中国士人知与行的微观史考察，揭示战时中国知识分子的创述、道义与担当，力图从诸种经过精心择取的个案中揭橥中国士人具有普遍意义的心迹与行迹，并借之寻绎1939年这一特定年份的中国文化思想脉络。

1939年的中国士人积极投身抗日救亡运动，或直接置身于抗日前线浴血奋战，或为军政部门及其他抗日组织贡献知识才干，或努力开展抗战宣传，更多的则以振兴中国学术文化为己任，创造了战时中国教育、学术和文学艺术等诸领域的蓬勃气象。本书分析了八个个案：《黄河大合唱》在西洋音乐的形式框架下突出了中华民族和黄河的符号象征，其歌词创作和乐器的运用有意识地取法于传统；熊十力在复性书院的哲学运思一方面积极汲取西方知识论的营养，另一方面则赓续了中国古代"外王事功""学以致用"的哲学传统；太虚大师希望重振大乘佛教救世利生的精神力量，其东南亚及南亚之行则更体现为"儒释兼容"、见危授命的传统士人行事风格；历史学家刘节的所思所行无一不体现出传统士人的精神特质，1939年日记中深蕴的家国殷忧、交友行谊、学术追求和文人情怀与士人精神一脉相承；废名在对乡土社会进行批判性反思的同时发现了传统乡野的生命原力；于伶通过上海"孤岛"的都市叙事反映了传统士绅的精神觉醒；王度庐用中国武侠传统颂扬士君子的高义，以中国文化的隐微修辞表达抗日情绪；在海外的林语堂则重新发掘道家精神，并强化了传统家族伦理的生命价值，借此凝聚民族的抗战力量。

在微观史这个"放大镜"的视域下，战时中国士人的文化自觉与文化自信之历史本相得以充分彰显。

关键词：1939 中国士人 抗战 中国文化

Abstract

This book demonstrates the creative writing representation, moral qualities and responsibilities that Chinese intellectuals presented and endured during wartime by closely investigating the micro – history of those knowledgeable Chinese intellectuals and their noble conduct in 1939, trying to bring insight into the universal psychological features and behavioral characteristics of Chinese scholars from various carefully selected cases, and thus exposes the Chinese cultural and ideological context of year 1939.

In 1939, Chinese scholars actively participated in the anti – Japanese and national salvation campaign. They either fought fiercely in the front line in the anti – Japanese war, or contributed their knowledge and talents to the military and political departments and other anti – Japanese organizations, or worked hard to carry out anti – Japanese propaganda. More importantly, they took the revitalization of Chinese academic culture as their responsibility and created a vigorous atmosphere in the fields of education, academia, literature and art in wartime. This book analyses eight cases. The Yellow River Chorus emphasized the symbolic signs of the Chinese nation and the Yellow River within the standard framework of Western music. Its lyric creation and its use of musical instruments were deliberately adapted from tradition. Xiong Shili's philosophical thinking in Fuxing Academy, on the one hand, absorbed the nutrition from Western epistemology, on the other hand, it carried on the ancient Chinese philosophical tradition, such as learning for application. Master Taixu hoped to revitalize Mahayana Buddhism's spiritual power of salvation. His travel in Southeast Asia and

South Asia displayed the traditional style of Chinese scholars who were compatible with Confucianism and Buddhism and naturally assumed social responsibilities at a critical moment. Historian Liu Jie's thoughts and deeds reflected the spiritual characteristics of the traditional scholars. The sentiments of his deep worries about the family, nation, friendship, academic pursuit and literati feeling embodied in his diary of 1939 were in line with the spirit of scholars. Fei Ming's critical reflection on the local society revealed the vitality of the traditional countryside. Yu Ling reflected the spiritual awakening of the traditional gentry through the urban narrative of the isolated Shanghai. Wang Dulu eulogized the nobility of gentlemen with Chinese martial arts tradition and expressed his anti – Japanese sentiment with the subtle rhetoric of Chinese culture. Overseas Lin Yutang re – explored and discovered the Taoist spirit and strengthened the life value of family traditional ethics, thereby uniting the nation's anti – Japanese forces.

With the micro – history as a "magnifying glass", the historical essence of cultural consciousness and cultural confidence of Chinese intellectuals in wartime is fully demonstrated.

Keywords: 1939   Chinese Scholars   Anti – Japanese War   Chinese culture

构建原创性学术平台　　打造新时代精品力作
——《华侨大学哲学社会科学文库》总序

习近平总书记在哲学社会科学工作座谈会上提出："哲学社会科学是人们认识世界、改造世界的重要工具，是推动历史发展和社会进步的重要力量。"中国特色社会主义建设已经进入新时代，我国社会的主要矛盾已经发生变化，要把握这一变化的新特点，将党的十九大描绘的决胜全面建成小康社会、夺取新时代中国特色社会主义伟大胜利的宏伟蓝图变为现实，迫切需要哲学社会科学的发展和支撑，需要加快构建中国特色哲学社会科学。当前我国的哲学社会科学事业已经进入大繁荣大发展时期，党和国家对哲学社会科学事业的投入不断增加，伴随我国社会的转型、经济的高质量发展，对于哲学社会科学优秀成果的需求也日益增长，可以说，当代的哲学社会科学研究迎来了前所未有的发展机遇与挑战。

构建中国特色哲学社会科学，必须以习近平新时代中国特色社会主义思想为指导，坚持"以人民为中心"的根本立场，围绕我国和世界面临的重大理论和现实问题，努力打造体现中国特色、中国风格、中国气派的哲学社会科学精品力作，提升中华文化软实力。要推出具有时代价值和中国特色的优秀作品，必须发挥广大学者的主体作用，必须为哲学社会科学工作者提供广阔的发展平台。今天，这样一个广阔的发展平台正在被搭建起来。

华侨大学是我国著名的华侨高等学府，多年来始终坚持走内涵发展、特色发展之路，注重发挥比较优势，在为侨服务、传播中华文化的过程中，形成了深厚的人文底蕴和独特的发展模式。新时代，我校审时度势，积极融入构建中国特色哲学社会科学的伟大事业中，努力为学者发挥创造力、打造精品力作提供优质平台，一大批优秀成果得以涌现。依托侨校的天然优势，以"为侨服务、传播中华文化"为宗旨，华侨大学积极承担涉侨研究，努力打造具有侨校特色的新型智库，在海外华文教育、侨务理论与政策、侨务公共外交、华商研究、海上丝绸之路研究、东南亚国别与区域研究、海外宗教文化研究等诸多领域形成具有特色的研究方向，推出了以《华侨华人蓝皮书：华侨华人研究报告》《世界华文教育年鉴》《泰国蓝皮书：泰国研究报告》《海丝蓝皮书：21世纪海上丝绸之路研究报告》等为代表的一系列标志性成果。

围绕党和国家加快构建中国特色哲学社会科学、繁荣哲学社会科学的重大历史任务，华侨大学颁布实施"华侨大学哲学社会科学繁荣计划"，作为学校哲学社会科学的行动纲领和大平台，切实推进和保障了学校哲学社会科学事业的繁荣发展。"华侨大学哲学社会科学学术著作专项资助计划"是"华侨大学哲学社会科学繁荣计划"的子计划，旨在产出一批在国内外有较大影响力的高水平原创性研究成果。作为此资助计划的重要成果——《华侨大学哲学社会科学文库》已推出一批具有相当学术参考价值的学术著作。这些著作凝聚着华侨大学人文学者的心力与智慧，充分体现了他们多年围绕重大理论与现实问题进行的研判与思考，得到同行学术共同体的认可和好评，其社会影响力逐渐显现。

《华侨大学哲学社会科学文库》丛书按学科划分为哲学、法学、经济学、管理学、文学、历史学、艺术学、教育学8个系列，内容涵盖马克思主义理论、哲学、法学、应用经济、国际政治、华商研究、旅游管理、依法治国、中华文化研究、海外华文教育、"一带一路"等基础理论与特色研究，其选题紧扣时代问题和人民需求，致力于解决新时代面临的新问题、新困境，其成果直接或间接服务于国家侨务事业和经济社会发展，服务于国家华文教育事业与中华文化软实力的提升。可以说，该文库是华侨大学展示自身哲学社会科学研究力、创造力、价值引领力的原创学术平台。

"华侨大学哲学社会科学繁荣计划"的实施成效显著，学校的文科整体实力明显提升，一大批高水平研究成果相继问世。凝结着华侨大学学者智慧的《华侨大学哲学社会科学文库》丛书的继续出版，必将鼓励更多的哲学社会科学工作者尤其是青年教师勇攀学术高峰,努力打造更多的造福于国家与人民的精品力作。

最后,让我们共同期待更多的优秀作品在《华侨大学哲学社会科学文库》这一优质平台上出版,为新时代决胜全面建成小康社会、开启全面建设社会主义现代化国家新征程作出更大的贡献。

我们将以更大的决心、更宽广的视野、更精心的设计、更有效的措施、更优质的服务,加快华侨大学哲学社会科学的繁荣发展,更好地履行"两个面向"的办学使命,早日将华侨大学建成特色鲜明、海内外著名的高水平大学!

华侨大学校长　徐西鹏

2018 年 11 月 22 日

目 录

导 论 1

第一章 1939年：中国士人的文化世界与人生抉择 16
第一节 中国士人社会与战时政治文化语境 18
第二节 中国士人的抗战行动 27
第三节 中国士人的学术著述和文艺创作 38

第二章 光未然、冼星海与《黄河大合唱》的文化政治 ... 50
第一节 《黄河大合唱》主体象征的诞生 51
第二节 "中华民族"与"黄河"的符号政治 54
第三节 民族形式：文化资源的政治性 63

第三章 熊十力在复性书院及其新儒学思想 72
第一节 熊十力、马一浮在复性书院之分合 73
第二节 "体用不二"的哲学本体论 77
第三节 中西互参互证的知识论 83

第四章 太虚大师的东南亚及南亚之行 91
第一节 东南亚及南亚之行的缘起 92
第二节 佛教访问团的组成及行前活动 95
第三节 东南亚及南亚之行的经过 100
第四节 东南亚及南亚之行的意义及影响 106

第五章　幽忧闲适两有之：刘节1939年日记解读 …………… 111
第一节　援史证今的学问之道 …………………………… 113
第二节　以义相褒的交游之谊 …………………………… 117
第三节　风雅兴寄的赤子诗心 …………………………… 122
第四节　意趣横生的闲情逸致 …………………………… 126

第六章　乡土社会与人生体验：废名在故乡的精神之旅 …… 131
第一节　战争与乡野社会的"小历史" ………………… 135
第二节　咏而归：活泼泼的儿童教育 …………………… 141
第三节　回忆与梦想的诗学 ……………………………… 147
第四节　哲学与宗教之思 ………………………………… 152

第七章　潜行与苦战：于伶在上海"孤岛"的戏剧创作 …… 157
第一节　战争与生民之多难 ……………………………… 160
第二节　上海"孤岛"的舞女叙事 ……………………… 165
第三节　租界政治夹缝中的抗战主题 …………………… 171

第八章　侠义与隐喻：王度庐在沦陷区的武侠小说修辞 …… 178
第一节　《青岛新民报》与王度庐的写作处境 ………… 182
第二节　以侠义销胸中块垒 ……………………………… 188
第三节　怀旧与幽微的讽喻 ……………………………… 193

第九章　讲述"中国故事"：林语堂在海外的抗战叙事 …… 199
第一节　抨击安福系的反动行径 ………………………… 204
第二节　揭露日本对中国的经济侵略 …………………… 207
第三节　控诉侵华日军的暴行 …………………………… 211
第四节　讴歌中华民族的抗战精神 ……………………… 213
第五节　反法西斯与讲述"中国故事" ………………… 216

结　语 …………………………………………………………… 221
参考文献 ………………………………………………………… 224
附录　1939 年中国文化大事记 ………………………………… 231
后　记 …………………………………………………………… 249

导　论

　　本书是一部关于抗战时期中国士人之"知"与"行"的微观史论。本书撰写的目的，是尝试以1939年的微观时空为基点，考察战时中国士人的创述、道义与担当，力图从诸种经过精心择取的个案中揭橥中国士人具有普遍意义的心迹与行迹，并借之寻绎1939年这一特定年份的中国文化思想脉络，为战时知识分子精神史及中国抗战文化史提供新的佐证和研究视角。

　　1939年出生于意大利都灵的历史学家卡罗·金兹堡有鉴于法国年鉴学派过于注重长时段历史现象的弊端，于20世纪70年代创立了"微观史学"。在金兹堡看来，法国年鉴学派虽然把历史研究从社会经济拓展到思想文化史乃至日常生活史领域，但其提出的"系列史""总体史"着眼于长时段的宏观历史演进，在计量方法主导下忽视了对个别的、特定的历史时空的探讨和描述。金兹堡对年鉴学派长时段的历史结构方式批评甚力："'长效机制'（long-run approach）的归纳有助于从结构上抽象与清晰的社会史。尽管其具有科学特征明显，但却像没有血肉骨架，无法令人信服。"他进而认为，只有在微观的视角下，历史的丰富本相才可能得以完整呈现，"近距离特写有助于我们抓住那些从总体性视角观望中被漏掉的东西"。[①] 正是在这种微观史学观的启示下，金兹堡撰写了历史学专著《奶酪与蛆虫》，构建了以一个16世纪意大利山民为中心的中世纪微观历史图景，并由此确立了具有研究范式意义的关于微观史学和新文化史的理论与方法。微观史的要旨在于，它缩小历史关注的时空范围，通过探究某

[①] 李根：《论卡罗·金兹堡文化史研究的理论与方法》，博士学位论文，东北师范大学历史文化学院，2013，第42页。

个事件/短时段的历史事实与现象，在"解剖麻雀"的个案分析中丰富与深化了广度的历史研究。正如法国新史学家勒韦尔所言，研究某一具体时空的细微历史经验是"为了将这些'渺小经验'视为'宏大历史'的有机部分，但它们为这种'宏大历史'提供了一种别样的、更加全面的版本"。①

学界关于抗战时期中国知识分子及中国文化的整体性研究，可谓硕果累累。自 1940 年延安时事问题研究会编撰的《抗战中的中国文化教育》在抗战书店出版以来，数十年来尤其是 20 世纪 90 年代以后这类著述蔚为大观，迄今为止仍不绝如缕，如王金铻的《抗战时期的中国知识分子》（中国社会出版社，1996）、闻黎明的《抗日战争与中国知识分子》（社会科学文献出版社，2009），以及李仲明的《抗日战争时期的中国文化》（团结出版社，2017）。至于研究战时区域文化或具体文化分类的论著也极为可观，如张红的《抗战中内迁西南的知识分子》（江西人民出版社，2004）、魏华龄的《桂林抗战文化史》（漓江出版社，2011）、蒙树宏的《云南抗战时期文学史》（云南人民出版社，2016）等，不一而足。相关论文则更是汗牛充栋。这些卷帙浩繁的论述或者历时态地勾勒了战时中国文化发展的历史脉络和知识分子的心路历程，从而构建系统化的抗战文化史述，或者对战时区域文化及知识分子抗战活动进行探幽发微，以期为整体性的历史叙述提供丰富的论据和佐证。以上这些涉及抗战文化史的研究成果大多立足于"中时段"的历史时间尺度，即把整个抗战时期作为历史论述的时间标尺，力求全程全面地把握战时中国文化主脉，其学术成就及价值自不待言。近二十年来，该学术领域里也出现了卡罗·金兹堡所谓的"近距离特写"式的微观史研究成果，标志着研究范式的改变。谢冕、孟繁华主编的《百年中国文学总系》的部分专著具有代表性。正如孟繁华在《〈百年中国文学总系〉的缘起与实现》中所言，这部书系共有 11 本，受到了黄仁宇的《万历十五年》及勃兰兑斯的《十九世纪文学主流》的启发，"通过一个人物、一个事件、一个时段的透视，来把握一个时代

---

① 〔瑞士〕雅各布·坦纳：《历史人类学导论》，白锡堃译，北京大学出版社，2008，第 96 页。

的整体精神,从而区别于传统的历史著作"。① 它以代表性的年份为叙述中心,串联起从1898年至1993年中国文学的发展历史,其中关于抗战时期中国文学的是李书磊的《1942:走向民间》。事实上,这部书系摆脱了传统的编年史式的文学史著作方式,采取的正是微观史的论述方式,而且特别强调"大文学"的概念,鼓励作者广泛涉猎其他艺术表现形式来进行历史阐释。毫无疑问,《百年中国文学总系》在历史方法论上具有创新性意义。黄万华的《史述和史论:战时中国文学研究》(山东大学出版社,2005)是另一部具有自觉微观史意识的学术著作,这部60多万字的专著分为"史述"和"史论"两大部分,其中"史述"部分竟达到将近一半的篇幅,"'史述'以1937年'七七'至1945年'八一五'为限,采用年表加年度评点的结构方式。年表力图呈现同一时段国统区、抗日民主根据地、沦陷区、台港地区、海外华侨社会的文学要事(适当包括跟文学相关的其他大事)及其联系"。② 书中的"史述"部分按具体的年月日分列,资料极为详尽,不乏深入的分析,可视为一种简明版的战时中国文学微观史论述实践。2011年中国华侨出版社出版了由南侨机工第二代陈达娅、陈勇撰述的《南洋1939》一书,它虽着重关注南侨机工抗战事实,对于抗战文化方面涉及较少,论述也多超出1939年的时间范围,但其以具体年份为基点来构建历史过程的微观史识却充溢其间。

事实上,抗战时期的中国文化由于不同阶段的政治、经济及军事状况之差异而呈现出具有较大区分度的时段性特征。如果一味地把战时中国文化仅仅视为一个整体来加以讨论,而忽视其不同阶段的各自特点,将有可能遮蔽其丰富性与复杂性。抗战初期,中国知识分子在战争刚刚爆发时经历了短暂的亢奋激越,不久后即迅速处于动荡颠沛的生活状态之中,迁徙不定,家离子散,文化创造因而难以展开。抗战后期,大后方物价飞涨,国民党加强特务统治,黎民离心离德,文化活动日益衰微,此时唯有延安呈现出新的文化气象。兹以抗战大后方公教人员的心态嬗变为例来说明认识到这种阶段性特征的重要性。学者郭川在博士学位论文《抗战大后方

---

① 谢冕、孟繁华主编《百年中国文学总系》,山东教育出版社,1998,第14页。
② 黄万华:《史述和史论:战时中国文学研究》,山东大学出版社,2005,第5页。

公教人员日常生活及心态嬗变研究》中指出：由于战时财政状况的不断恶化，公教人员的群体心态经历了对国民政府由拥护到离心直至对立的嬗变；这种心态嬗变分为四个阶段，从抗战初期的"亢奋"、1939年的"沮丧"到两年后的"焦虑"一直到战争结束前的"绝望"，最终导致了公教人员与国民政府的决裂。① 抗战大后方包括内迁知识分子在内的公教人员，其心态变迁必然对中国文化产生不同的影响，如抗战后期许多高校教授因经济困顿而被迫兼职谋生，从而制约了他们的学术探索和创造。就知识分子文化创造的客观环境和心态而言，这种差别是相当明显的，兹以钱穆为例。1939年初春，西南联大已从蒙自迁往昆明，钱穆遂于宜良乡下借居一室，"除晨晚散步外，尽日在楼上写《史纲》，入夜则看《清史稿》数卷，乃入睡。楼下泉声深夜愈响，每梦在苏锡乡下之水船中"，有时"携《陶渊明诗》一册，一路吟诵去温泉"。② 这种闲淡安宁的心境最适合于做学问，也有助于士人沉静地思考历史、现实与人生的重大问题；这一年，钱穆是极力反对青年学生从军的，而到了1944年他却写了《中国历史上青年从军先例》一文鼓励青年奔赴战场，可见在抗战的不同阶段，中国士人的思想和心态也存在着截然不同的情形。再如，随着1944年9月桂林的沦陷，知识分子四处流散，广西文化一片萧条，这就与之前桂林抗战文化的盛景不可同日而语了。由此可见，相较于对抗战时期中国文化的全程整体性观照而言，以特定具体的年份为历史叙述单位而展开的微观文化史考察，凸显其即时性与阶段性的历史现场，无疑更能准确地把握战时中国文化具体阶段的丰饶与细致，从而最终有助于对抗战时期中国文化"系列史""总体史"的撰述。

  本书之所以选择1939年作为微观历史叙述单位，主要是基于该年份之国际时局、政治形势及文化状况等关键性因素的综合考虑。1939年农历己卯年，对于中国人乃至全人类而言无疑是极为不平凡的年份。在军事方面，英法对德国法西斯的绥靖政策破产，德国入侵波兰，第二次世界大战爆发，中国抗日战争进入战略相持阶段，日本帝国主义迅速灭亡中国的

---

① 郭川：《抗战大后方公教人员日常生活及心态嬗变研究》，博士学位论文，西南大学历史文化学院，2017，第1页。
② 钱穆：《八十回忆双亲·师友杂忆》，生活·读书·新知三联书店，2018，第226页。

幻想破灭，持久战逐渐展开。在政治方面，汪精卫通电投敌，国民党召开五届五中全会，确定了"溶共、防共、限共、反共"的反动方针，转向消极抗日，中共发表《为抗战两周年纪念对时局宣言》，提出"坚持抗战，反对投降；坚持团结，反对分裂；坚持进步，反对倒退"的三大政治主张。在经济方面，中国工业体系遭到严重破坏，日军加紧对沦陷区的资源掠夺、财政金融控制和贸易垄断，抗战大后方物价飞涨，人民生活困苦，毛泽东发出了"自己动手，自力更生，艰苦奋斗，克服困难"的号召，抗日根据地军民开展大生产运动。在文化方面，中共提出"马克思主义中国化"命题，做出大量吸收知识分子的决定，文艺"民族形式"运动深入开展，国民政府成立"国民精神总动员会"，发起"复兴文化运动"，"学术中国化运动"全面展开，"民族本位"的文化思潮形成，日军在沦陷区实行奴化教育。总而言之，1939年是中国历史乃至人类历史上波诡云谲的一年，世界反法西斯战争形势严峻，中国抗日战争局势异常艰难，抗战阵营存在着投降危险，国共两党之间的矛盾斗争加剧，中华民族意识空前觉醒，中国文化获得新的展开。鉴于本书主要探讨的是战时中国士人的心迹与行迹，选择1939年作为微观史叙述的时间畛域，也是题中应有之义。

值得重视的是，由于第二次世界大战的爆发，世界反法西斯同盟形成，中国抗战成为世界反法西斯战争的有机组成部分，中国士人的心迹与行迹因而也同时具有世界性意义。是年，远走美国的英国诗人威斯坦·奥登于欧战爆发几天后写了著名的诗歌《1939年9月1日》，这首诗虽是西方知识分子对欧战的有感而发，但其中透示出来的历史认知、道义担当及文化使命与战时中国士人的精神世界一脉相通。诗歌谴责了英法的对德绥靖政策，抨击希特勒的独裁和战争的癫狂，呼吁人类在世界性灾难面前互敬互爱："世上没有国家这东西/也无一人孤独地存在。/饥饿不允许选择，/无论对于公民还是警察；/我们必须相爱或者死去。"

在这首诗的末节，奥登意味深长地写道：

> 黑夜里没有设防，
> 我们的世界在昏睡；

> 然而，有斑点的各处，
> 灯光那讽刺的光点
> 在闪烁，而正义
> 在交换它们的消息：
> 我，与爱神与灰尘
> 在构成上一模一样，
> 四面八方堆积着
> 同样的虚无和绝望，
> 愿我亮起肯定的光芒。①

尽管世界充满战争的愁云惨雾，人类的前景堪忧，诗人和许多人一样也深感"虚无和绝望"，但他坚信正义的光芒永远在闪烁，它将战胜无边的黑暗，人类必将迎来胜利的曙光。诗人的"我"虽然如同"灰尘"一样渺小，并最终要归于尘土，但正因为有了充满大爱的"爱神"相伴，人类的未来依旧充满乐观的希望。这一年，21岁的穆旦正在西南联大外文系念书，他此时正醉心于奥登诗歌，想必他阅读这首诗后一定会产生精神上的共鸣和契合，现代中国士人和西方知识分子在对人类命运的深沉忧患上拥有了共同的话语。同是在1939年9月，穆旦写下了诗歌《从空虚到充实》，战火肆虐大地，洪水漫过原野，诗人和他的年轻朋友们经历了暂时的"空虚"后，随即从甜美的梦幻中奋起，毅然地投身于抗战救亡的"充实"生活中："于是他看见了/海，那样平静，明亮的呵，/在自己的银杯里在一果盘后，/街上，成对的人们正歌唱，/起来，不愿做奴隶的……/他的血沸腾，他把头埋进手中。"诗人从来自矿山、战场、抗战团体和日常生活的笑声中感受到希望："我听见这样的笑声在矿山里，/在火线下永远不睡的眼里，/在各种勃发的组织里，/在一挥手里……"②这种历史担当的思想自觉和行动自觉正是战时中国士人的精神写照。

本书的标题用"中国士人"而不用"中国知识分子"是经过慎重考

---

① 〔英〕威斯坦·奥登：《1939年9月1日》，刘文飞、唐烈英译，中央编译出版社，1999，第211页。
② 穆旦：《从空虚到充实》，《穆旦诗集（1939—1945）》，人民文学出版社，2000，第8页。

虑的。尽管查"中国知网"可以发现以"中国现代士人"为题的论文并不太多，而标以"中国现代知识分子"的文章却不计其数，但笔者最终还是选择"中国士人"这一"有意味的形式"来指称抗战时期的知识文化群体。笔者认为，中国现代知识文化群体在神州板荡、家国危亡之秋所体现出来的精神信仰和人格追求更接近传统意义上的"士人"，用此名称更有助于揭示这些在教育背景、政治态度、文化立场和人生价值诸方面各异的生命个体面对民族危难所表现出来的精神共质，有助于探求他们与中华民族传统文化的血脉联系。这里的"中国士人"其完整指称应为"中国现代士人"。

一般认为，中国自汉代以后的政治形态特别表现为一种"士大夫政治"。① 中国士人阶层肇端于先秦时期因"王官失守"而产生的"士"，历经两汉之儒生、中古之士族，直到唐宋明清由科举入仕的文人官僚，尽管其面貌因时代而不断发生着变异，但这一阶层的基本特征，却保持着可观的连续性，形成了独有的士人精神文化传统。② 士人阶层自诞生起即以儒家思想确立了"士志于道"的价值理想，正如余英时所言："中国知识阶层刚刚出现在历史舞台上的时候，孔子便已努力为它贯注一种理想主义的精神，要求它的每一个分子——士——都能超越他自己个体的和群体的利害得失，而发展对整个社会的深厚关怀。这是一种近乎宗教信仰的精神。"③ 士人自视为国家与社会的中流砥柱，从格物致知、正心诚意的修身入手，培养了强烈的政治参与意识和高度的社会责任感，"以天下为己任"；他们以"求道""弘道"为最高旨趣，追求诸如"士不可以不弘毅，任重而道远""天将降大任于是人"等道德境界，在政治上确立了"平治天下"的崇高目标。中国传统士人阶层对于封建政权的稳定、社会的道德教化及文化传承与创造均发挥了积极的历史作用，然而由于封建社会政治的腐败和科举制度的窒塞，"为王前驱"的传统士人阶层难以实现其设定的道德人生理想。随着近代以来西学东渐的深化和科举制度的废除，传统士人阶层失去其存在的社会及知识根基而分崩离析，代之而起的

---

① 阎步克：《士大夫政治演生史稿》，北京大学出版社，1996，第1页。
② 田刚：《鲁迅与中国士人传统》，中国社会科学出版社，2005，第16页。
③ 余英时：《士与中国文化》，上海人民出版社，1987，第101页。

是被称为"知识分子"的新型文化群体。

作为汉语外来名词的"知识分子"译自"intelligentsia"和"intellectual",其西文原特指19世纪末俄罗斯一批对社会持独立批判立场的文化人士。爱德华·萨义德正是在这个意义上阐述他的知识分子论的,他说:"真正的知识分子在受到形而上的热情以及正义、真理的超然无私的原则感召时,叱责腐败、保卫弱者、反抗不完美的或压迫的权威,这才是他们的本色。"① 五四新文化运动以后,"知识分子"或"智识阶级"迅速取代了"士人"而成为一个被社会广泛认同的中心话语。诚然,随着新式学堂的创办和留学渠道的开通,尤其是五四新文化运动的深入影响,中国社会逐渐产生了一个与传统士人迥然有异的知识文化阶层,这些人摆脱了君统和道统的负担,广泛接受了西学熏染,对个性主义、自由民主等西方观念抱有深切认同,也培养了独立的社会批判意识。他们后来在中国波澜壮阔的时代潮流中迎纳先进的思想,积极投身于中国革命和民族解放事业,展现了与传统士人不一样的精神境界。应该说,"知识分子"这个概念的产生并一直沿用至今自有其存在的合理性。问题在于,当我们以"知识分子"完全置换"士人",并将这一崭新概念用来考察讨论近代以来至20世纪上半叶那些深受传统士人社会浸染的"知识分子"时,往往会陷入逻辑的悖论境地。"知识分子"这个概念的普及显然与五四新文化期间的文化激进主义有关,在语义上它强调了这个阶层之人格独立、个性主义和社会批判的一面,着重关切其迎取西方价值观念的思想维度,但对于它与中国士人传统之间难以割裂的精神联系却被有意地遮蔽了,从而导致了逻辑概念上的矛盾,也不符合中国现代知识分子精神发生史的本相。譬如,学界一方面强调了"知识分子"的现代性特征,另一方面又给予了具有典型传统士人特质的龚自珍、王韬"知识分子"的身份。再者,大力译介西学的林纾、辜鸿铭等"封建遗老"是"士"还是"知识分子"呢?被誉为"南洋才子"的丘菽园长期侨居新加坡,一生致力于儒学复兴,创作了千余首旧体诗,同时他又广涉西学,宣传维新变法,其在

---

① 〔美〕爱德华·萨义德:《知识分子论》,单德兴译,陆建德校,生活·读书·新知三联书店,2002,第13页。

《南锋日报》《星洲日报》担任编辑时力倡白话文学,抗战爆发后殷忧国是,赋诗言志,那么他应该属于"士"还是属于"知识分子"?事实上,对于20世纪上半叶的中国文化群体而言,"士人"与"知识分子"之名与实并非如此泾渭分明、截然不同,已有一些有识之士深刻地认识到这一点。

余英时在《士与中国文化》一书中引述以色列学者迈克尔·康菲诺(Michael Confino)所举的近代俄罗斯知识分子的五项特征,包括"一,深切地关怀社会;二,把公共事业视同个人责任;三,倾向于把政治、社会问题视为道德问题;四,有一种义务感,不计一切代价寻求终极的逻辑结论;五,深信事物不合理,须努力加以改正",进而指出,除了第四项,"其余四项则在以天下国家为己任的中国传统知识分子的身上都同样找得到清楚的痕迹。由此可见我们恐不易将知识阶层严格划分为传统型与近代型,或西方与中国型"。① 揆之于20世纪中国知识分子的精神历程,这种看法是相当有见地的。1939年杨振宁刚进入抗战烽火中的西南联大物理系读书,作为一个深受西方科学思想严格训练并在美国居住二十多年的著名华裔科学家,他在后来对此也有清楚的认识:

> 中国知识分子对社会的关心,中国知识分子忧国忧民的想法,中国知识分子"先天下之忧而忧"的心情,是中国传统里面的一个良好的部分,这一点跟西洋的传统有相当大的差别。……我想,为什么这两个不同的文化传统所产生的知识分子,对国家、人民有不一样的看法,而且是很大程度的不一样,是一个很值得研究的问题。②

杨振宁认为中国知识分子之异于西方,最关键的在于其对国家民族的忧患,他说道:"诸葛亮说过:'鞠躬尽瘁,死而后已。'唐代李商隐的一首诗中有两句名句:'春蚕到死丝方尽,蜡炬成灰泪始干。'当时他写这

---

① 余英时:《士与中国文化》,上海人民出版社,1987,第3页。
② 杨振宁:《在"中国知识分子与国家前途"演讲会上的讲词》,《读书教学四十年》,三联书店香港分店,1985,第102页。

两句的对象，不是关于知识分子忧国忧民的心情，不过以后这两句话常用在知识分子对于国家前途的心情的描述上。"① 近年来一些学者更注重发现"知识分子"与"传统士人"的精神传承关系。文化史家冯天瑜在何晓明《百年忧患——知识分子命运与中国现代化进程》一书的序言中写道："中国知识分子群体作为自觉不自觉的士大夫传人，又往往或显或隐，或深或浅地保有士大夫的品格——'以天下国家为己任'的责任感，'抱道忤时'的忧患意识，'经世致用'的认知取向，以及与政治和权力割不断的联系性。"② 杨奎松则直截了当地说："对中国多数知识分子来说，用中国传统的'士'的概念来理解，会更准确一点。"③ 笔者认同以上关于"知识分子"与"传统士人"在精神气质上一脉相承的看法，虽然本书的文本中有时还经常使用"知识分子"的概念，其在一般的学理性论述上依然十分有效，但选择"中国士人"作为本书的标题则是经过认真斟酌的，它构成了本书的理论基点，具有鲜明的方法论意义。

抗日战争全面爆发后，大多数中国知识分子为国家效力的自觉性和"以天下为己任"的责任感空前强烈，他们所凸显的不是西方知识分子推崇的那种独立的社会批判意识，而是在抗敌御侮的洪流中传承和发扬了传统士人的精神血脉。敬梓在《知识分子何以自效于国家》一文中慷慨激昂地写道：

> 吾华民族之得以绵延五千年，绝而复续者，皆此舍生殉道之精神，有以维系于不坠，鼓荡于不息也。今吾民族又到了存亡绝续之紧要关头，吾辈知识分子其将何以自处乎？将寇至则先去以为民望乎？我能往寇亦能往，何处可以避秦耶！将奴颜婢膝以事仇乎？吾堂堂华胄不应有此败类也！然则吾辈将何以自效于国家耶？绍历代忠臣义士之余风，竭智尽忠于分内事，再加以临难勿苟免，见危授命，则得矣。④

---

① 杨振宁：《在"中国知识分子与国家前途"演讲会上的讲词》，《读书教学四十年》，三联书店香港分店，1985，第102页。
② 何晓明：《百年忧患——知识分子命运与中国现代化进程》，东方出版中心，1997，第4页。
③ 杨奎松：《忍不住的"关怀"》，广西师范大学出版社，2013，第6页。
④ 敬梓：《知识分子何以自效于国家》，《乡村运动周刊》1937年第17期。

这段文字言简意赅，对知识分子与传统士人之间的精神联系理解得十分透彻，很有鼓动性，作者一方面自视为现代的"知识分子"，另一方面又以"舍生殉道"的士人自许。"绍历代忠臣义士之余风，竭智尽忠于分内事，再加以临难勿苟免，见危授命"，这在思想内涵和修辞话语上完全是中国士人精神的再现。由此可见，考察抗战时期中国知识分子的角色认同，不能仅仅关注其追求个性独立、社会批判的一面，而是必须更加重视他们对于传统士人精神的传承与弘扬。多难殷忧，心系国运，这种源于儒家思想、与传统士人精神一脉相承的御侮救亡意识显然得到了空前的强化。在国家民族危难之际，西方知识分子体现出来的立场则与战时中国士人明显不同。法国学者艾曼纽·卢瓦耶在考察"二战"期间流亡美国纽约的法国知识分子时指出，这些知识分子坚持在流亡中展开独立批判，他们"永远没有归属感，一直具有批评分析所要求的语出惊人的才能"，相信自己的正义能撼动"根深蒂固之物"。[①] 战时中西知识分子的价值取向显然判然有别。

事实上，积极投身抗战的中国知识分子其构成十分复杂。其中既有像马相伯、丘菽园、黄宾虹等出生于清朝中叶的教育家、文艺家，他们是典型的传统意义上的"士"，也有如虚云、太虚、圆瑛等大和尚，他们援儒入佛、亦僧亦士。在抗日根据地，既有留学归来的冼星海，也有土生土长的赵树理。即使在内迁西南的文化体制里，这一群体的结构也相当复杂，有马一浮、熊十力、钱穆等士人气质特出的一代大儒，也有吴宓、朱光潜、冯至等留学欧美的学人，同时还有自诩为"乡下人"的沈从文。他们无论背景出身，都赓续了中国传统士人的责任和使命，或抱道履节，或明圣述作，或身体力行，表现出中国知识分子特有的精神气度。在这个意义上称之为"士人"，也自然言之成理。近年，以"士人精神"来阐释抗战时期知识分子的学术性作品相继出现，如刘宜庆的《大师之大——西南联大与士人精神》（江苏人民出版社，2013）就是其中一部。该书以"士人精神"为统摄，展现了西南联大教授议政参政及学术研究过程中的

---

① 〔法〕艾曼纽·卢瓦耶：《流亡的巴黎——二战时栖居纽约的法国知识分子》，广西师范大学出版社，2009，第18页。

家国情怀与担当精神，凸显了这些知识分子在东西方文化的碰撞中之承接传统士人品格的思想向度和人生抉择，交融出一种新的、更加丰富厚重的现代"士人精神"。论文有邓新文的《从马一浮再思士之为士》（《中国人民大学学报》2005年第5期）、刘海兰的《赵树理与中国"士"文化》（《长冶学院学报》2009年第1期）、雷莎的《论钱学森精神对中国士人文化传统的继承和发扬》（《武汉生物工程学院学报》2015年第1期）、葛荃的《追寻"现代士人精神"——"士以天下为己任"刍议》（《上海行政学院学报》2015年第1期）等。用"士人精神"来讨论当代知识分子，这样的作品也逐渐出现，如王曙光的新著《燕园困学：大学气象与士人精神》（北京大学出版社，2016）就是对大学教育及北大精神的反思与体悟，贯注其中的是中国士人的社会责任和历史使命。笔者认为，随着国家文化软实力和中华文化影响力大幅提升，文化自觉和文化自信得以彰显，"士人""士人精神"等词语概念将会愈来愈得到广泛的认同和使用。

　　本书以"知与行"这一颇有中国哲学意味的词语作为标题内容，本无哲学上的考虑，只是想用此来概括指称抗战时期中国士人复杂丰富的心迹与行迹。根据生成语言学理论，词语的意义建构与互文性相关，因此把作为中国哲学范畴的"知与行"用作书名，也就自然产生了某种哲学上的含义。知行观是中国哲学特有的话题，也是中国古代士人必须回应的认识论和实践论。中国哲学的"知"既包含关于事实的"闻见之知"，也包括关于价值的"德行之知"，而后者更为重要。正如张载《正蒙·诚明》所言："诚明所知，乃天德良知，非闻见小知而已。"[①] 中国哲学的"行"则主要指道德的躬行践履。中国哲学史上关于知行关系的讨论极为精微细致，兹不赘述。笔者想强调的是：战时中国士人的"知"不但涵摄了对西方知识论上的真切知识和科学理性的认识，也包含了对历史、民族与社会人生世界的意义探求；战时中国士人的"行"既包括应时而起的现实事功境界，也涉及个体投入日常生活的心理体验及文艺方面的创造性活动。

　　战时中国士人的知与行可谓多姿多彩，即使论述范围仅限于1939年，

---

① 《张载集》，中华书局，2008，第20页。

其中的历史因果、文化纠葛和个体差异也是极为错综复杂的。本书无意对1939年中国士人的整体精神世界进行过多的宏观审视和思考，这种整体性、全局性的抽象和概括已屡见于前人各种关于抗战文化史及知识分子研究的学术论述。法国著名的新史学家雅克·勒高夫在谈到20世纪史学转向时是这样描述微观史的历史观的："不再把历史看作是吞没了许许多多个人的一个统一过程、一篇宏伟的叙述，而是有着许多个别中心的一般多面体的洪流。"① 在历史研究的具体操作层面上，金兹堡因此发明了著名的"提名法"，即通过对微小历史个案的深入剖析，由点到面地重建其与宏观历史环境的关系。本书借鉴了这种研究方法，通过精心择取和细致探究八个1939年中国士人的知与行个案，力图将其置于战时中国文化的脉络之中加以重现与还原，并注重考辨其与1939年中国的社会历史变动、文化生产等诸方面之间的复杂关系，从而为战时知识分子精神史及抗战文化史提供别样形式的佐证和视角。

本书的所有论据和论题将围绕1939年中国士人的心迹与行迹展开。在对1939年中国士人及中国文化的关键性问题进行鸟瞰式的概观之后，本书着重关注中国士人个案。在1939年微小的时间轴上，个案的选择仍然颇费工夫，甚至可以说煞费苦心。首先，要着重择取能深刻反映1939年中国之精神文化图景的士人个案。他们无论在道德行操、躬行践履，还是于学问探求、文艺创造上，都不应违迕"以天下为己任"、感时忧世的士人精神和爱国情怀。其次，这些个案必须充分考虑到战时中国士人身处的不同场域。从抗日民主根据地、国统区、上海"孤岛"，到沦陷区及海外华侨社会，都应该有所涉及。再次，这些个案必须照顾到战时中国士人的不同职业身份。哲学家、历史学家、艺术家、作家及其他文化人士都应该纳入叙述视野。最后，还需要顾及不同的文化形式。尽管由于笔者的学术方向所限，本书选取的八个个案中有四个与文学相关，但也大抵体现了以上选择原则。这八个1939年中国士人个案分别是：（1）延安抗日民主根据地的音乐家冼星海、诗人光未然；（2）国统区的哲学家熊十力、马一浮；（3）国统区的佛学家太虚大师；（4）国统区的历史学家刘节；

---

① 〔法〕雅克·勒高夫等编《新史学》，姚蒙编译，上海译文出版社，1989，第35页。

(5) 身处国统区与沦陷区之间的小说家废名；(6) 上海"孤岛"的戏剧家于伶；(7) 沦陷区的武侠小说家王度庐；(8) 海外华人社会的林语堂。每一个案都从不同的方面反映了1939年中国士人在民族危难之际表现出来的精神追求与人生选择，以及这些精神追求与人生选择透示出的时代特征和文化思潮。具体地说，冼星海、光未然的个案揭示了：延安政治文化中对"中华民族"和"黄河"的符号认同构成了《黄河大合唱》主体象征艺术运思的动力，而延安关于"民间形式"的大讨论、关于如何以正确的态度进行中外文化资源的择取与运用等文化政治话语对《黄河大合唱》的审美艺术选择产生了重要的标示性作用，昭示了民族主义文化思潮在抗日根据地的形成与发展。熊十力、马一浮的个案则显示了新儒学的分化，与马一浮强调反身修德的义理之学不同，熊十力着眼于阐发儒学如何在特殊时代里回应中西文化冲突与交融、如何应国家民族危难之变等重大问题，体现了作为一个抗战时期有强烈历史责任感和担当意识的新儒家所怀抱的积极用世精神。太虚大师作为一个佛教革命家，在民族危亡之际以出世之身行入世事业，率领中国佛教访问团出访东南亚及南亚，揭露日本军国主义的野心，争取东南亚及南亚各界对中国抗战的同情和支持，加强了汉地佛教与南传佛教的对话，推动了中国与东南亚及南亚的宗教文化交流，同时增强了东南亚及南亚的华侨华人社会对祖国抗战胜利的信心，促进了华侨华人社会的团结。历史学家刘节1939年的日记个案则展示了：一个内迁西南的知识分子远离故土，别妇抛雏，以发覆民族学术为职志，扬其所长，学以致用，从中国历史经验中洞察到支撑这场民族解放战争的文化根脉，给予民族必胜的乐观期许，并在士人之间相与莫逆的友谊和诗文山水中寄寓家国情怀、纾解羁旅乡思。废名则有如一个独行侠在他的黄梅故乡亲历一场异乎寻常的生命旅程，体验和感受了战时乡土社会的人际伦理、文化教育和日常生活，并从中唤起对美和终极价值的追索。上海"孤岛"的于伶个案则反映了在戏剧战线上落实中共关于"孤岛"的文艺方针、对民众开展抗战宣传教育的精神轨迹；于伶抓住时局变化和舆论关注的社会热点，顺应"孤岛"市民的生活情态，叙写他们身边的悲欢故事，最大限度地激发其强烈的共鸣，从而唤醒民众的抗日意识。身处青岛沦陷区的王度庐在敌伪的政治压力下，利用武侠小说这一中国文学传统，通过人物塑造和主题设置寄寓了匡扶正义的中华游侠精神，隐曲地表达了对日军的邪恶行径和汉奸助纣为虐的反抗心态，同时借助一些怀旧叙事来言说黍离之悲，并在文本细节描写的内容取舍和隐微修辞中曲折地寄托幽愤和怀抱。远在欧美的林语堂以英文小说《京华烟云》和一系列政论专文构建了他的抗战叙事，在多重文化身份的合力作用下，以中国传统文化哲学为导引，以抗战为依归，通过文学作品展现中国人的力量，利用世界性舆论阵地宣传中国抗日，用论说文章阐述中国必胜、呼唤世界和平，在抗日救亡及世界反法西斯运动中发挥了不可替代的特殊作用。这些1939年中国士人的个案覆盖了从抗日民主根据地、国统区、上海"孤岛"到沦陷区及海外华侨社会的整个中国文化版图，集合了新儒学家、历史学者、大学教授、作家诗人、漫游者、外交使者、佛子等重合又交错的士人群像，涉及音乐、诗歌、哲学、历史、小说、戏剧等文化形式，并投射着当时的政治、经济、军事、社会及文化等各个方面的丰富信息，由此构成了一部微型的战时中国士人精神史，也是一部微型的战时中国文化史。

第一章 1939 年：中国士人的文化世界与人生抉择

1939 农历己卯年，对于中国人乃至全人类而言确是极为不平凡的年份。新年来临之际，有三个中国士人在不同的地理区域不约而同地表达了对这一年的期望和祝福。流落到香港的戴望舒写了诗歌《元旦祝福》：

> 新的年岁带给我们新的希望
> 祝福！我们的土地，
> 血染的土地，焦裂的土地。
> 更坚强的生命将从而滋长。
> 新的年岁带给我们新的力量。
> 祝福！我们的人民，
> 坚苦的人民，英勇的人民，
> 苦难会带来自由解放。①

这首诗和早期《雨巷》的忧郁格调迥然不同，充满了刚健、明朗的气息，寄寓着对于民族抗战的信心和希望。在桂林的艾青于1939年元旦写了《迎一九三九》一文，用激昂高亢的抒情文字宣示："一九三九年是我们的年代，我们将深深地爱这一年代，我们将生活得更好，斗争得更英勇！我们将歌唱得更高亢！我们将调转我们的喉咙，为祖国的解放歌唱胜利！为人类的正义歌唱光荣！"② 此时蛰居上海"孤岛"的徐訏则显得较

---

① 《戴望舒作品集》，现代出版社，2018，第169页。
② 艾青：《迎一九三九》，《艾青全集》第5卷，花山文艺出版社，1991，第13页。

为沉静，他的诗歌《新年希望》以隐晦的暗喻寄托了对抗战前途的期望："我希望云开，／我希望日落，／我不希望半天红，／我希望地全绿。"①中国士人是满怀这样乐观的希冀进入不平凡的1939年的。

战争无疑改变了中国士人的人生轨迹和生命状态，他们似乎也经历着中国古代士人因北方遭受外敌入侵而被迫南渡的那种颠沛流离的苦难经验，然而与历史上所有的"南渡"不同的是，知识分子以高度的乐观主义精神抱定了抗战必胜、民族复兴的坚定信念。历史学家傅斯年在作于1939年的《抗战两年之回顾》一文中说："这两年中，我们的同胞虽然饱受艰苦，大量死亡，但我们的民族充分地表现其伟大的力量，不屈的精神。在这个表现中，看定了最后的胜利，光明的前途；以后的中国历史，要比四千年历史上，任何时代都光荣伟大。所以这次的大艰难，已是缔造将来的大光荣的基石。"② 同是历史学家的刘节则在1939年10月19日的日记中以明史为证，分析了抗战必胜的道理。

> 阅清史纪事本末，明南渡三帝及监国鲁王，永历在桂、滇先后凡十余年，而卒归灭亡，其最大原因为人心已去，当时人民无国家观念，民族思想实为最大原因，中日之战人心向背显而易见，伪组织自相倾轧，正如晚明诸臣之内讧，与我辈一致对日者不可同日而语。汪精卫虽以中央权要而自甘卖国，伪组织迄未成功，即此可知邪正是非已久存人心，但求军事上有尺寸进展，暴日之倾倒，已属毫无疑问矣。③

戴望舒、艾青和徐訏他们之所以能对于抗战前途深抱达观，正是看到了全国上下这种"伟大的力量"和"不屈的精神"的"民族思想"。正是由于这种坚韧不屈的伟大民族精神，战时中国士人以天下兴亡为己任，临患忘死，勇赴国忧，守职而不废，处义而不回，书写了中华民族抗战史上光辉的一页。

---

① 徐訏：《新年希望》，《待绿集》，台湾正中书局，1977，第38页。
② 傅斯年：《抗战两年之回顾》，《傅斯年全集》第5册，台湾联经出版事业公司，1980，第226页。
③ 刘节：《刘节日记（1939—1977）》上册，大象出版社，2009，第160页。

第一节 中国士人社会与战时政治文化语境

1939年,烽火连天,波谲云诡。20世纪30年代后,英、法等国为了确保既得利益不受损害,企图牺牲弱小国家利益,并尽可能把战火引向苏联,长期推行绥靖政策,使法西斯主义在欧洲恶性发展。1939年4月,西班牙内战结束,共和国政府被颠覆,佛朗哥建立法西斯专政,同月意大利法西斯占领阿尔巴尼亚。同年3月,德国完全侵占捷克斯洛伐克。1939年9月1日,德国出动150万人的军队对波兰发动突然袭击,两天后英、法对德宣战,第二次世界大战全面爆发。在东方,日本帝国主义发动全面侵华战争后相继占领了华北、华东大部分地区,占领武汉、广州之后又于1939年2~6月攻占海南岛、南沙群岛和汕头,3月攻占南昌,11月占领南宁,日军同时对抗日根据地进行空前的大扫荡。虽然武汉会战后日本迅速灭亡中国的妄想彻底破灭,抗日战争进入相持阶段,但随着欧战的爆发,日军在攻占南宁后向南洋扩张,对中国抗战的生命线滇缅公路乃至西南大后方构成重大威胁。英、美、法等西方国家仍然对日本的侵略采取绥靖妥协的政策,继续与之通商贸易,泰国总理銮披汶·颂堪组成亲日内阁并鼓吹旨在觊觎大片中国领土的"大泰主义"。1939年5月汪精卫通电投敌,并在上海非法召开国民党第六次全国代表大会,是年12月汪精卫与日本签订卖国条约《支日新关系调整纲要》,中国的抗战形势日趋艰难复杂。

在侵华日军步步进逼、大片国土沦丧的环境下,流徙颠沛成为中国士人社会的基本生活现实。抗战爆发后,北平、天津的文化教育机构肇启了向西北、西南内迁的漫漫长途。1937年11月淞沪会战失利后,国民政府各党政机关开始向重庆、汉口、长沙迁移,并迁都重庆。上海、南京等城市数以千计的新闻、出版尤其是教育机构也纷纷随之西迁。知识分子极度集中的高等院校内迁是抗战时期重大的文化事件,它不但改变了战时中国高等教育的存在生态,也对中国文化的演化产生了深远的影响。关于战时高校内迁的一般史实,学界已有许多成果,兹不详述。① 高等院校西迁保

---

① 陈平原:《抗战烽火中的中国大学》,北京大学出版社,2015,第19页。

存了学术实力，赓续了文化命脉，培养了战时急需人才，厥功甚伟。包括新闻、出版、中等学校在内的其他文化教育机构内迁同样波澜壮阔。中国知识分子群体因而产生了巨大的空间置换，形成了向西部集聚的格局。资料显示，抗战时中国的知识分子中，高级知识分子 9/10 以上西迁；中级知识分子 5/10 以上西迁；低级知识分子 3/10 以上西迁。[①] 中国士人在空间置换的过程中，经历了漂泊流离的人生体验。1939 年中国高校完成了第一阶段的西迁，大多学校已在四川、云南、贵州、广西得以安顿，教学、科研和管理工作顺利开展，然而由于战争形势不断发展，日军加紧对大后方的进逼和轰炸，许多已迁往西部的高校再次迁移，从而加剧了中国知识分子动荡不安的情势。兹以浙江大学为例。淞沪会战失利后，浙江大学在竺可桢校长的率领下开始西迁，初迁浙西天目、建德，继迁江西吉安、泰和，1938 年 10 月再迁广西宜山，1939 年底又开始迁往贵州遵义、湄潭。其他高校如西南联大、同济大学也有类似的遭遇，其中同济大学竟六易校址。关于高校知识分子在西南大后方辗转流徙的事例，实在是不胜枚举，历史学家刘节的经历具有典型性。对于 1939 年漂泊不定的行踪，刘节在是年 12 月 31 日的日记中总结道：

> 一年以来经行之地计四省二外国附属地。本年一月一日至四日在香港，六日至九日在安南境。一月十二日至二十四日在云南昆明，二月一日至七月十六日在重庆，七月十九日至八月十五日在成都，又返至重庆，在重庆住十余日，于八月三十一日下午离重庆，计在四川省凡七阅月，为本年中居留最久之处。九月十二日上午抵广西宜山，十二月十二日早离宜山，整整三阅月，两次经贵阳，计共住六日，自十二月十四日抵贵州都匀县……[②]

对于许多高校体制外的战时知识分子，颠沛转徙也是一种生活常态：巴金几年间辗转于昆明、重庆、成都、桂林、贵阳等地，艾青在武汉、衡

---

① 中国人民抗日战争纪念馆编《抗日战争时期重要资料统计集》，北京出版社，1997，第 339 页。
② 刘节：《刘节日记（1939—1977）》上册，大象出版社，2009，第 196 页。

山、桂林、重庆等地奔波，回到湖北黄梅故乡的废名也为了躲避战火而四处流浪……战时迁徙的中国知识分子尽管饱经漂泊流离之苦，但他们秉承"以天下为己任"的士人理想，以各种形式积极投身抗日救亡运动，或投笔从戎奔赴战场，或为军政部门出谋献策，或奔走于各地开展抗战宣传，更多的则抱持"学术抗战"的信念，为国家重建和民族复兴培养人才、发展学术和文艺事业。

1939年中国知识分子的空间布局因战争形势的差异而分成不同的地理区域。除了西南、西北大后方外，还存在着抗日根据地、上海"孤岛"、沦陷区及海外等四个知识分子群体，他们各自在民族抗战大潮中发挥了不同的作用。

第一，抗日根据地知识分子。战前延安知识分子的主体是20世纪30年代追求进步的左翼青年和本土成长起来的知识阶层，抗战全面爆发后，由于中国共产党高举抗日民族统一战线的旗帜，树立了共产党人和陕甘宁边区的良好形象，制定吸引、尊重和保护知识分子的政策，因此许多国统区、上海"孤岛"、沦陷区及海外的知识分子纷纷奔赴中国革命圣地延安。1939年初，《申报》登载了一篇题为《延安行脚》的文章，对当时爱国青年奔赴延安的情景有生动的描述：

> 上万的人已经到中国西北角的"新圣地"去了。其中有两三结伴的，二三十人的，以至于数百人的团体，一对知己，或则因目的地相同而偶然遇合的。从不同的省份，或远或近，有男有女，有中年男子，有中年妇女，有剧人，画家，学者，兵士，哲学者，新闻记者，传教师，教徒，医生，工程师。他们有的乘车，有的徒步，坐牛车，或则骑驴，搭大汽车、卡车、小汽车，乘飞机。这是现代的最奇特的"参圣"旅行。他们的目的地都是延安，陕甘宁边区政府的行政首邑。①

据八路军西安办事处统计，1938年全年经该处介绍奔赴延安的知识

---

① 转引自汪效驷、李飞《知识青年奔赴延安：一项战时交通社会史的考察（1937—1945）》，《安徽师范大学学报》2017年第6期。

青年多达一万余人。① 1939年12月，毛泽东为中共中央起草了《大量吸收知识分子的决定》，为知识青年奔赴延安提供政策支持。延安知识分子在中共的领导下，积极投身根据地的各项事业，或参加抗日军政，或发动群众开展抗日宣传，或在马列学院、鲁迅艺术文学院和延安中国女子大学从事教研及人才培养工作，涌现出艾思奇、光未然、冼星海、周扬、何其芳、李初梨等一大批新型知识分子。

第二，上海"孤岛"知识分子。1939年是上海沦为"孤岛"的第三年，面对上海"孤岛"日伪渗透进逼、民众意志消沉的特殊环境，知识分子在中共江苏文委的领导下采取灵活多变的战术，在报纸、出版、群众业余补校以及演剧等战线开展合法斗争，出现了于伶、王任叔、唐弢、孔另境等先进的左翼知识分子。蛰居"孤岛"的傅雷、周瘦鹃、陈汝惠、朱生豪、徐訏等进步知识分子也以各自方式开展文化战线上的对敌斗争。

第三，沦陷区知识分子。因诸种原因身处沦陷区的知识分子大多采取与日伪不合作的态度，有的与敌人进行坚决斗争，有的则在著述中运用隐微修辞来寄托幽愤和抗日意绪，展现了中国士人"威武不能屈"的民族气节，这些知识分子包括陈垣、俞平伯、黄宾虹、李苦禅、吴承仕、王度庐等。当然也出现了像周作人、张资平、陈寥士等变节附逆的汉奸文人（1939年1月，周作人接受汪伪政府之伪北京大学图书馆馆长聘书，正式投靠敌人；是年5月，从广西梧州回到上海的张资平化名"张声"接受日本军方资助，主办《新科学》等刊物，正式附逆），这些卖身求荣、为虎作伥的知识分子是中国士人的败类。

第四，海外知识分子。这是一个长期被忽视的战时中国士人群体，他们与祖国同呼吸、共命运，他们不仅毁家纾难，捐款献物声援和支持祖国抗战，而且数以万计的华侨知识分子回国参战，或直接奔赴前线，或参加南侨机工，或到大后方开展抗战宣传，涌现出像曾生、李林、白雪娇等华侨知识分子抗日英雄。侨居海外的文人，如在新加坡的郁达夫、丘菽园，在印度尼西亚的黑婴，在欧美的林语堂，也利用各自的文化阵地，以笔为剑，开展抗日宣传活动。此时留学欧美的知识分子如钱学森、季羡林也以

---

① 王晓莉：《八路军西安办事处纪念馆文字介绍》，《西安日报》2015年7月13日，第7版。

振兴民族学术为励，心系祖国，沉潜学术，取得了卓越的成绩。

1939年，中国士人社会面临的政治文化环境十分复杂和严峻。在政治上，汪精卫集团叛变投敌，日本帝国主义在沦陷区实施"治安强化运动"，建立特务组织，对人民的抗日言行进行严厉钳制和残酷镇压，对国民党采取以政治诱降为主的政策，国民政府政策重心发生转变，国民党顽固派掀起第一次反共高潮。在文化上，日寇在沦陷区宣扬"兴亚灭共"，推行奴化教育、欺骗宣传和思想统治；国民党召开五届五中全会，通过了《防止异党活动办法》，同时发起"国民精神总动员运动"和"复兴文化运动"。在中国共产党的积极影响下，大多数知识分子维护抗日民族统一战线的团结，投身抗战文化活动，批判那些与民族解放事业背道而驰的思想逆流，为战时中国文化建设做出了不可磨灭的贡献。

中国共产党顾全大局、以民族利益为重，展现了维护抗日民族统一战线团结的坚定决心和斗争策略。这也是我们考察1939年中国士人知与行的政治基点。中共站在民族抗战的高度坚持团结的政策方针无疑促进了知识分子的大联合，也推动了中国文化的发展。国民党五届五中全会于1939年1月在重庆召开，蒋介石在会上作了《唤醒党魂、发扬党德与巩固党基》的报告，制定了"溶共、防共、限共、反共"的反动方针。这次会议标志着国民党政策重点由抗日转向反共。中共一方面对国民党的片面抗战政策和顽固派的反共方针进行揭露和批判；另一方面祝贺会议的召开，希望会议能够帮助国民党"增进全国人民的团结，增进抗日民族统一战线的巩固，增进国共两党及一切抗日党派合作的关系，继续领导抗战，一直到最后争取胜利和建立自由幸福的三民主义的新中国"。[①] 1939年3月国民党发起"国民精神总动员运动"，颁布《国民精神总动员纲领》，要求国民必须树立三个共同目标：一是国家至上、民族至上；二是军事第一、胜利第一；三是意志集中、力量集中。国民政府同时提出了一系列具体的实施办法。中国共产党认为这场运动能调动国人的抗战精神，给予充分的回应和支持，并号召全党"积极拥护国民精神总动员，并尽一切努力推动全国人民参加这一运动，并使全党同志深切了解这一运动的

---

① 《读蒋委员长在国民党五中全会的开会词》，《新华日报》1939年1月26日，第1版。

意义"。① 与此同时，对国民党借助这场运动来限制削弱共产党的企图给予揭露和回击。1939年3月，第三次全国教育会议在重庆召开，蒋介石发表讲话强调教育应当在"改造我们的民族，复兴我们的国家"中发挥重要作用，要求教育界以三民主义为教育的最高基准，并提出"平时要当战时看，战时要当平时看"的主张。中共机关报《新华日报》为此发表社论《对于第三次全国教育会议的希望》，该文对此次会议给予积极评价，着重指出战时教育必须在抗战建国的基本国策下进行，并提出诸项教育改革建议，社论还援引蒋介石《革命的教育》一文，论证教育制度改变的重要性。② 是年，蒋介石发起"复兴文化运动"，在云南大理成立"民族文化书院"，实乃战前"新生活运动"之延续，其借复兴儒家"四维八德"来强化极权统治的目的昭然若揭，但此时中共并没有对之进行显明的政治文化批判。由此可见，中国共产党立足于民族抗战大局，坚持民族斗争和阶级斗争相一致的原则，明确"抗日统一战线中的投降危险、分裂危险和倒退危险仍然是当前时局中的最大危险"，③ 在对国民党顽固派进行"有理""有利""有节"斗争的同时，采取维护抗日民族统一战线的政治文化策略和措施。正如论者所言："为维系国共合作的局面，坚持并发展抗日民族统一战线，中国共产党从抗日战争的实际出发，正确处理民族矛盾和阶级矛盾的关系，强调各阶级的利益必须服从抗日的利益，制定并实施了一整套正确的方针、政策和策略。"④

无论是在抗战大后方还是抗日根据地，知识分子在抗日民族统一战线的旗帜下同仇敌忾，共赴国难，充分发挥自身的专业特长和文化优势，以自己的方式和行动参加抗战。知识分子作为个体在抗战中的作用本书将有较详细的阐述，这里着重讨论他们在战时文化思潮中扮演的角色。战争一方面导致社会经济和政治生态的剧变，另一方面也引发了文化思潮的多元

---

① 《中共为开展国民精神总动员告全党同志书》（1939年4月26日），《群众》1939年第1期，人民出版社1955年影印。
② 《对于第三次全国教育会议的希望》，《新华日报》1939年1月26日，第1版。
③ 毛泽东：《目前形势和党的任务（一九三九年十月十日）》，《毛泽东选集》第二卷，人民出版社，1991，第615页。
④ 张从田：《抗日民族统一战线是抗日战争胜利的旗帜》，《人民日报》2014年9月25日，第11版。

激荡。1939年的中国文化思潮可谓波涛澎湃，相继出现"中华民族是一个""学术中国化""民族本位""民族形式"等关键话语，这些思潮相互交织、互为影响，共同指向了重建民族精神的时代课题，并塑造着此时期中国文化的基本风貌。中国士人既是这些文化思潮的发起者、议程设置者和推动者，也深受这些文化思潮的影响和规约，从而呈现出与20世纪20年代迥然有异的文化精神特质。

1939年1月17日，五四新文化运动的倡导者、著名语言文字学家钱玄同在北平沦陷区逝世，这虽然不能视为一个时代的结束，但至少也表明了五四那种激烈反传统的思想主张已经告一段落。钱玄同当年以激进主义的姿态否定传统文化、主张废除汉字，可谓振聋发聩："欲使中国不亡，欲使中国民族为二十世纪文明之民族，必以废孔学、灭道教为根本之解决，而废记载孔门学说及道教妖言之汉文，尤为根本解决之根本解决。"① 标举激烈反传统的五四启蒙思潮所产生的影响一直延续到战前，如1933年陈序经发起的"全盘西化"论战和1936年由马克思主义者、自由主义者发动的"新启蒙运动"都打上了鲜明的五四文化启蒙烙印。然而抗战全面爆发后，不但是所谓的"救亡压倒启蒙"的问题，更重要的是必须重新树立中国文化自信才能真正激发全民族的抗战意志和热忱，才能为抵御外侮提供强大的精神动力，因此战时中国文化走向了回归民族本位的思想路径。1939年的中国文化思潮突出而集中地反映了抗战时期中国文化的主要方向和特征，具有典型的微观思想史意义。1939年以重建民族精神为旨归的文化思潮略述如下。

第一，"中华民族是一个"。1939年2月，顾颉刚在昆明的《益世报·边疆周刊》中发表《中华民族是一个》，由此掀起了"中华民族是一个"的论辩。这篇文章主要不是为了学术探讨，而是对泰国总理銮披汶"大泰主义"的回应和驳斥。1939年5月，銮披汶政权通过决议，宣布国号由"暹罗"改为"泰国"，并宣称中国的西南是泰人的祖先故地，企图利用日本军国主义的支持觊觎中国领土。顾颉刚针对銮披汶政权"大泰主义"的谬论进行了批驳：他以历史和现实经验论证了"中华民族是一

---

① 钱玄同：《致陈独秀》，《新青年》第4卷第4号，1918年4月15日。

个",认为自古以来中国境内的人民没有民族之分,所谓"汉人的文化"其实是和非汉人共同使用的,不存在汉人的文化,而只能称为"中华民族的文化";他反对使用"五族共和""民族"等概念,认为这会被敌人利用来分化中华民族、蚕食中国领土。① 该文引起很大的反响,被广泛转载,许多学者加入论辩,赞同者有傅斯年、白寿彝、张维华,反对者有费孝通、翦伯赞。傅斯年从地缘政治和中国领土的利害关系来肯定该文的现实意义,白寿彝则以西南各民族的和谐相处为立足点加以积极响应,而费孝通显然是从人类学的多维视角来表达异见,翦伯赞则运用马克思主义的民族观对该文的观点进行了批评,指出其要害在于混淆了"民族"与"民族意识"的概念,认为应在承认并尊重各民族的发展权利和民族平等的基础上实现中华民族大团结,以抗击帝国主义的侵略。尽管论辩双方在学理上均有不够周延之处,但他们对于涉及中华民族根本利益的学术问题的讨论,有力地批驳了銮披汶的"大泰主义",维护了中华民族的团结,既显示了战时史学的入世精神,在客观上也增强了学人们对于民族抗战的整体性认识。经过这场论争之后,"中华民族"的话语被广泛使用,对推动中华民族认同产生了积极作用。

第二,"学术中国化"。"学术中国化"是1939年一批马克思主义者和自由主义者发起的一场思想文化运动,肇端于重庆,影响延及国统区、抗日根据地和沦陷区,其意义超越文化本身,是马克思主义中国化的重要理论创设阶段。1939年2月,《战时文化》月刊第2期登载了张申府的《论中国化》。是年4月,《读书月报》开辟"学术中国化问题"专栏,发表专题文章,同月以"理论现实化"和"学术中国化"为办刊宗旨的《理论与现实》季刊创办,创刊号上发表了马克思主义学者潘梓年和侯外庐的两篇主题文章,由此揭开了"学术中国化"运动的序幕。关于这场文化思潮的动机,正如侯外庐所言:"伟大的抗战建国时代,正是中国学术开足马力的时代。学术研究缓慢地落后于抗战军事,这是一个大遗憾。"② 然而究其根本则是马克思主义中国化在学术上的一次思想动员和

---

① 顾颉刚:《中华民族是一个》,《益世报·边疆周刊》第9期,1939年2月13日。
② 侯外庐:《中国学术的传统与现阶段学术运动》,《理论与现实》1939年第1期。

理论准备。1938 年,毛泽东在扩大的中共六届六中全会上发表了《论新阶段》,首次提出"马克思主义中国化"命题。参加这场思想文化运动讨论的学者既有来自左翼阵营的知识分子艾思奇、侯外庐、杨松、潘梓年、柳湜,也有民主知识分子张申府、潘菽,另外还有国民党御用文人任卓宣(叶青)。除了个别国民党右翼知识分子外,参与论争的大多数学者都积极评价这场运动的思想文化意义,认为它对重新确立战时中华民族的学术主体性大有裨益。"学术中国化"和"马克思主义中国化"论辩的成果不但为战时中国学术的发展确立了一条新的道路,而且为马克思主义同中国实际相结合的理论建设提供了宝贵的思想资源,意义深远。

第三,"民族本位"。"民族本位"思潮萌生于九一八事变之后的史学界,到 1939 年钱穆《国史大纲》而趋于高峰,并一直延续至抗战结束。这个思潮在抗战时期的产生和发展固然与国民党为了适应民族战争的变化而推行的各种文化复兴活动有关,但其根本则是战时中国士人之民族觉醒和文化自觉在学术上的体现。"民族本位"思潮从史学延伸到哲学领域,是一种明显回归文化传统的思潮。1939 年 2 月,宋云彬在《伟大的历史变革时代的本国史教学问题》一文中写道:"要养成民族自尊心,要坚定抗战必胜的信念,非学习(中国)历史不可。只有学习历史,从历史中探求得来的真理,才能引起信仰,才能认识当前局势及其发展的前途,而坚决地执行自己在这时代所担负的使命与任务。"[①]是年 6 月,钱穆的《国史大纲》完成定稿,这部著作摆脱了五四新文化运动以来中国史学界的"疑古"思潮,它怀着对历史的"温情与敬意",以唤醒国魂为鹄的,着重开掘蕴含在三千年历史进程中的国家民族之生命精神,借此民族"生力"来激发文化自信,以迎取西方文化挑战,争取抗战的光明前途。《国史大纲》出版后立即风行全国,其"民族本位"思想同时也在哲学领域得到积极回应和共鸣。同时,熊十力、冯友兰、唐君毅等新儒家坚守民族文化立场,希冀以"儒家思想的新开展"(贺麟语)来重建民族精神,推进中国现代化。1939 年 5 月冯友兰的《新理学》由长沙的商务印书馆出版,此乃《贞元六书》之开篇,这部书从"理""太极"等中国传统

---

① 宋云彬:《伟大的历史变革时代的本国史教学问题》,《国民公论》第 1 卷第 7 号。

哲学范畴入手，极力提取中华传统智慧的内在价值，力图在国家处于黑暗与光明交替的贞元之际确立文化新命脉和民族新精神。"民族本位"思潮对于战时凝聚和激励民心发挥了重要作用，也为中华文化创造性转化贡献了宏富而深邃的思想成果。

第四，"民族形式"。学者称之为"民族形式问题论争"的文艺思潮也发动于1939年。毛泽东的《论新阶段》提出文艺要把国际主义的内容和民族形式紧密地结合起来，创造"新鲜活泼的、为中国老百姓所喜闻乐见的中国作风和中国气派"。1939年春，延安及各个根据地文艺界对此进行了热烈的讨论，艾思奇、何其芳、冼星海等围绕创造文艺民族形式的问题相继发表文章，论争迅速扩展到国统区和香港。到1940年底，开展"民族形式问题论争"的刊物多达40余种，参加讨论的文艺家近百人。这场论争的主要内容包括"旧形式的利用"、"对'五四'新文艺的评价"和"'民族形式'的中心源泉"等关于文艺的继承与创新的核心问题。向林冰认为民间形式是民族形式的中心源泉，而更多的论者则主张要利用和改造旧形式来创造崭新的民族形式。这场发端于1939年的文艺论争，对战时乃至而后的中国文艺在民族化道路探索方面产生了深远的影响，为中国文艺民族主体品格的形成提供了丰富的理论资源。毛泽东发表于1940年1月的《新民主主义论》深刻地阐发了这场论争的思想成果，将新民主主义文化概括为"民族的""科学的""大众的"三个特征，从而为中国文化的发展指明了方向。

1939年这四个文化思潮交相激荡、互为影响，其根本精神在于恢复民族尊严、重建民族精神、确立文化自信。"余心之所善兮，虽九死其犹未悔。"战时中国知识分子以屈子精神为励，为民族独立与文化复兴，或临危赴难，或创述不倦，展示了刚健笃实的士人精神气象。

第二节　中国士人的抗战行动

历代以来，中国士人对于君主社稷的安危、家国天下的兴亡始终萦怀于心，他们或在朝辅政，经世济民，或身在书斋，忧患黎元，在民困邦危之际又往往临危受命，以挽狂澜于既倒的气概奋不顾身、安邦御侮。这种积极用世、忧国奉公的士人精神，从屈原、范仲淹到文天祥、史可法、林则徐，史不绝书。正如孟子所谓的"天下有道，以道殉身；天下无道，以身殉道"（孟子·尽心上），鸦片战争以降尤其是甲午海战之后，面对西方列强坚船利炮的侵略欺凌，中国士人以救亡图存为职志，或著书立说痛陈时弊，或开启民智鼓吹新政，或直接投身于维新活动，涌现出如谭嗣同这样视死如归的慷慨之士。为了推翻君主专制、建立民主共和，无数士人更是前赴后继、英勇壮烈。著名革命家秋瑾曾赋诗明志："拼将十万头颅血，须把乾坤力挽回。"① 在黄花岗烈士中，林觉民和罗仲霍就是典型的士人。林觉民 1908 年进入日本庆应大学修读哲学，罗仲霍曾任荷属印尼中华学校校长，他们怀抱革命理想，舍生取义，彰显了近代士人忧以天下、宁死不屈的责任与担当。五四新文化运动开启了以救亡为主要目标的启蒙主义思潮，中国士人一方面汲取西方个性主义与科学理性思想，希冀借此反思传统弊害、重建民族精神；另一方面又承继"士志于道"的价值理想，从五卅运动、北伐战争到一二九运动，高举救亡旗帜，投身革命运动，在 20 世纪二三十年代波澜壮阔的历史进程中发挥了重要作用。

卢沟桥事变后，中华民族处于生死存亡的危急关头，中国知识分子积极投身抗日救亡运动，谱写了可歌可泣的历史篇章。他们或投笔从戎，直接置身于抗日前线浴血奋战；或应召受命，为军政部门及其他抗日组织贡献知识才干；或学以致用，努力开展抗战宣传；或奔走呼号，为抗战事业募捐筹款。海外尤其是东南亚华侨知识分子响应祖国的召唤，积极报名参加华侨机工，回国抗战，或在当地开展各种抗战文化教育宣传活动。许多身处沦陷区的知识分子则宁守清贫、威武不屈，拒不与敌伪同流合污，体现了士人的气节与操守。

"苟利国家生死以，岂因祸福避趋之。"林则徐这一著名诗句所包含的勇猛精进、不怕牺牲的精神无疑激励着战时的中国士人。投笔从戎、主动请缨御寇的知识分子大有人在。对于知识分子的毅然弃文从军，当时就

---

① 秋瑾：《黄海舟中日人索句并见日俄战争地图》，萧平编《辛亥革命烈士诗文选》，中华书局，1962，第 135 页。

有人分析过这种激烈人生抉择的内在思想逻辑。

> 知识分子有远见，有觉悟，有能力，有救亡热忱，但假若他们孤立的活动，从事一般宣传与启蒙的工作，这固然不是没有意义，然而为效还是有限。而且在这紧急的关头，敌人的炮火已经打到了头上，平常意义的文化活动实属缓不救急。因此，目前的知识分子必须融化到其他的群众或力量中去，然后才能发生巨大的作用……只有脱下长衫，拿起枪来与敌人拼个你死我活，这才是知识分子的唯一出路。①

1939年离开文化战线奔赴战场的知识分子不胜枚举，兹略列若干。

（1）巫恒通，1903年生，江苏句容县人，毕业于无锡江苏省立第三师范，战前历任小学教师、句容县督学及泰兴县教育局局长，1939年初他得知其师范同学管文蔚组织的抗日武装已改编成新四军领导的江南抗日义勇军挺进纵队，遂投奔该部队并受到陈毅的接见。在陈毅的鼓励下，巫恒通组建了句容县东北区民众抗敌自卫团，开展抗日锄奸作战，并加入中国共产党。是年底新四军江南指挥部成立后，其领导的自卫团改编为新四军第三团，他被任命为团长。这支队伍驰骋于苏南战场，破坏敌人交通线，争取进步人士，粉碎日军的扫荡，成为新四军的一支劲旅。1941年他不幸被捕，壮烈殉国。

（2）孟繁柏，江苏省灌南县人，入伍前是石湖乡村师范学生，1939年家乡被日寇占领后，他在姐夫的影响下加入共产党，并投笔从戎，加入八路军山东纵队陇海南进支队第三团，当时年仅16岁。孟繁柏随部队开赴山东抗日前线，身经百战，九死一生。

（3）柳乃夫，1910年生，四川省荣昌县人，南京国立中央法学院法律系毕业后加入中国共产党，后积极投身抗战宣传活动，1939年受中共中央长江局指派奔赴中条山抗日前线，任赵寿山部队政治教官。是年6月日寇第六次分九路进犯中条山，柳乃夫和敌人周旋对抗，后被日寇刺死。

（4）周涤钦，1894年生，江苏盐城人，自幼喜欢绘画，毕业于清江

---

① 韩叔衡：《抗战时期知识分子的出路》，《大时代》1938年第3号。

第六师范，曾任安庆大学国画教师、小学校长等职。战前结识徐悲鸿，得其帮助卖画支持抗日。他1939年弃教从军，任国民党军队三十六师师部秘书，随军参加苏北反扫荡作战，后因不满国民党军队消极抗战，被韩德勤秘密杀害。

这一年，也有不少知识分子以身殉国。马耀南，1902年生，山东长山县人，毕业于天津北洋大学机械工程系，曾笃信教育救国，任小学校长，抗战爆发后领导著名的黑铁山起义，担任山东人民抗日救国军第五军参谋长，1939年在桓台县突围作战时中弹牺牲。杨裕民，1889年生，河北迁安县人，曾就读于天津工艺学堂，后赴美国攻读造纸专业博士学位，回国后曾任河北省立工业学院教授，他参与组织了冀东武装抗日大暴动，率兵配合八路军作战屡立战功，后被朱德总司令召回八路军总部担负军工后勤，1939年因积劳成疾牺牲于部队转移途中。

抗战时期的知识分子大多受过良好的教育，他们一方面有深厚的中国传统文化素养，长期熏浸于士人传统；另一方面又接受了新式教育，拥有现代科学与人文的专门知识和技能，并在近代启蒙与救亡运动中形成了民族主义和爱国主义精神。美国学者爱德华·希尔斯说，知识分子的特点是"运用普遍性范畴和抽象性参考的象征符号"，[①] 换言之，知识分子的基本职能是创造、传播和使用文化。因此，知识分子在抗战中的作用必然主要体现为运用自己的专业知识、技能和文化地位来为抗战提供思想战线上的支持。战争期间，许多知识分子应召受命，他们出入于军政部门及其他抗日组织，以自己的知识和才干服务抗战，同时也有一批知识分子奔赴四方，利用各种方式和途径开展抗战宣传。这些并不包括随着国民政府从南京内迁到武汉、南岳和西南的公务员，他们尽管许多是知识分子出身，但属于行政体制里的职员，通常处于被动的受控状态，缺乏抉择的自主性和独立性，因此本书讨论的主要对象是行政体制之外的文化教育机构、民间组织及其他团体的知识分子。

抗日民主根据地的知识分子，以及从20世纪30年代左翼文化运动中

[①] 详见〔美〕欧文·豪《知识分子的定义和作用》，《现代外国哲学社会科学文摘》1985年第9期。

成长起来的进步知识分子,他们在民族统一战线的旗帜下,利用自身的文化特长,听革命的将令,以自己的方式和行动参加抗战。1939年,历史学家翦伯赞按照中共的指示,到湘西溆浦县民国大学任教,在此期间编辑《中苏》半月刊,宣传中苏友好,掀起湘西抗日救亡运动高潮,同时对当地国民党的反共浪潮给予坚决的还击。开封沦陷后,随河南大学转移到鸡公山的范文澜创办抗日训练班,后加入新四军第五战区,在桐柏山一带开展统战活动,并加入中国共产党。是年,马克思主义哲学家李达离开广西大学教职,赴重庆为冯玉祥及其研究室讲授辩证唯物主义,他以其《社会学大纲》为教材,向冯玉祥宣讲抗战形势和唯物主义原理,同时和中共地下党员赖亚力等人一道做冯玉祥的统战工作,为争取其与共产党合作、走上坚定的抗战道路做出了贡献。这一年,作家刘白羽辗转奔波于华北各抗日根据地,到太行山体验八路军的战斗生活,撰写了《朱德将军传》。作家沙汀到延安担任鲁迅艺术学院文学系代主任后不久,即随贺龙赴晋西北和冀中抗日根据地,写出著名的《随军散记》(即《记贺龙》)等作品。聂绀弩受中共指派,到浙江金华参与中共浙江省委文化工作委员会机关刊物《东南战线》编辑工作,后任抗战刊物《文化战士》主编。是年5月,周立波离开湖南沅陵的地下工作,受周恩来指派到桂林任《救亡日报》编辑。诗人田间奉命到晋察冀边区当战地记者,参加贺龙领导的陈庄歼灭战。这一年,画家石鲁经西安八路军办事处介绍到泾阳县安吴堡青年训练班学习,结业后到宜川第二战区民族革命大学工作,任戏剧宣传股长。

1939年中共领导的文化抗战活动为数众多,其中产生较大影响的有国民政府军事委员会政治部第三厅(简称第三厅)指导下的抗战演剧宣传活动、中华全国文艺界抗敌协会组织的"作家访问团"和上海"孤岛"文艺运动。第三厅是国共合作和抗日统一战线的产物,1938年4月成立于武汉,它由共产党领导下的进步人士组成,实际上接受中共长江局和周恩来直接领导。郭沫若任厅长,胡愈之、田汉、阳翰笙等人担任主要职务。1939年第三厅领导下的抗敌演剧活动热火朝天,10个抗敌演剧队配合各个战区在江西修水抗日前线及山东、河南、安徽、浙江等地巡回演出了《三江好》《放下你的鞭子》《木兰从军》等剧目,引起民众强烈的反响，取得良好的宣传效果。1939年6月，中华全国文艺界抗敌协会组织了"作家访问团"，赴晋察冀绥及陕西、河南等地采访战地、慰问将士。这支被称为"笔部队"的访问团从重庆出发，一路克服重重困难，风餐露宿，深入了解前线将士的战斗生活和战地军民关系，并在太行山成立了中华全国文艺界抗敌协会晋东南分会。访问团团长王礼锡早年毕业于南昌心远大学，参加过江西农民运动，北伐时期曾受广州国民政府委托与毛泽东一起在武汉创办农民讲习所，自任马克思主义理论教员，后致力于进步思想传播，翻译苏俄文学，参与中国社会史论战，20世纪30年代初流亡欧洲，积极参加世界反法西斯斗争，创作反战诗歌，被高尔基誉为"东方的雪莱"。王礼锡回国后被选为中华全国文艺界抗敌协会理事，负责文协国际宣传委员会工作。他率领"作家访问团"到达山西后，时值酷暑，加上工作繁忙、旅途劳顿，不幸罹患疾病，于1939年8月在洛阳逝世，为抗战宣传工作献出了年轻的生命。另外，是年6月老舍跟随北路劳军慰问团远走西北，行经四川、陕西、甘肃、青海、宁夏，行程两万多里，途经延安时受到毛泽东的接见。上海"孤岛"文艺运动是中国共产党面对新的形势在租界领导开展的旨在揭露日本侵略，唤醒民众抗日意识的一系列文艺活动。蛰居于上海租界的知识分子，充分利用租界的写作环境，巧妙地同敌伪进行周旋和斗争，唤起"孤岛"民众的抗战救国意识，增强人们的抗战决心和信念。1939年1月，《横眉集》的七位作者王任叔、唐弢、柯灵、周木斋、周黎庵、文载道、孔另境集资合股创办了以登载杂文为主的杂志《鲁迅风》，该杂志由中共上海文委领导，它继承鲁迅先生的现实主义精神，以杂文为武器打击敌伪，匡正时弊，形成了"鲁迅风"杂文流派。上海"孤岛"文艺运动最著名的是"孤岛"戏剧运动。在中共江苏文委的领导下，"孤岛"进步戏剧家以上海剧艺社为阵地，进行合法斗争，创作和排演抗战戏剧，对租界民众进行抗战教育。中共地下党员于伶是"孤岛"剧运的杰出代表，他忍受穷困和孤独，创作了许多剧作，其中以1939年的戏剧《夜上海》影响最大。这部戏剧1939年8月在璇宫剧院演出，引起轰动，它揭露日本侵略造成的社会苦难，唤醒"孤岛"市民抗战的觉悟，表现了中国人强烈的家国情怀，成为"孤岛"复杂政治环境中的战斗利器。

身在国统区的知识分子也充分发挥自身的文化特长和优势，各擅胜场，以专业的知识技能和独特的文化身份为抗战军政服务。1939年2月，己卯新年即将来临之际，大半生致力于乡村建设运动的新儒学家梁漱溟以国防参议员的身份到华北、华东敌后游击区考察。此次考察历时八个月，行经皖、苏、鲁、冀、豫、晋六省，他冒着生命危险，出入于敌占区和游击区之间，与国共两党领导的抗日武装深入接触，了解前线将士战斗生活和沦陷区民众状况，沿途宣讲抗战形势。其间屡遭敌军围攻，几陷绝境。四十年后，梁漱溟对此行仍记忆犹新：

> 当日寇深入之时，我既不得不随国民政府退至西南，又不甘心安处大后方而偕友东返华北、华东，潜踪于敌后游击区域，谋所以扰敌者。计巡历皖北、苏北、鲁西、鲁南、豫北、冀南、晋东南，经太行山，渡黄河而返抵洛阳，写有《一九三九年春夏间敌后游击区域行程日志》，记存其事。在行程中，鼓励抗敌，而自己无战斗力，则不得不避免遭遇敌军。其间盖多承两大党军队之友助。当时各城市及铁路沿线为敌人所据有，我旅程所及恒在村野山区，生活艰苦，有时或不易觅食。时人不有"一不怕苦，二不怕死"之言乎。我此行盖践之矣。①

是年，已投笔从戎加入广州第四战区政治部的民俗学家钟敬文奉命调赴江西信半县，为西南地区军需人员训练班讲解《抗战建国纲领》。古文字学家徐复应邀担任军训部西北巡回教育班秘书，辗转巴蜀西北。曹聚仁以国民党中央通讯社战地记者身份回故乡浙江兰溪梅江镇蒋畈作抗战演讲，一时轰动，后赴赣南协助蒋经国开展宣传工作。这年4月，姚雪垠暂时放下小说创作，与臧克家、孙陵一起到随枣战役前线采访，他们奔走于前沿阵地，距敌最近时仅有两百多米。而此时来到延安的卞之琳随八路军去太行山区抗日民主根据地访问，并在延安鲁迅艺术文学院短期任教。

---

① 梁漱溟：《记一九三九年敌后之行》，《我与中国民主同盟》，当代中国出版社，2011，第30页。

这一年，有许多艺术家义演义卖，为抗战赈难捐款。王莹以"中国救亡剧团"副团长的名义远赴南洋，在英属马来亚殖民地开展长达两年的巡回演出，为抗战赈筹一千多万法币；徐悲鸿到新加坡举办筹赈画展，以义卖所得支援抗日；刘海粟发起上海美专师生救济难童书画展览会，义售书画四百多幅，后又受邀赴印度尼西亚主持筹赈画展；张乐平在浙江金华举办个人战地素描展，展览收入悉数捐献给抗日；女画家丘堤利用闲暇时间亲自设计和制作百余个布娃娃义卖捐赠。在捐款方面顺便提一下著名教育家马相伯。1939年是马相伯百岁诞辰，全国各地为他举行遥祝百龄典礼，他遂将收受的寿仪悉数捐作劳慰前线士兵之用。

抗战期间，中国佛教僧侣也积极参与这场伟大的民族解放战争。历史上看，大乘佛教同体大悲的菩萨道精神是佛教东传后吸收融合儒家"以天下为己任"的社会抱负而形成的，中国化的佛教与儒家在心性论、实践论诸方面可谓异曲同工、殊途同归。宋朝契嵩大师在《寂子解》中所言的"儒、佛者，圣人之教也；其所出虽不同，而同归乎治"实为至论，① 中国僧侣阶层在民困邦危之际"出佛入儒"的现象屡见不鲜。近代以来面对西方列强的侵略欺凌，中国佛教以菩萨大无畏气概重振宗风，僧侣亦佛亦儒，以家国苍生为念，积极参与和推动救亡运动，敬安和尚（八指头陀）"我虽学佛未忘世""国仇未报老僧羞"的诗句可作注解。抗战爆发后，广大僧众以独特的方式勇赴国难、守土安民。对于佛教徒抗日行为的动因，当时释雨岩曾在竺摩法师主编的抗战佛教刊物《华南觉音》上撰文给予解析。

  我们不但要图报要挽救苦恼已迫在眉睫，挣扎在死亡线上的我国家我民族的恩者，同时将濒于水火之中，或间接直接与我们有恩者的他国家他民族，我们也要图报挽救之，那末我们亦不得不自起而抗敌，抵抗我们的敌人，抵抗侵害我恩者的敌人！②

这种报恩观念与儒家的悲天悯人、民胞物与的精神是一致的。从九一

---

① 赖永海：《宋元时期佛儒交融思想探微》，《中华佛学学报》1992年第2期。
② 雨岩：《佛教报恩与抗战》，《华南觉音》第2期，1938年10月1日。

八事变开始，中国佛教徒就积极开展抗战宣传，抨击日本法西斯的侵略谬论和野蛮行径。战争全面爆发后他们或组建僧人自卫队直接参战，或组织救护队、担架队支援前线，或举行息灾法会祈愿和平。1939年中国佛教界的抗日活动值得大书特书。这一年5月，藏传佛教高僧喜饶嘉措大师赴青海各地寺庙视察，号召僧俗民众团结抗日，并写了抗日文章《白法螺的声音》以激励藏区抗战。驻锡广东南华寺的僧人在虚云法师的领导下，为支持抗战每天举行礼忏，减省晚食，节约余粮以献助国家赈款。在闽南的弘一法师通过讲演、书法广结法缘，以"念佛不忘救国"激励当地信众。赵朴初也在上海参加了宋庆龄领导的宪政运动。是年4月，国共合作开办的"南岳游击干部训练班"开学后不久，以巨赞、演文为代表的南岳僧人组织了"南岳佛教僧青年救亡团"，周恩来看了救亡团的宣言书后当即挥毫题词"上马杀贼、下马学佛"赠巨赞法师。是年秋，圆瑛法师在上海圆明讲堂主持法事活动，日本宪兵以抗日分子罪名逮捕了圆瑛法师和明旸法师，法师在无数的审讯和恫吓面前仍镇静自若、临危不惧，表现出中国佛教徒的民族气节。1939年佛教界最重要的抗日活动是太虚大师率领中国佛教访问团的东南亚及南亚之行。太虚作为20世纪伟大的佛教改革家，长期倡导"人生佛教"，主张"儒释融合"。为了促进东南亚及南亚各界对中国抗战的理解、支持和援助以及保护滇缅公路的政治外交安全，太虚大师接受国民政府的派遣，临危受命，于1939年11月14日乘汽车从昆明出发，正式开启了东南亚、南亚之旅。访问团先后参访了缅甸、印度、锡兰、新加坡、马来亚等英属殖民地国家和地区，历时近五个月，行程一万多公里。这是战时一次极为成功的民间外交活动，争取了东南亚及南亚各界对反法西斯事业的支持，推动了中国与东南亚及南亚的宗教文化交流，增强了东南亚及南亚的华侨华人社会对祖国抗战胜利的信心，影响深远，意义重大。

在抗日战争中，世界各地华侨与国内同胞同仇敌忾、共赴国难，开展了波澜壮阔的抗日救亡运动，他们或组织救亡，捐款捐物，或奔赴战场，为国尽责，或投身于侨居地的抗日斗争行列，为祖国抗战和世界反法西斯战争的胜利建立了卓著的功勋，其中华侨华人知识分子发挥着巨大的作用。当时，世界范围内的海外华侨华人约为800万人，其中绝大多数侨居东南亚，因此东南亚地区的华侨华人知识分子对抗战贡献最大。1939年，东南亚华侨知识分子积极报名参加"南侨机工"，回国参加抗战，书写了中华民族抗战史上可歌可泣的壮丽篇章。中国抗战生命线滇缅公路开通后，急需大量汽车司机和技工，1939年2月，爱国华侨领袖、南侨总会会长陈嘉庚先生应国民政府请求，发出了"南侨总会第六号公告"，号召东南亚华侨中的年轻司机和技工为国效力。东南亚尤其是英属马来亚华校师生踊跃报名。尽管南侨机工中的知识分子比例难以明确①，但从其平均年龄仅为20多岁的情况看，大多数人刚毕业于华校不久，有些还是华校教师。南侨机工中的知识分子白雪娇的英雄事迹堪称典型。白雪娇，福建泉州人，马来亚槟榔屿侨生，早年在华校接受中华语言文化教育，后被华社推荐到厦门大学读书，毕业后回到槟榔屿协和学校担任国语教师。是年5月，白雪娇以协和学校华文教师的身份瞒着家庭，女扮男装，毅然随机工队回国抗日。她临行前给父母亲留下一封告别信，信中说："家是我所恋的，双亲弟妹是我所爱的，但是破碎的祖国，更是我所怀念热爱的。"东南亚华侨知识分子抗日的感人事迹千千万：捐款献物、认购国债、抵制日货……历史将会记住这一切。还有李林烈士，她是东南亚华侨知识分子的骄傲。她三岁时随养母到荷属印尼爪哇岛投奔养父，华校毕业后回国进入陈嘉庚先生创办的集美学校读书，后投笔从戎并加入中国共产党。1939年，李林已是雁北抗日游击队八支队政治部主任，此时正率部驰骋于绥南、雁北一带，屡建战功，令敌人闻风丧胆，第二年她为了掩护群众转移，在山西朔州壮烈牺牲。是年1月，郁达夫在新加坡主编《星洲日报》"晨星""繁星"副刊，发表许多抗战杂文，同年11月他的长兄郁曼陀在上海遭到日伪特务暗杀。与此同时，南洋英、荷两国殖民地的广东惠州华侨组成了以教师为主体的"东乡华侨回乡服务团"，在粤南一带开展抗日活动。1939年秋以暨南大学毕业生、越南华侨符克为团长的"琼崖华侨回乡服务团"也在海南文昌成功登陆，与岛上抗日游击队并肩战斗。欧美地区的华侨知识分子也积极参加抗日，如1939年4月，"全欧抗联"成立了以爱国师生为主体的"华侨国际宣传统一委员会"，向正遭受法西

---

① 夏玉清：《试论抗战时期"南侨机工"的人数与构成》，《东南亚纵横》2015年第6期。

斯蹂躏的欧洲人民宣传中国抗战；这一年，美国旧金山设立华侨金星公司电台，加州高校的华侨师生志愿者以英语对外报道中国抗日的情况，每日广播9小时。特别值得一提的是，林语堂此时在巴黎完成了抗日题材英文长篇小说《京华烟云》的创作，回到纽约后即投入繁忙的抗战宣传活动中，通过讲演和写作讲述"中国故事"，支援祖国的抗日事业。

身处沦陷区的绝大多数中国士人面对日伪在政治上的严厉钳制和残酷镇压，有的以沉默与不合作的姿态来表达对敌人的憎恨和不满，有的与日伪进行坚决斗争，有的则在著述和创作中曲折地运用隐微修辞来寄托幽愤和抗日意绪，展现了中国士人"威武不能屈"的民族气节。北平沦陷后，时任辅仁大学校长的著名历史学家陈垣语重心长地对学生启功说："一个民族的消亡，从民族文化开始。没听说，民族文化不消亡，民族可以消亡的。我们要做的是，在这个关键时刻，保住我们中华民族的文化，把这个继承下去。你我要坚守教书阵地，只管好好备课，教书，这也是抗战！"1939年初，蛰居北平的著名山水画家黄宾虹，以国仇大于私谊，拒见日本画家荒田十亩，并拒绝参加是年10月日伪举办的"兴亚美术展"。在燕京大学任教的郭绍虞得知自己的名字被擅自列入日伪"华北作家协会"委员名单时，不顾生命安危愤然去函质问。1939年5月14日，画家李苦禅在北平和学生魏隐儒一起被日本宪兵以"勾结八路军"的罪名逮捕入狱，遭刑讯28天，出狱后仍拒绝伪职，继续参加地下抗日活动。这一年9月，著名经学家、古文字学家吴承仕在平津沦陷区被敌伪通缉逼迫，于北平悲愤去世。关于沦陷区中国作家不顾身居危域，以文学创作隐曲地表现抗战意绪，这方面的研究成果十分丰硕，兹不赘述。本书着重分析寄身青岛沦陷区的作家王度庐个案，以期揭示沦陷区作家的抗战心迹。1939年，王度庐在敌伪的政治压力下，利用武侠小说这一中国文学传统寄寓了匡扶正义的中华游侠精神，隐曲地表达了对日军的邪恶行径和汉奸助纣为虐的反抗心态，并借助一些怀旧叙事来言说黍离之悲，曲折地寄托幽愤和怀抱。

九一八事变以来，千千万万的中国士人以各种方式投身于伟大的民族解放事业，义无反顾，勇毅笃行，不怕牺牲，谱写了一曲曲可歌可泣的民族史诗。以上所论及的中国士人的抗战行动，仅仅是1939年中国知识分子抗战事迹的极小部分。对于整个抗战时期中国知识分子之为国赴难的史实而言，更仅仅是一种短时段的微观展示，实在是挂一漏万。无论如何，历史将永远铭记这些勇赴国难的士人。

第三节　中国士人的学术著述和文艺创作

抗战爆发后，一些中国士人投笔从戎奔赴抗敌前线，或应召受命为抗日军政部门贡献学识才智，或者积极投身于抗日救亡宣传、赈难等社会活动，而更多的知识分子则抱持为天地生民立心立命、为往圣继绝学的士人理想，以振兴中国学术文化为己任，在困厄颠踬的艰难环境中朝乾夕惕、矻矻独造，创造了战时中国教育、学术和文学艺术等诸领域的蓬勃气象。从微观史的视野看，1939年的中国文化成就确实是蔚为大观。

战时中国士人的构成是丰富而多元的。它既包括内迁高校里的知识精英群体，也包括游离于高校体制外的高级知识分子（如马一浮、废名）；既包括在大后方报社、出版机构、民间组织和学校服务的文人和教师，也涵盖抗日根据地、上海"孤岛"、沦陷区及海外的各类知识分子；既包括科学工作者、人文学者、作家、艺术家等专业知识群体，也涵括佛教僧人等特殊文化人士。这些有不同教育背景、知识结构的中国士人共同创造了抗战时期中国文化的辉煌成就。然而毋庸置疑的是，创造战时中国学术文化的主体是内迁高校的知识分子。

中国教育遭受战争的严重破坏。据统计，从1937年7月到1938年8月底，全国108所高校中遭日寇战火波及损毁的有91所，遭严重破坏而停办的有25所，全部被破坏的有10所，直接财产损失达33604879元，各高校损失的珍贵资料不计其数。同时，全国有半数的中等学校学生无法上学，近一半的小学及幼稚园被迫停办。[①] 为了保存民族文化血脉，中国知识分子大量西迁。这些知识分子随内迁的教育机构不断颠沛转徙，他们冒着敌机轰炸的危险，克服种种难以想象的困难，在广袤的大后方保存读

---

① 杨宏雨：《抗战时期中国高等教育一瞥》，详见涂文学、邓正兵主编《抗战时期的中国文化》，人民出版社，2006，第180页。

书种子、续奏不辍弦歌，护持文化于不坠，昭示了中国士人为国家进学求道、发展学术文化的信心和决心。1939年初，冯友兰为西南联大校歌定稿，其词曰："万里长征，辞却了五朝宫阙，暂驻足，衡山湘水，又成离别。绝徼移栽桢干质，九州遍洒黎元血。尽笳吹，弦诵在山城，情弥切。/千秋耻，终当雪。中兴业，须人杰。便一成三户，壮怀难折。多难殷忧新国运，动心忍性希前哲。待驱除仇寇，复神京，还燕碣。"[1] 由于中国抗战形势的不断变化，战时教育机构内迁一波三折，其他学校的中国士人也经历了像西南联大知识分子那样的辗转颠簸。战时中国高校尽管饱经磨难，但它们却在艰苦的逆境中逐渐壮大。1940年学校、学生数均超过战前的1936年。至1945年抗战结束时，全国专科以上学校增至141所，比1936年增加30.5%；在校学生数为83498人，是1936年的两倍。[2] 这堪称人类教育史上的奇迹。

抗战时期大后方教育体制的稳定并由此带动中国学术的发展，首先得益于国统区"战时当作平时看"的教育方针。1939年3月第三次全国教育会议在重庆召开，蒋介石在讲话里提出了"战时当作平时看"的主张，这其实体现了当时中国知识分子和社会精英的共识。当时学界有识之士说得很明白："我国高等教育本不发达，每一万国民中仅有大学生一人，与英美教育发达国家相差甚远。为自力更生抗战建国之计，原有教育必得维持，否则后果将更不堪。"[3] "战时当作平时看"的教育方针对于稳定战时中国教育秩序、保证教育质量和学术的繁荣发展有重要的意义。在此教育方针指导下，国统区无论是高等教育还是初中等教育，都保持了稳定有序的良好态势。其次，抗战大后方学术的成长和发展与当时知识分子力图改变中国学术落后面貌的强烈愿望和不懈努力密不可分。19世纪中叶的洋务运动以来，随着西方先进的学术思想不断涌入和科举制度的废除，中国初步形成了建立现代学术体制和接受现代学术思想的基础。五四新文化运动之后，中国高等教育迅速发展，确立了现代自然科学、社会科学及人文学科的基本布局，然而由于当时国内外各种因素的制约，中国的学术水平

---

[1] 冯友兰：《三松堂自序》，生活·读书·新知三联书店，1984，第348页。
[2] 曲士培：《中国大学教育发展史》，山西教育出版社，1993，第530页。
[3] 谢克欧：《科学与国防》，桂林国防出版社，1941，第43页。

仍与先进国家相差甚远。陈寅恪先生之"敦煌者，吾国学术之伤心史也"，道出了中国士人长期隐伏于心的学术创痛。抗日战争激起了知识分子振兴中国学术的强烈志向和热情，也锻造了他们开展高水平学术研究的意志和能力。历史学家刘节在1939年最后一天的日记中说："余平生以学问为大前提，虽万里奔波，一身独处，亦不觉其苦。"① 这种对学术的无比热爱和勇克时艰的坚强意志正是战时中国士人的普遍心态。最后，抗战大后方学术的发展离不开国民政府、中国共产党及广大人民的支持和推动。国民政府在教育政策指导、财政和教育资源投入、人才培养等方面给予充分支持。1939年，国民政府教育部认为"抗战建国正在迈进之际，学术研究需要尤大"，开始从政策、经费上扶持各大学成立研究所。中共在抗日根据地启动了科学研究，中共南方局的文化工作委员会和第三厅在推动和领导大后方文化繁荣发展方面发挥了重要作用②，大后方人民为学术繁荣发展提供了有力的保障。值得重视的是，抗日根据地也建立起学术研究机构，依托鲁迅艺术学院、华北联合大学、马列学院等高校的学术机构和团体相继成立，出现了艾思奇、范文澜等著名学者。

1939年中国高等教育完成第一阶段内迁。东部高校除北平的燕京、辅仁大学等教会学校中立未动，上海交通大学迁入租界外，其余高校均迁往西南、西北地区。国立西南联大、西北联大成立，中央大学、复旦大学、武汉大学、浙江大学都在此阶段迁到西南。这些高校的基本办学体制和学科布局得以保存，学术研究和教学依常进行。以浙江大学为例，浙大三迁广西宜山，新建草棚，作临时教室，师生于此安心教学14个月，直到1939年2月5日遭遇敌机轰炸。如此紧张的局面，大学也就停课三天，还专门记录在案，当时教育秩序之有条不紊确实令人惊叹。③ 教师队伍十分稳定并逐渐扩大。北大、清华、南开三所大学副教授以上的教师悉数随迁，而且有新的教师不断加入西南联大。1939年这一年，受聘到西南联

---

① 《刘节日记（1939—1977）》上册，大象出版社，2009，第196页。
② 周勇、周昌文：《中国共产党抗战大后方工作研究的几个基本问题》，《抗日战争研究》2015年第4期。
③ 《弦歌不辍 精神不死——陈平原谈抗战烽火里的中国大学》，《新华每日电讯》2015年7月17日，第9版。

大任教的就有冯至、贺麟和沈从文。据《国立西南联合大学史料·四》记载："西南联大时期，以1939年为例，全校教师共269人。其中北大89人，清华150人，南开30人。"① 这些教师都是当时中国知识界的精英，他们对于战时中国的学术文化创造发挥了举足轻重的作用。笔者综合多方资料，兹将1939年西南联大文学院各学科的教师队伍列如表1-1。

表1-1 西南联大文学院教授名录

文学院	中国文学系	朱自清、罗常培、魏建功、杨振声、刘文典、闻一多、王力、浦江清、唐兰、游国恩、陈梦家
	外国语文学系	叶公超、柳无忌、陈福田、潘家洵、吴宓、陈铨、吴达元、钱锺书、杨业治、冯至、谢文通、洪谦、赵诏熊、闻家驷、袁家骅
	历史学系	雷海宗、姚从吾、郑天挺、陈寅恪、傅斯年、钱穆、向达、张荫麟、蔡维藩、吴晗
	哲学心理学系	汤用彤、冯友兰、金岳霖、沈有鼎、孙国华、冯文潜、贺麟、郑昕、王维诚、陈康

法商学院有张奚若、钱端升、陈岱孙、燕树棠、陈序经、潘光旦、费孝通等著名学者，理学院有杨武之、陈省身、华罗庚、吴大猷、叶企孙、王竹溪、张文裕、钱思亮等杰出科学家。迁至重庆沙坪坝的国立中央大学及其他内迁高校也有许多学术名家，限于篇幅不再一一列举。此时还有一些学人正在海外求学，如1939年钱学森获美国加州理工学院航空与数学系博士学位，卢嘉锡获英国伦敦大学哲学博士学位，杨庆堃获美国密歇根大学社会学博士学位，杨宪益继续在牛津大学研究西方文学，林耀华在哈佛大学攻读人类学博士学位，季羡林继续在德国哥廷根大学攻读印度学博士学位。他们以另一种方式为战时中国学术发展做出了贡献。

1939年，中国在科学研究方面取得了良好的成绩。是年高等教育内迁虽已基本完成，但经费紧缩，图书设备流落，士人生活动荡，物价飞涨，科研条件显然不如战前。中国科学社主办的自然科学刊物《科学》总编刘咸在《1939年科学之展望》一文中提到，"当战事发生之初，科学

---

① 王学珍等主编《国立西南联合大学史料·四》，云南教育出版社，1998，第203页。

机关,或被轰毁,或经内迁,交通阻滞,人事繁乱,生活不安,遑论著作,以致年余以来,投稿稀少,捉襟见肘,维持不易"。① 然而,这一年的科研工作仍然成绩斐然。在国共两党的推动下,一些科研机构得以建立。是年,国民政府出于抗战的军事需要,设立了"航空研究所"和"中央机器厂",重点开展与军工有关的技术研究,中共也在延安设立了"自然科学研究院"。"航空研究所"1939年7月7日成立于成都,由毕业于麻省理工学院航空工程科学专业的王助领衔,拥有众多研究人员;"中央机器厂"于9月在昆明开工,专注机械设备的研制和生产,首任总经理是毕业于美国哥伦比亚大学的量子物理学家王守竞。延安的"自然科学研究院"成立于是年5月,院长为李富春,该机构开创了中国共产党领导高等自然科学教育与研究的先河。那年3月,吴藻溪、张申府、熊雯岚、潘菽等人在重庆发起成立"自然科学座谈会",以中央大学为场所开展自然科学理论探讨和科学家联谊,对促进科学普及工作和科学家团结发挥了重要作用。在科学应用成果方面,孙健初领导的玉门油矿第一口油井的成功开钻最为突出。孙健初早年毕业于山西大学采矿系,长期致力于北方地质矿产调查和原油勘探,是年3月,经周恩来批准由陕甘宁边区借来的钻机在玉门钻到储油层,玉门油田的开采对于中国抗战有重要的战略意义。1939年最重大的科学发现成果是华罗庚的《堆垒素数论》和吴大猷的《多原子的机构及其振动光谱》。这一年,任教于西南联大算学系的华罗庚在昆明一座简陋的吊脚楼上开始他的数论研究,《堆垒素数论》直到1941年才全部完成。这部现代数学巨著"系统地总结、发展与改进了哈代与李特尔伍德圆法、维诺格拉多夫三角和估计方法及他本人的方法,发表40余年来其主要成果仍居世界领先地位,先后以俄、匈、日、德、英文出版,成为20世纪经典数论著作之一"。② 而吴大猷的《多原子的机构及其振动光谱》是对拉曼分子光谱的全面总结,是"世界第一本这方面的著作,后来成为世界各国研究生和科研人员必读的经典著作"。③

---

① 何静:《战争烽火中的中国科学社》,《自然辩证法通讯》2007年第6期。
② 《以华人数学家命名的数学成果》,《人民网科技》2010年6月11日。
③ 苟清泉:《我国的原子与分子物理学大师——吴大猷》,《原子与分子物理学报》1987年第2期。

由于国家进入战争体制，此时期的中国社会发生了剧烈变迁。国共合作和全民族抗战的展开而形成了新的社会政治生态，国府及文化机构的西迁凸显了边疆建设的重要性，人口、产业和资源的重新布局也引发了许多政治、经济、社会及文化问题，这就为战时的中国社会科学研究提供了新的课题。1939年，中国社会科学家们立足于战时的现实需要，秉持真理、道义与良知，在极端困难的条件下充分发挥自身的专业优势，取得了社会科学研究的丰硕成果。兹仅以经济学和社会学为例。

（一）经济学

1939年，延安成立政治经济学研究会，同时在马列学院及其马列著作编译部的基础上设立中共中央出版发行部（后改为中央出版局），以解放社名义出版马列著作。是年，何锡麟、王学文翻译的《〈资本论〉提纲》，何思敬、徐冰翻译的《哥达纲领批判》，以及王学文翻译的《政治经济学论丛》得以出版。以王学文、王思华和何干之为代表的延安马克思主义经济学家，立足于边区抗战、革命和生产生活的具体实际，研究并致用马克思主义经济理论，提出一系列富有针对性的经济政策，指导了抗日根据地的土地改革、经济建设管理和大生产运动。是年，郭大力正在为自己和王亚南合译的《资本论》校对，并着手翻译马克思的《剩余价值学说史》。

这一年国统区的经济学研究围绕战时经济政策展开，重点关注大后方重工业的地位问题。对于是否在战时的大后方发展重工业，经济学家争论不休。在耶鲁大学获得经济学博士学位、时任南开大学教授的经济学家方显廷放弃自己之前首先发展轻工业的主张，转而支持发展重工业论。1939年4月他出版了《中国工业资本问题》（商务印书馆），书中指出："资本之投放几全在轻工业；重工业微不足道，而危及国脉。抗战师兴起，捉襟见肘。今后苟不急起直追，牢守自力更生之原则以筹资，国防第一之主旨而用资，则国家前途殊堪危惧。"[①] 是年5月，方显廷向国民政府呈交了两份要求在大后方着力开展国防重工业建设的提案，即《建设西南国防工业以促进国家战时生产案》和《拟在川康甘肃等省建立重工业区以资

---

① 李金铮：《"土货化"经济学：方显廷及其中国经济研究》，《近代史研究》2016年第4期。

开发富源案》。这两份提案建议国民政府立足于持久抗战的战略，在西南各省设置重工业区，大力开展大后方的国防重工业建设，以推进大后方的经济发展和应对抗战军事的巨大消耗。毕业于哈佛大学的经济学家陈岱孙对此并不认同，他认为战时大后方在时间、资金、人才和区域等方面都不允许发展重工业，除了维持关乎民生的轻工业外应该集中一切资源搞好军事，并对大后方工业实行统制。对于如何建立国营和民营的"混合经济"，经济学界也有充分的讨论，钱昌照1939年5月发表《两年半创办重工业之经过及感想》主张具有统制特征的"计划经济"。南开大学经济学家何廉则认为建立和健全农村互助合作制度是复兴农村、振兴国民经济的有效途径，其主张得到国民政府的响应，农村合作运动迅速得到广泛的推广。是年，统制经济理论代表人物罗敦伟出版了《战时国家总动员》（青年书店），着重探讨战时国家总动员的经济学问题。

是年出版的两份经济调查报告值得一提。经济学家刘大钧在战前主持开展的江苏吴兴丝绸业调查，后汇成《吴兴农村经济》一书由中国经济统计研究所编辑出版。女经济学家张肖梅对贵州经济进行深入的调查研究，撰成《贵州经济》，由中国国民经济研究所出版。

（二）社会学

1939年社会学研究有了新的进展，学科队伍扩大，面向西南的大型田野调查不断展开，出现了标志性学术成果。

是年7月，国立云南大学社会学系正式成立，吴文藻担任系主任，陶云逵、李有义、费孝通等名家在此任教。吴文藻随之在昆明建立"燕京大学—云南大学社会学实地调查工作站"，不久把该工作站迁到昆明呈贡县郊的魁星阁，形成了学术史上著名的"魁阁社会学研究室"。吴文藻联合燕京大学社会学研究人员，推动西南地区的"社区研究"，如李有义在云南路南县针对民族杂居的区域经济进行了深入的田野调查，后来在此基础上写就《汉夷杂区经济》。同年，燕京大学社会学家杨堃出版了《中国家族中的祖先崇拜》《中国儿童生活之民俗学的研究》《社会发展史鸟瞰》等民俗学、社会学专著。1939年8月，清华大学在昆明呈贡成立了"国情普查研究所"，由西南联大陈达教授任所长，李景汉任调查部主任，重点对呈贡县开展人口和农业普查。这一年，国民政府要求国立大学设立边疆研究科系，同年在重庆成立了"中国边疆学术研究会"，社会学界所开展的边疆调查对于战时国防及边疆的建设和开发起到了积极的学术保障作用。

1939年费孝通在伦敦大学学习时撰写的博士学位论文《中国农民的生活》（即《江村经济》）英文版于英国正式出版，无疑是中国社会学界的重大研究成果。这部著作以英国社会人类学家马林诺斯基的功能主义为研究方法，采取中国本土的视角，通过对江村太湖东南岸以桑蚕为生的开弦弓村的实地考察和分析，揭示了江南乡村经济体系与特定地理环境和社区的社会结构之间的复杂关系。马林诺斯基在该书序言中称赞它"将被认为是人类学实地调查和理论工作发展中的一个里程碑"。① 《江村经济》是一部具有世界影响的著作，它为社会学和人类学研究树立了新的研究范式，费孝通也因此进入世界著名社会人类学学者行列。

人文学科尤其是哲学和历史学的成绩斐然。抗日战争是中国现代史上的重大事件，它不但引起中国社会政治的巨大变迁，也深刻地影响了人们的思想观念、行为方式和精神世界的表达，激发了中国士人对民族历史和人生社会的深入思考，因此必然在价值观和意义体系上产生了具有原创性的成果。1939年人文学科领域所取得的成绩可谓异彩纷呈，特别是历史学的成就十分突出。

是年，在历史学方面，重要的成果有毛泽东的《中国革命和中国共产党》、周谷城的《中国通史》、钱穆的《国史大纲》、吕思勉的《中国通史》、金毓黻的《中国史学史》和侯外庐的《社会史导论》，这些著述或网罗宏富、体大思精，或高屋建瓴、言简意深，在一定程度上代表战时中国史学的最高成就。毛泽东的《中国革命和中国共产党》运用马克思主义的历史观阐释中国社会矛盾和革命对象、任务、动力及性质，系统地提出了新民主主义理论，对推动中国革命事业的发展发挥了重要作用。周谷城的《中国通史》以"历史完形论"为理论框架，吸收了传统纪事本末体的优点，依照中国历史自身发展的次序来叙述历史进程，在史学方法上别是一家。钱穆的《国史大纲》则怀着对历史的"温情和敬意"而从

---

① 费孝通：《江村经济》，商务印书馆，2001，第15页。

中国历史演进中揭示了中华民族生生不息的精神力量，增强和提升了战时中国士人的文化自信和文化自觉，是一部迥异时流的通史著作，其产生的深远影响远超史学本身。完稿于 1939 年的吕思勉《中国通史》体例独特，它分门别类地叙述中国社会政治经济制度，对文物典章制度的阐释尤为深入。金毓黻的《中国史学史》是中国史学史研究的创始之作，征引资料较富，编排清楚，统摄了中国史学的源流、义例、发展及分期，涉及中国史学的一些重要理论问题。这一年，金毓黻的《宋辽金史》也由商务印书馆出版。侯外庐的《社会史导论》运用历史唯物主义的方法研究中国社会发展史，深入揭示了中国社会历史变迁的内在动因，是当时马克思主义中国史学的代表性成果。另外，雷海宗的史学论文《君子与伪君子——一个史的观察》以独特的角度考察了中国历史，为不久后产生的"战国策派"奠定了史学理论基础。是年，柳亚子的《南明史纲初稿》和傅抱石的《文天祥年述》、杨德恩编撰的《文天祥年谱》相继发表，此实乃援史明志、借古喻今的著述，体现了战时中国史学的精神风骨。

哲学方面以新儒学的成就最大。是年 5 月，冯友兰的《新理学》由长沙商务印书馆出版。这本书是《贞元六书》的第一本，奠定了冯氏新理学体系的哲学基础。它一方面继承了程朱理学的本体论思想，确立了为往圣继绝学的新儒家道统；另一方面希冀在"当世之巨变"中从"理世界"的儒家本体论跃进到道德世界的儒家价值论，从而为民族抗战和国家重建提供精神原动力。1939 年 9 月，熊十力在复性书院开讲礼上发表的《复性书院开讲示诸生》中提出了"体用不二"的哲学本体论和中西互参互证的知识论，阐发了儒学如何在特殊时代里回应中西文化冲突与交融、如何应国家民族危难之变等重大问题，这些真知灼见既是熊十力早年由佛转儒、摄体归用的哲学总结，也体现了他作为一个抗战时期有强烈历史责任感和担当意识的新儒家所怀抱的积极用世精神。是年，方东美开始研究《周易》，撰写《易之逻辑问题》，唐君毅则在受聘于国民政府教育部的同时撰写《人生之体验》。刘文典有《庄子补正》问世，虞愚的《印度逻辑》出版，佛学家王恩洋的讲稿《老子学案》在上海佛学书局印行流通。值得重视的是，延安的马克思主义哲学也有新的发展。这一年，艾思奇的哲学活动十分活跃，他在马列学院讲课之余，出版了《哲学选辑》，毛泽东对之进行了批注。是年，陈伯达写出《墨子哲学思想》《孔子的哲学思想》《老子的哲学思想》，并与毛泽东讨论中国哲学问题。

文学史和文艺学方面的成果也可圈可点。是年，钱锺书开始《谈艺录》的写作，肇启了运用西方新学来诠释中国古典诗学的比较文学路向。中国古典文学研究的论著有岑仲勉的《读全唐文札记》《读全唐诗札记》，邓广铭的《稼轩词编年笺注》《辛稼轩诗文抄存》，杨明照的《文心雕龙校注》以及郭绍虞的《近代文编》。9月，李何林的《近二十年中国文艺思潮论》由生活书店出版，该书厘清了五四新文化运动至抗战时期中国文艺思潮的演变脉络，是第一部运用唯物史观考察中国现代文艺运动轨迹的论著。在鲁迅研究领域，有巴人的《鲁迅与高尔基》、端木蕻良的《论鲁迅》等论文。陈望道的《拉丁化中国文字运动纲领草案》也于本年修订完稿。这一年，中国艺术史学会在重庆成立，会长为滕固，会员有宗白华、马叔平、胡小石、陈之佛、刘节、金静庵、傅抱石、朱希祖等20人。

除了教育和学术研究，战时中国的文学艺术也取得了很大的成就。不但在国统区，而且在抗日根据地、上海"孤岛"和海外华人社会，文艺方面硕果累累。正如论者所言，战争的发生"不仅仅意味着社会政治生活的巨大转折，而且意味着一般人个人生活的动荡不定，以及由于这些变化引发的一个时代中人们的情感和思维的诸多变迁"。[①] 与20世纪二三十年代文艺家不同的是，战时的中国作家和艺术家大多经历了漂泊转徙的生活，他们或从大都市的繁华世界走向广袤的旷野乡村，或从祖国故乡走向遥远的海外异域，流亡的旅程一方面使他们产生了强烈的原乡意识；另一方面也让他们在别样的地理空间和风土人情中感受和体验着人生，正是这种充满张力的作家生活状态促进了战时中国文艺的发展和深化。艾曼纽·卢瓦耶指出，"流亡者经受着无穷无尽的'坦塔罗斯之苦'，他们远离自己的亲人，却总能道听途说到他们的消息。这种可望而不可即的状态滋长了他们的乡愁，也加深了他们对故乡的渴望"，因此，阿卜代尔·马莱克·萨亚德把流亡的意义解读为一种"双重缺席"：对于驱逐他们和容纳

[①] 范智红：《世变缘常——四十年代小说论》，人民文学出版社，2002，第1页。

他们的两个社会的缺席。① 同时，延安抗日根据地对知识分子的重视以及崭新的文化环境进一步推动了文艺的繁荣发展，海外风起云涌的反法西斯浪潮和华人社会的抗战动员也激励着侨居异域的中国作家为祖国发声。中国的抗日战争和世界反法西斯战争的交相复合既激发了文艺家们鲜明的民族意识，也促使他们进一步关注人类的命运，从而形成了20世纪40年代中国文艺鲜明的"为人类"性质。② 另外，五四新文艺及30年代左翼文艺运动已经积累了丰富的美学经验，也为战时中国文艺创造提供了艺术上的借鉴。

1939年中国文艺的主要成果包括：（1）大型交响乐《黄河大合唱》诞生；（2）林语堂长篇英文小说《京华烟云》出版；（3）于伶戏剧《夜上海》在"孤岛"公演；（4）艾青的诗集《北方》和《他死在第二次》出版；（5）由卜万苍导演、欧阳予倩编剧的电影《木兰从军》和蔡楚生编剧并导演的《孤岛天堂》上映；（6）张恨水长篇寓言小说《八十一梦》开始连载。鉴于本书将对《黄河大合唱》、《京华烟云》和《夜上海》三部作品的思想、艺术及所蕴含的士人精神进行个案分析，兹不赘述。《黄河大合唱》在延安抗战文化政治的推动下，运用西方音乐和中国民间文艺相结合的方式，以富有象征性的符号表达了中华民族抗战必胜的信念和决心，影响极为深远。《京华烟云》以道家文化为导引，通过跌宕起伏的家族故事和人物命运向西方英语世界宣传中国抗日，具有独特的战时跨文化传播意义。《夜上海》在唤起"孤岛"民众的抗日意识方面起了重要作用。艾青创作生涯中最重要的两首长篇叙事诗《他死在第二次》和《吹号者》都写于1939年。是年，他从衡山移居桂林，担任《广西日报》"南方"副刊主编，中国抗战士兵的勇敢和视死如归使他那种忧郁悲怆的诗情升华成为一种庄严、崇高的境界：一个再次奔赴前线战死的士兵，以及一个吹号者和浸濡着血迹的铜号的形象，以震撼心灵的力量激励着中华民族奋勇向前。这两首不朽的抗战诗作奠定了艾青在20世纪中国诗歌史上的重要地位。是年上映的中国电影《木兰从军》和《孤岛天堂》

---

① 〔法〕艾曼纽·卢瓦耶：《流亡的巴黎——二战时栖居纽约的法国知识分子》，广西师范大学出版社，2009，第13页。
② 孔范今主编《二十世纪中国文学史》，山东文艺出版社，1997，第851页。

引起很大的轰动。古装片《木兰从军》借古喻今,通过重新演绎木兰从军的故事来反映民众的抗战决心,创造了连映85天的票房纪录。《孤岛天堂》描写一群爱国青年在"孤岛"群众的掩护下锄奸抗日,这部电影在香港、重庆、南洋各地放映,受到观众热烈欢迎,每当剧中人说出"中国是不会亡的!"观众在激动中往往会起立鼓掌。张恨水的长篇小说《八十一梦》借鉴晚清谴责小说的笔法,鞭挞大后方政治的腐败黑暗,或嬉笑怒骂,或含蓄蕴藉,被誉为张恨水小说的"巅峰之作"。另外还有一些作品也值得一提,抗日题材的小说有阿垅的《南京》、周文的《救亡者》和骆宾基的《边陲线上》,散文有沈从文的《昆明冬景》和李广田的《雀蓑集》,戏剧有西南联大剧团的《祖国》和阿英的《碧血花》,翻译作品有尼采的《快乐的知识》(徐梵澄译)、罗曼·罗兰的《爱与死的搏斗》(李健吾译),等等。

抗战即将结束之际,曾任浙江大学哲学系教授的谢幼伟在《抗战七年来之哲学》一文中写道:"这七年来的中国哲学,比起中国任何一时期来讲,都不算是退步。相反的,作者可以很自信地说,中国哲学是进步了。这七年的抗战,可以说是中国哲学的新生。"[①] 他讨论的是哲学方面的成就,其实就上述对1939年中国士人创述的微观考察而言,自然科学领域、人文社会科学其他领域及文艺创作方面何尝不是如此呢?战争不但没有阻隔学术和创作,反而激起了中国士人为抗日救亡而探求真理、学以致用和追寻人生真谛的强烈愿望,这大概也正是"士志于道"的真义吧。

---

① 谢幼伟:《抗战七年来之哲学》,载贺麟《当代中国哲学》,胜利出版公司,1945,第143页。

第二章　光未然、冼星海与《黄河大合唱》的文化政治

1939年3月，由光未然（张光年）作词、冼星海作曲的《黄河大合唱》在延安诞生。这部伟大的交响乐是战时中国音乐艺术的里程碑式作品，具有极强的感染力和震撼力，在当时即迅速传播到包括国统区在内的各个战区，进而蜚声海外，至今仍然传唱不衰。这部融诗歌与音乐于一体的艺术经典作品产生于1942年的文艺整风运动之前，是延安知识分子从抗日民族统一战线的历史场域中表达自身对于抗日战争与民族精神的理解和领悟，然而同时也打上了抗战初期延安政治生态的深刻印记。正如特里·伊格尔顿（Terry Eagleton）所强调的，"审美就是意识形态"。① 依据文化政治的理论，《黄河大合唱》的生成机制和意义结构当然也体现了20世纪30年代末延安抗日根据地具有鲜明意识形态特征的知识、话语和权力，抗战时期延安的红色政治在这部交响乐生产中发挥着重要功能，对其审美符码和艺术规范产生了重大影响。文化政治是一种泛化的政治形式，它在文艺领域里要追问的是：作品中的话语体系是如何进行意识形态运作的？是如何重新阐释和确立文化意义和资源的？是如何彰显文艺的领导权的？揆之于《黄河大合唱》的文化政治，需要讨论的是战时延安的政治方向、文艺政策和文艺思潮对这部音乐经典的催生和形塑，也就是红色延安的意识形态是如何在《黄河大合唱》构建话语体系的诸环节中发挥作用并掌握文化领导权的。詹明信说："我历来主张从政治社会、历史的角

---

① 〔英〕特里·伊格尔顿：《审美意识形态》，王杰等译，广西师范大学出版社，2001，第91页。

度阅读艺术作品,但我决不认为这是着手点。相反,人们应从审美开始,关注纯粹美学的、形式的问题,然后在这些分析的终点与政治相遇。"①文化政治的揭示首先依赖于对文艺作品之审美形式的把握,因此,本文试图从《黄河大合唱》的审美艺术形式入手,通过对构成这部音乐经典作品的"革命性的"叙事、抒情、象征性行为以及文化资源的择取,从而探讨和寻绎红色延安的意识形态在其中所发生的话语主导作用。

第一节 《黄河大合唱》主体象征的诞生

随着结构主义符号学与文化研究理论的深化,"文化表征"逐渐成为讨论文化实践和文化权力的重要概念。雷蒙·威廉斯认为表征(representation)"即是一个符号、象征(symbol),或是一个意象、图像(image),或是呈现在眼前或者心上的一个过程"。② 斯图亚特·霍尔进一步揭示了文化表征的话语权力特质:它不是事物本身,而是由各种文化符号建构的;它是一个动态的意义生产过程与实践,呈现出的是一个文化政治的场域。③《黄河大合唱》以被誉为"中华民族母亲河"的黄河为话语核心,在诗歌与音乐交融的艺术世界中确立了"黄河"作为中华民族的整体象征,并通过演出、传唱等方式实现"黄河"精神的意义建构和增殖,映射了抗战前期延安文化政治的理路和方向。

事实上,《黄河大合唱》的诞生本身就充满了具有隐喻色彩的传奇性,两个正在为中华民族抗战热潮激动不已的延安文人找到了让他们的情感喷薄而出的最高艺术形式,他们的精神灵魂与艺术表现的猝然相遇成就了这部伟大的作品,更重要的是,就像五四启蒙时代召唤着鲁迅的出现,战时的延安社会乃至多灾多难的国土也在呼唤着这样的黄钟大吕。《黄河大合唱》的孕育和产生的史实已有详尽的描述:1938 年 10 月,抗敌演剧

---

① 〔美〕詹明信:《晚期资本主义的文化逻辑》,张旭东编,陈清侨等译,生活·读书·新知三联书店,1997,第 7 页。
② 〔英〕雷蒙·威廉斯:《关键词:文化与社会的词汇》,刘建基译,生活·读书·新知三联书店,2005,第 409 页。
③ 〔英〕斯图亚特·霍尔:《表征——文化表象与意指实践》,徐亮、陆兴华译,商务印书馆,2003,第 3 页。

队第三队全体成员奉周恩来和郭沫若之命,在中共支部书记、诗人光未然的率领下,从陕西宜川的壶口下游,东渡黄河,进入晋西南吕梁抗日游击根据地。光未然目睹了黄河船工与惊涛骇浪搏斗的情景,同时为眼前气势磅礴的壶口瀑布奇观所震撼,诗人激情满怀,萌生灵感,决意付诸文字。1939年1月,光未然在山西不慎坠马,左臂负伤,转赴延安治疗,已在鲁迅艺术学院任教的冼星海闻讯,步行20里来到二十里铺和平医院探望旧友。光未然的黄河精神体验激发了冼星海的创作灵感,两人当即决定合作写一部大合唱,于是光未然仅用五天时间就写出全部歌词,冼星海连续六天抱病谱曲,两人终于共同完成这部史诗般的不朽之作。1939年4月13日,《黄河大合唱》在延安首演,毛泽东、刘少奇等中共中央领导人观看演出,盛况空前,而后它迅速传遍晋察冀根据地并传播到国统区和海外华侨社会。① 对于两人之间这种情感与艺术的投契和共鸣,光未然后来写道:"我的歌词正是他希望得到的。这种高度的心灵契合,是文艺家一生中难得的幸事。而创作自由需要主客观条件的契合,从这里又得到一次事实上的印证。"② 毫无疑问,光未然和冼星海对于抓住这部作品的"黄河"主题可谓灵犀相通、一拍即合,这固然有光未然亲身所历而偶然得之的因素,更主要的是"黄河"已成为他们精神世界里灵光独耀的一种象征,这是一种他们共同感受到的在中华儿女英勇抗战伟业中升华出来的中华民族力量的象征。"黄河"象征体的确立是《黄河大合唱》在思想主题和艺术表现上最突出的成就。他们两人在创作伊始就对作品的主题意旨和象征指向达到了惊人的一致,这种默契、共振、共鸣的现象在中外文艺史上是不多见的。

《黄河大合唱》建立了整体性的"黄河"符号表意系统,无论是歌词还是音乐创作都凸显了"黄河"作为中华民族精神象征的主体性。《黄河大合唱》共包括八个乐章,相对独立而又相互关联,关于这部作品的内容构成学界已有诸多论说,兹不赘述,仅撮其要概括如下:《黄河船夫

---

① 详见邬析零《〈黄河大合唱〉的孕育、诞生及首演》上、下,《人民音乐》2005年第7期、第8期。
② 张光年:《〈黄河大合唱〉纵横谈·序言》,《张光年文集》第4卷,人民文学出版社,2002,第330页。

曲》（混声合唱），采用劳动号子的方式表现了船夫与暴风雨搏斗的情景；《黄河颂》（男声独唱），赞颂黄河；《黄河之水天上来》（配乐诗朗诵），歌颂黄河，倾诉人民的苦难；《黄水谣》（女声合唱），诉说日寇铁蹄下人民的灾难；《河边对口唱》（对唱、轮唱）以对唱的形式讲述人民的苦难，表达抗战的决心；《黄河怨》（女声独唱）从一个母亲的角度控诉日本侵略者；《保卫黄河》（齐唱、轮唱）表现了中华儿女坚持抗战的英雄气概；《怒吼吧！黄河》（混声合唱）以宏伟的气势吹响了全国抗战的号角。整部作品围绕"黄河"展开抒情和叙事，向我们展现了博大、丰富、崇高和神圣的民族母亲河形象，并提炼和升华出伟大而坚强的中华民族精神。诗人自觉地把黄河形象和中华民族联结起来，"黄河之水天上来，排山倒海，汹涌澎湃，奔腾叫啸，使人肝胆破裂！它是中国的大动脉，在它的周身，奔流着民族的热血"（《黄河之水天上来》）。"黄河"作为中华民族精神象征的修辞功能在《黄河颂》歌词中得以充分的表现，诗人是这样用宏阔激越的语言讴歌了黄河和中华民族的——

  黄河以它英雄的气魄，
  出现在亚洲的原野；
  它表现出我们民族的精神：
  伟大而又坚强！
  这里，我们向着黄河，
  唱出我们的赞歌。
  ……
  啊！黄河！
  你一泻万丈，浩浩荡荡，
  向南北两岸伸出千万条铁的臂膀。
  我们民族的伟大精神，
  将要在你的哺育下发扬滋长！
  我们祖国的英雄儿女，
  将要学习你的榜样，
  像你一样的伟大坚强！

像你一样的伟大坚强!

对于诗人光未然将"黄河"设置为中华民族象征的深沉动机,作曲家冼星海无疑是心领神会的,他在音乐上运用颂歌的形式给予积极呼应和准确配合,"《黄河颂》,是用颂歌的方法写的,颂歌大多带有奔放的热情,高歌赞颂黄河之伟大、坚强。由男高音独唱,歌带悲壮,在伴奏中可以听出黄河奔流的力量!"① 颂歌(carol)是具有歌颂性质的音乐表现形式,起源于欧洲中世纪为圣诞赞美诗谱写的音乐,以赞颂神恩为主题,这种乐曲旋律运用进行曲的节奏,以正拍进入的级进为主,强弱分明,风格上热烈庄重。冼星海最初想用民歌和昆曲的形式来写这篇颂歌,但最终还是放弃了,几易其稿之后仍然采用这种西方音乐中最具有神圣性的颂歌形式来为《黄河颂》谱曲,力图以一种庄严而奔放的音符表达对黄河和中华民族的礼赞。

第二节 "中华民族"与"黄河"的符号政治

《黄河大合唱》把"黄河"作为中华民族精神象征的运思难道只是诗人光未然和音乐家冼星海一时的偶兴?或者"黄河"这个文化表征的设置体现了1939年前后延安文化政治的意识形态诉求?答案显然是后者。在笔者看来,抗日民族统一战线历史语境下,中国共产党号召全民族团结起来,坚持抗战、反对投降,这些政治主张构成了《黄河大合唱》的原初创作动力,而延安政治文化中对"中华民族"和"黄河"之符号认同的强化和深化则是《黄河大合唱》选择这种象征艺术运思的动意和推力。

抗战初期中共关于以国共合作为核心的抗日民族统一战线和动员全民族抗战、反对投降妥协的一系列主张是激发光未然和冼星海创作《黄河大合唱》的基本政治动因。1938年9月29日,扩大的中共六届六中全会在延安正式开幕,毛泽东代表中央政治局向会议作了《论新阶段》的长篇报告,他总结分析了全面抗战一年来敌我力量的对比,重申维护抗日民

---

① 冼星海:《我怎样写〈黄河〉》,《冼星海全集》第1卷,广东高等教育出版社,1989,第37页。

族统一战线的重要性和抗战必胜的信念,提出坚持持久抗战、反对投降主义的迫切任务,针对一部分人对抗战前途的悲观情绪,他特别强调要通过宣传鼓动提高民族的自尊心和自信心。

> 全民族的第一任务,在于高度发扬民族自尊心与自信心,克服一部分人的悲观情绪,坚决拥护政府继续抗战的方针,反对任何投降妥协的企图,坚持抗战到底。这一任务,比过去任何时期为重要。
> 为此目的,必须动员报纸,刊物,学校,宣传团体,文化艺术团体,军队政治机关,民众团体,及其他一切可能力量,向前线官兵,后方守备部队,沦陷区人民,全国民众,作广大之宣传鼓动,坚定地有计划地执行这一方针,主张抗战到底,反对投降妥协,清洗悲观情绪,反复地指明最后胜利的可能性与必然性,指明妥协就是灭亡,抗战才有出路,号召全民族团结起来,不怕困难,不怕牺牲,我们一定要自由,我们一定要胜利,用以达到全国一致继续抗战之目的。①

为了增强抗战必胜的信念,毛泽东对宣传鼓动工作提出具体要求:一方面要向国内外积极传扬民族英雄典型事迹;另一方面要消除民族统一战线中的投降主义和悲观情绪,还要揭露和控诉敌人的残暴兽行,"用以达到提高民族觉悟,发扬民族自尊心与自信心之目的"。为此,毛泽东主张通过广泛发展民众教育,组织"戏剧运动、歌咏运动、创办杂志"等来"提高人民的民族文化与民族觉悟"。正是中共这种坚持团结抗战、反对投降妥协的文化政治诉求激发了早期延安文艺的创作热情,形成了以提高民族自尊心和自信心为中心主题的文艺方向。对于毛泽东《论新阶段》的讲话精神,延安文艺界迅速给予积极回应。1939 年 2 月在延安创刊的《文艺战线》重点面向国统区宣传鼓动全民抗战,主编周扬在创刊号上发表《我们的态度》,指出该刊是"民族自卫战争的意识形态上的一个分野",强调作家要增强民族自信心,积极传播抗战必胜的信念,"如果缺乏对日渐增长的民族抗战力量的透视,很可能使一个有心的作者不免流于

---

① 毛泽东:《论新阶段》,《毛泽东新闻工作文选》,新华出版社,1983,第 39 页。

民族的悲观，而于无意中把这不健康的气氛传染给读者的"。① 成立于 1938 年 4 月的鲁迅艺术学院此时也积极响应，其组织的一百五十多人的大型合唱歌咏团四处演出，用激昂振奋的音乐鼓动人心，"和政治密切配合，要教育全民族走上持久战的道路"。② 由此可见，光未然和冼星海之联袂完成《黄河大合唱》貌似有偶然的机缘，实乃此"新阶段"延安抗战文化政治的促动。光未然早年即参加抗日救亡文艺活动，1936 年发表宣传救亡的独幕剧《阿银姑娘》，其序曲《五月的鲜花》脍炙人口，成为当时著名的抗战救亡歌曲。抗战全面爆发后，他担任"中国文艺者战地工作团"团长，后又在中共领导下的第三厅之抗敌演剧队第三队任支部书记，无疑能够准确把握到延安抗战政治的脉动。对于自己创作《黄河大合唱》歌词的政治语境，光未然后来自述道："《黄河大合唱》是 1939 年的春天在延安写成的。那时候，是我国人民遭受严重考验的时期。那时候，国民党政府对抗日战争消极怠工，敌人在华北、中南和沿海各省长驱直入，人民生活非常痛苦。在这个全民族紧急危难的关头，共产党领导人民在敌人后方发动了英勇的抗日游击战争。"这歌词表现了"中国人民正在锻炼着自己解放自己的力量"，"激发了我们的战斗勇气"。③ 1938 年 11 月初刚从武汉抵达延安的冼星海更是完全沉浸在激奋人心的鲁艺抗战歌咏运动中，他自觉地赋予了《黄河大合唱》丰富的抗战政治内涵，正如他在评价延安的歌咏运动和音乐时所言：

> 现阶段的歌咏和音乐都一致表现出要求团结进步，坚持抗战，打倒卖国的汉奸，反对妥协投降，同时是努力振奋军士和民众抗战的情绪及鼓励安慰在前后方的工作者，利用音乐发挥民族的热情和勇气。④

---

① 周扬：《我们的态度》，《周扬文集》第 1 卷，人民文学出版社，1984，第 262 页。
② 冼星海：《〈新阶段歌曲集〉序》，《冼星海全集》第 1 卷，广东高等教育出版社，1989，第 42 页。
③ 张光年：《冼星海永远和我们在一起》，《张光年文集》第 4 卷，人民文学出版社，2002，第 73 页。
④ 冼星海：《现阶段中国新音乐运动的几个问题》，《冼星海全集》第 1 卷，广东高等教育出版社，1989，第 119 页。

显然，光未然和冼星海的《黄河大合唱》是在中共动员全民族抗战、反对投降妥协的政治主张催化下诞生的，其崇高激越的艺术精神特质投射了延安文化政治对坚持持久抗战、增强民族自信心的基本诉求。

更为重要的是，延安政治文化中对"中华民族"和"黄河"之符号认同的强化和深化促进了《黄河大合唱》象征艺术运思的实现，这部音乐经典作品正是通过对已被广泛认同的"中华民族"概念话语和"黄河"修辞符号的确认而获得艺术上的成功，它以文化政治符码的形式彰显了对抗战力量和民族精神的阐释权。

关于近代以来"中华民族"观念或概念话语的演变过程，黄兴涛在《重塑中华——近代中国"中华民族"观念研究》一书中已有详尽而深入的阐述。该书认为，清末的梁启超、章太炎和杨度等人是较早使用"中华民族"一词的先驱者，是用"中华民族"概念来指代包括汉族和其他少数民族在内的大民族共同体的思想启导人。中华民国成立以后，随着"五族共和"政治口号的深入人心，尤其是五四运动后反帝浪潮的兴起，"中华民族"观念得以初步确立，并于20世纪30年代初逐渐获得普遍接受和认同。抗日战争全面爆发前后，就中国各民族一体化的现代"中华民族"观念和符号得到迅速强化和更为广泛的传播，"这是中华民族现代认同得以基本实现的重要条件，也是抗日战争的伟大成果之一"。[①] 值得注意的是，尽管抗战全面爆发前后国共两党均在各种文件中使用了"中华民族"一词，但两党对于中华民族观念的理解存在着明显的差异。国民党一方面沿袭"五族共和"的理念；另一方面出于政治一统的考虑，更偏重于将汉族之外的少数民族视为"宗族"而强调了中华民族的一体同化性（即单一民族），因而常常以"中华国族"或"中国民族"来替代"中华民族"，而中共则自1935年开始即习惯使用"中华民族"概念，用以指称国内各民族平等而构成的共同体。1935年中共的《八一宣言》和瓦窑堡会议决议以及1936年的《致中国国民党书》中，"中华民族"一词反复出现，1937年7月由周恩来提交给国民党的"国共合作宣言"

---

① 黄兴涛：《重塑中华——近代中国"中华民族"观念研究》，北京师范大学出版社，2017，第258页。

中四次使用了"中华民族"概念。1935 年,同年加入中国共产党的吕骥谱写了广泛传唱的抗日歌曲《中华民族不会亡》。1938 年底至 1940 年初,毛泽东在《论新阶段》《中国革命和中国共产党》《新民主主义论》等人们耳熟能详的名著中也频繁使用"中华民族"。在以国共合作为核心的抗日民族统一战线语境下,中共之强调使用"中华民族"的概念在政治上具有如下意义:①中国国内各民族是平等的,团结各族人民一致对外构成了抗日统一战线的重要基石;②中国共产党不但代表工农的利益,也代表中华民族的整体利益,"中国共产党为中华民族进步之力量,……反共即反对中华民族解放之事业"。[①] 进而言之,"中华民族"概念体现了中共对抗日民族统一战线的话语阐释,是坚持团结、反对分裂,坚持抗战、反对投降,争取民族解放的中共政治方针的一种符号表达,因此它蕴含着抗战初期国共两党在统一战线的合作和阶级政治的分野之间的张力,展示了具有鲜明延安色彩的话语实践。

"中华民族"的概念话语对于延安知识分子而言已是深入人心,不断见诸笔端,如 1937 年奔赴延安的考古学家尹达撰写了专文《中华民族及其文化之起源》,如周扬说:"凡忠实于中华民族,对文艺事业肯作真挚的努力者,《文艺战线》将对他永远地开放。"[②] 延安知识分子对"中华民族"概念的接受和传播,既是响应和支持以国共合作为核心的全民抗战,也是对中国共产党之历史使命的体认。光未然显然是自觉以"中华民族"的符号来整体构思《黄河大合唱》的,他的《〈黄河〉本事》开宗明义:"中华民族优秀的儿女正在为保卫黄河,保卫祖国而战。"[③] 在这部大合唱的歌词中"中华民族"或"我们民族""民族"等词语共出现了十二次,显示了强烈的中华民族主体意识。音乐家冼星海是"中华民族"符号的坚定支持者和拥护者。奔赴延安之前,他曾在洛阳、郑州和武汉等地推广抗战歌咏活动,在此期间的文章频见"中华民族",如"中华民族在现今的处境,正是在一个谋解放的挣扎时期""一九三七年是中

---

① 《中国共产党与中华民族》,《解放日报》1943 年 7 月 1 日社论。
② 周扬:《我们的态度》,《周扬文集》第 1 卷,人民文学出版社,1984,第 262 页。
③ 张光年:《〈黄河〉本事》,《张光年文集》第 4 卷,人民文学出版社,2002,第 25 页。

华民族争取自由和解放的大时代"。① 冼星海在一篇纪念聂耳逝世三周年的短文里论及这位《义勇军进行曲》的作曲者对中华民族音乐事业的贡献：

> 当中国新音乐还在酝酿时期，我们失却了一位作曲天才的领导人——聂耳先生！聂耳先生能摆脱旧社会音乐的环境，而创造出新时代的歌声来，就是他给中华民族新兴音乐一个伟大的贡献，他创造出中国历史上所没有的一种民众音乐。②

冼星海到延安后的许多文章，"中华民族"一词更是不绝如缕，这一方面与他所任教的鲁艺的影响有关，另一方面也是他自觉的政治选择。鲁艺的教育方针是："以马列主义的理论与立场，在中国新文艺运动的历史基础上，建设中华民族新时代的文艺理论与实际，训练适合中国抗战需要的大批艺术干部，团结与培养新时代的艺术人才，使鲁艺成为中共文艺政策的堡垒与核心。"③ "建设中华民族新时代的文艺理论与实际"这一教育方针显然促进了冼星海对"中华民族"概念的深入体认，使他在国统区的中华民族整体意识更加强烈，也更加自觉了。冼星海在鲁艺时期所撰写的《"鲁艺"与中国新兴音乐》《新阶段歌曲集·序》《在抗战中纪念聂耳》《九一八大合唱·序》《老百姓战歌·序》等文都不断地出现"中华民族"一词，如"今后我们要准备大量的反攻和凯旋之歌，在歌声里可以听出我们中华民族是不可屈服的民族！"④ 可见他对延安文化政治中关于"中华民族"的话语体系是心领神会的。他把延安的音乐实践与中华民族的解放紧密地联系起来，充分体现其在思想上与中共保持一致的政治追求。因此，冼星海骄傲地宣称："我要写一部代表我们中华民族的伟大

---

① 详见冼星海《救亡歌咏在洛阳》《救亡歌咏运动和新音乐的前途》，《冼星海全集》第1卷，广东高等教育出版社，1989，第22、26页。
② 冼星海：《聂耳，中国新兴音乐的创造者》，《冼星海全集》第1卷，广东高等教育出版社，1989，第30页。
③ 李维汉（罗迈）：《鲁艺的教育方针与怎样实施教育方针》，见俞玉姿主编《中国近现代音乐教育文选（1840—1949）》，上海教育出版社，2011，第169页。
④ 冼星海：《新阶段歌曲集·序》，《冼星海全集》第1卷，广东高等教育出版社，1989，第47页。

的英雄气魄的合唱，采用'大合唱'形式，这将是中国第一部'新形式'的大合唱。"①

黄河是中华民族的母亲河，其流域是中华文明的发祥地，从夏王朝立国建都到北宋时期，黄河流域一直是华夏文明的中心。中华民族的文明发展史与黄河流域密切相关，出现了仰韶文化、龙山文化、河洛文化、大汶口文化等璀璨的文明形态。发祥于黄河中游的"黄帝""炎帝"成为中华民族共同的祖先。黄河哺育了中华子孙，但其历史上的"三年两决口、百年一改道"，也给两岸人民带来了深重的灾难，中华民族的发展史就是不断与黄河反复抗争的历程，大禹治水的传说就是黄河流域这种人与自然搏斗的突出体现。同时，黄河流域长期处于汉族的农耕文明与异族的游牧文明之间激烈的冲突与交融的历史场域，在不同时空下各民族对其的文化亲和性与认同程度区别很大，如在历史上对于汉民族而言，举凡定都于南方的王朝（如南朝、五代十国、南宋等）因地理和政治的原因而均不同程度地呈现了与黄河文化的疏离。因此，中国历代的诗文典籍尽管有大量对黄河的记载、抒情和叙事，但总的来说并没有把"黄河"发展成为某一民族精神的符号表征。中国历代写黄河的古典诗词，既有王之涣《登鹳雀楼》之赞颂黄河的雄浑昂扬，也有元好问"黄河九天上，人鬼瞰重关"的险恶，也有王安石的诗歌《黄河》所描写的黄河洪灾："派出昆仑五色流，一支黄浊贯中州。吹沙走浪几千里，转侧屋间无处求。"迄至近代，一方面是黄河泛滥的加剧［如道光二十三年（1843）千年一遇的大洪水和咸丰五年（1855）的水灾］；另一方面随着中国国内反对西方列强侵略的民族主义的兴起，黄河同时被赋予了"中国之觞"与"中华文明母亲"的双重文化意义。到了20世纪上半叶，中国革命和民族救亡运动风起云涌，黄河作为"中华文明母亲"的象征意义得以前所未有的凸显和彰显，正如论者所言："及至共产主义革命兴起，中共延伸黄河及其流域的象征意义，将其与农民和革命精神联系起来。"②尤其是在中华民族遭受日本帝国主义侵略的危急关头，中国共产党实行坚持和维护抗日民族

---

① 李焕之：《忆"黄河"》，《黄河大合唱》，人民音乐出版社，1985，第13页。
② 丁祥利：《水治则国治——皮大卫〈黄河：近现代中国的水问题〉评介》，《近代史研究》2015年第6期。

统一战线的策略方针,用"黄河"的象征符号来宣传和动员全民族的团结抗战,使"黄河"成为那个时期中华民族最具有代表性的文化政治符码。值得一提的是,共产党领导的陕甘宁边区地处黄土高原的黄河上中游腹地,八路军在黄河中游的太行山一带开展抗日游击战争,在地理上更容易对黄河产生亲和感与认同感。1936年2月,毛泽东率红军东渡黄河出征山西,东征前,他面对白雪皑皑的冰雪世界,写下了为世人所流传的不朽诗篇《沁园春·雪》,其中"大河上下,顿失滔滔",就是指黄河。据记载,毛泽东这次东征,正是黄河的凌汛期,激流里漂浮着许多磨盘大的冰块,不时发出与船身冲撞的惊心动魄的巨响。毛泽东坐在东征的木船上,谈笑风生。船工们头上包着白羊肚的毛巾,赤膊坦胸,喊着悠远浑厚的号子。毛泽东说,看,这就是我们民族的精神![1] 1937年清明节,国共两党共同公祭黄帝陵仪式,毛泽东亲笔撰写的《祭黄帝陵文》开篇就把生生不息的中华民族和浩荡的黄河联系起来,"赫赫始祖,吾华肇造。胄衍祀绵,岳峨河浩",显示了一代伟人对"黄河"符号的强烈认同意识。毛泽东后来还说:"这个世界上什么都可以藐视,就是不可以藐视黄河;藐视黄河,就是藐视我们这个民族啊!"[2] 正是延安这种尊崇黄河、将黄河象征化的文化政治激发了光未然、冼星海抒写黄河的创作灵感,《黄河大合唱》这黄钟大吕的诞生固然有偶然得之的一面,但究其根本则体现了延安之为中华民族抗敌御侮的政治方向。面对气势磅礴的黄河壶口瀑布,光未然终于把这种抗战的政治性的激情转化成文艺创作的动力,他在《黄河,中华民族的摇篮》一文中写道:

> 那时,我们年轻的文化战士们,曾经日日夜夜奔走在黄河两岸的晋陕峡谷间,在万山丛中,在青纱帐里,跟英雄的军民一同学习,一同歌唱,一同接受黄河母亲的哺育。四围是一望无边的黄土高原,身边是奔腾不息的黄河水。驻足壶口,我被高空中银河倾泻、震荡了地

---

[1] 刘继兴:《毛泽东的黄河情结》,中国共产党新闻网,http://dangshi.people.com.cn/GB/10010957.html,最后访问日期:2019年6月21日。
[2] 霞飞:《毛泽东的黄河之行》,人民网,http://dangshi.people.com.cn/n1/2016/0818/c85037-28644830.html,最后访问日期:2019年6月21日。

壳、激起了万丈烟云的奇景惊呆了！那隆隆的巨响，岂不是轩辕皇帝披荆斩棘、所向无敌的战车轰鸣吗？遥望龙门，想见"那汤汤洪水方割，荡荡怀山襄陵，浩浩滔天"的远古年代，那领导华夏人民劈山导河、昼夜不息地从洪水猛兽中杀出生路的大禹精神，强烈地震撼着我的心灵！几千年来，正是这不朽的轩辕精神，大禹精神，代代相传地鼓舞着中华儿女，战胜滚滚浊流，战胜一切艰难险阻，生存繁衍下来，并且创造出光照四海的民族文化！①

《黄河大合唱》歌词里"黄河"象征化的特征十分突出。开篇的《黄河船夫曲》以黄河壶口瀑布的船夫与暴风雨搏斗的情景指涉大禹治水，进而凸显不畏艰难、团结协作的中华民族精神；《黄河颂》和《黄河之水天上来》则直接通过黄河象征化的方式歌颂中华民族，"啊！黄河！／你是中华民族的摇篮！／五千年的古国文化，／从你这儿发源；多少英雄的故事，／在你的身边扮演！""黄河！／我们要／学习你的榜样，像你一样的／伟大坚强"。《黄水谣》《河边对口唱》《黄河怨》用写实的笔调控诉日寇的暴行，表达保卫黄河的决心；《保卫黄河》和《怒吼吧！黄河》是全篇的高潮，以宏伟的气势表现了中华民族誓死抗敌的英雄气概，突出了八路军抗战的英勇形象，"黄河"符号在这里升华为一种强大的民族力量："啊，黄河！掀起你的怒涛，发出你的狂叫，向着全中国被压迫的人民，向着全世界被压迫的人民，发出你战斗的警号吧！"冼星海声称写《黄河大合唱》是要"把自己的心血贡献给伟大的中华民族"，② 他无疑对光未然歌词里"黄河"符号的象征意义是心领神会的，谈到歌词的"黄河"象征蕴含，冼星海说："它有伟大的气魄，有技巧，有热情和真实，尤其是有光明的前途。而且它直接配合现阶段的环境，指出'保卫黄河'的重要意义。它还充满美，充满写实、愤恨、悲壮的情绪，使一般没有渡过黄河的人和到过黄河的人都有一种同感。在歌词本身已尽量描

---

① 张光年：《黄河，中华民族的摇篮》，《张光年文集》第4卷，人民文学出版社，2002，第207页。
② 冼星海：《创作杂记》，《冼星海全集》第1卷，广东高等教育出版社，1989，第147页。

写出数千年来的伟大黄河的历史了。"①

由此可见,《黄河大合唱》之象征艺术运思与1938年至1939年间延安政治文化之深化"中华民族"和"黄河"的符号认同有密切关系。这部作品1940年7月在桂林演出的时候,遭到了国民党中央系宪兵的阻扰,表明它在文化政治场域中体现了延安抗战文化政治的主体性和话语权。

第三节 民族形式:文化资源的政治性

如果说中共对"中华民族"和"黄河"符号认同的强化和深化直接促发了《黄河大合唱》主题意蕴和思想框架的形成,使得"黄河"符号以整体性象征的方式印证和增强了本尼迪克特·安德森所谓的"想象的共同体"的政治指向,那么此时期延安关于"民间形式"的大讨论,关于如何以正确的态度进行中外文化资源的择取与运用等文化政治话语,则对《黄河大合唱》的审美艺术选择产生了重要的标示性作用。进而言之,这部作品从歌词创作到音乐艺术都与当时延安在文化资源领域上的民族主义诉求密切相关,体现了中共政治上的民族主义策略转变以及在民族国家的文化认同与构建方面的政治追求。

《黄河大合唱》诞生于抗战时期延安勃然兴起的文艺"民族形式"论争思潮的历史语境中,它回应了中共将国际主义与民族主义统一起来,由国际主义向民族主义之策略转变的政治诉求,体现了高度政治化的民族国家文化资源建构理路。

1938年10月,毛泽东在党的六届六中全会上作的报告《论新阶段》提出"民族形式和国际主义的内容"相结合、创造"中国老百姓所喜闻乐见的中国作风和中国气派"号召,标志着中国共产党在民族主义立场上"中国化"与"民族化"的文化主张和指导思想正式形成。1938年底至1939年初,延安宣传部和文艺界领导积极响应毛泽东号召,组织发起

---

① 冼星海:《我怎样写〈黄河〉》,《冼星海全集》第1卷,广东高等教育出版社,1989,第37页。

文艺"民族形式"运动，其影响迅速由延安扩展到重庆、香港、桂林、上海等地；1940年底重庆围绕"民族形式"创造的中心源泉掀起激烈论争，将运动推向高潮；1942年5月，毛泽东的《在延安文艺座谈会上的讲话》发表，各地论争逐渐平息。论争前后持续三年多时间，最终形成中国现代文学史上著名的"民族形式"论争思潮。[①] 整个论争以创造"中国老百姓所喜闻乐见的中国作风和中国气派"为旨归，围绕"旧形式的利用""对'五四'新文艺的评价"和"'民族形式'的中心源泉"等三方面展开，其中前两者与《黄河大合唱》的文化资源取向密切相关。尽管论争各方在一些关键问题上存在着较大的分歧，但在"旧形式的利用"和"对'五四'新文艺的评价"两方面均取得了重要的思想理论成果，艾思奇、周扬等对此用力最甚。关于"旧形式的利用"，论者一方面阐述了"旧形式"对于继承民族文化传统、激发民众的民族意识和发动民众的重要意义；另一方面也指出"旧形式的利用"并非复古，而应该是在艺术上和思想上加以改造，其根本目的在于开创出崭新的民族文艺。艾思奇说："我们的眼光看是从发展方面来看的，运用旧形式，其目的不是要停止于旧形式，而是要创造新的民族的文艺。"[②] 周扬也认为："利用旧形式也并不是停止于旧形式，保存旧形式的整体，而正是要在艺术上、思想上加以改造，在批判地利用和改造旧形式中创造出新形式。"[③] 在他们看来，旧形式的利用不是目的而是手段，关键在于能够推陈出新，创造出"中国老百姓所喜闻乐见的中国作风和中国气派"，从而使"民族形式和国际主义的内容紧密地结合起来"。[④] 关于对五四新文艺的评价，论者虽然也检讨其过于欧化，脱离民族化、大众化的缺陷，但对其反帝反封建、追求民族解放的精神是充分肯定的，同时也极力颂扬五四文艺的新形式，周扬阐明了旧形式与新形式在构建崭新的民族文艺过程中的关系："因为旧形式有广大社会基础，所以利用旧形式就有特别的必要，但是新文艺并

---

① 石凤珍：《文艺"民族形式"论争研究》，中华书局，2007，第3页。
② 艾思奇：《旧形式利用的基本原则》，《延安文艺丛书·文艺理论卷》一，湖南人民出版社，1984，第600~605页。
③ 周扬：《对旧形式利用在文学上的一个看法》，《延安文艺丛书·文艺理论卷》一，湖南人民出版社，1984，第621~622页。
④ 毛泽东：《论新阶段》，《毛泽东新闻工作文选》，新华出版社，1983，第42页。

不因此而放弃原来的新形式，不但不放弃而且仍要以发展新形式为主。"①艾思奇也强调今后的文艺"要继承'五四'新文学运动的最初的传统，而使它在更高的基础上完成起来"。② 毫无疑问，延安这些关于文艺"民族形式"论争的主流意见和观点代表了中共之强化民族主义的文化政治诉求，也为《黄河大合唱》创作过程中所涉及的文化资源之择取提供了具有政治方向的关键性理论参照。

延安这场文艺"民族形式"论争是一个具有高度政治效应的民族主义文化思潮，其思想成果对包括光未然、冼星海在内的大多数知识分子而言无疑是一种明确的方向性指引。事实上，光未然和冼星海也以他们自己的方式参与这场论争，并逐渐形成了服膺于"中国老百姓所喜闻乐见的中国作风和中国气派"的文艺价值观，从而为《黄河大合唱》提供了文化资源选择上的理论支持。

在这场文艺论争开展之前，光未然和冼星海实际上已置身于抗日救亡运动的大洪流中，经历和体验了抗战文艺的大众化和民族化。光未然1937年7月加入"中国文艺者战地工作团"，他组织演剧队，创作戏剧作品和歌词，在武汉一带积极开展抗战文艺宣传活动，翌年在国民政府军委会政治部第三厅任职，并带领抗敌演剧队第三队转战西北。在此过程中他就认识到广泛地利用民族形式开展抗战宣传的重要性。他在发表于1937年8月的《论战时文艺总动员》一文中极力主张大力发展"战时的通俗文学"，用"平话、弹词"等民间文艺形式动员民众，并批评了救亡歌曲"未能充分利用民歌体，而使歌曲更加通俗化"③的弊病。冼星海到延安之前，在武汉、洛阳等地发起推动救亡歌咏运动，创作抗战歌词，倡导新兴音乐，他1938年1月发表了《救亡歌咏运动和新音乐的前途》，提出创造具有"民歌风格"的中国新音乐的构想，这种音乐"一定要从乡民们实际生活中去产生出来，并且要奠定一种中国民歌的风格，发展为将来

---

① 周扬：《对旧形式利用在文学上的一个看法》，《延安文艺丛书·文艺理论卷》一，湖南人民出版社，1984，第621~622页。
② 艾思奇：《抗战文艺的动向》，《延安文艺丛书·文艺理论卷》一，湖南人民出版社，1984，第398页。
③ 张光年：《论战时文艺总动员》，《张光年文集》第3卷，人民文学出版社，2002，第27页。

的伟大民族的歌曲",未来的中国新歌剧"是根据民歌,具有新的形式和技巧,并且有最丰富的内容"。① 1938年11月到延安"鲁艺"任教后,文艺"民族形式"论争已悄然展开,艾思奇、周扬等理论家经常到"鲁艺"讲课,表达他们对于"民族形式"的看法②,冼星海关于创造民族音乐的思考因而更深入和成熟了。

在整个文艺"民族形式"论争中,光未然和冼星海也积极撰写专文参与讨论,就"旧形式的利用"和"对'五四'新文艺的评价"等方面发表看法。光未然认为,文艺的民族形式问题"是抗战以来的文艺活动中特别是创作实践中所引起的最迫切而且最实际的问题",他在《文艺的民族形式问题》长文中结合中国文艺发展史,围绕民族形式和外来影响的关系对中国民族文艺诸种文化资源的择取进行了深入的辩证,在充分肯定五四新文学传统的基础上提纲挈领地表达了自己对于文艺"民族形式"的基本观点:

> 民族形式是接受了民族文艺的优良传统——包括"五四"以来的新传统,接受了旧形式的优良的要素,和新形式的健康的要素,以及民众自身在现实生活中表现新事物新感情的方式,适当地融合了外来影响中的新鲜的要素,运用现实主义的创作方法和正确的世界观的有力的武器,而创造出的一种足以表现中国作风和中国气派的,为大众所喜见乐闻,新鲜活泼的文艺形式。③

由此可见,光未然理想中的"民族形式"显然既考虑了中国传统艺术形式的传承,也注重五四以来对新形式的汲取,同时又主张适当地吸收和接受外来影响,这种从诸种文化资源中多方择取的"民族形式"观严谨而周延,与延安文艺界的主流意见一致,符合中共的民族主义文化政治

---

① 冼星海:《救亡歌咏运动和新音乐的前途》,《冼星海全集》第1卷,广东高等教育出版社,1989,第27页。
② 如冼星海日记显示,1939年1月12日和13日,周扬和艾思奇分别在"鲁艺"讲"中国文艺"和哲学,见《冼星海全集》第1卷,广东高等教育出版社,1989,第252页。
③ 张光年:《文艺的民族形式问题》,《张光年文集》第3卷,人民文学出版社,2002,第65页。

诉求。冼星海为延安"民族形式"讨论会专门撰写了《论中国音乐的民族形式》一文，他对于"民族形式"的看法与光未然十分契合。在这篇文章里，冼星海明确反对中国音乐的彻底西化和完全采用旧形式的两种极端态度，主张"拿现代进步的音乐眼光来产生新的内容，使音乐的内容能反映现实，反映民族的思想、感情和生活"，他特别为中国音乐的民族形式提出了七点建议，这些建议都着眼于如何融合西洋音乐和中国传统音乐而创造出中国音乐的民族新形式的核心问题，对于后来的音乐艺术形式的探索具有重要的参考价值，兹引用其中的三条建议为证：

> 参考西洋最进步的乐曲形式，从事改良中国的民族形式，建立中国乐曲的新形式；参考和研究世界最进步的作曲家国民乐派的作曲家，他们的作曲方法和作风，增进中国民族音乐形式和作风，由量的增加，质的充实，取得与国际的先进音乐国家并驾齐驱的地位；保存我国民族音乐的特殊作风，使中国固有的民族所遗下的小调民谣，或京调、梆子的旋律，在美、协和及民族浓厚色彩各方面，能胜过世界任何一国。[①]

显然，光未然和冼星海在"民族形式"上秉持共同的理念和旨趣，即以表现中国作风和中国气派为指归，在汲取五四文艺及外来影响的同时，着重对中国传统艺术形式进行取舍、改造及创造性转化。《黄河大合唱》艺术形式的顺利生成很大程度上得益于他们在"民族形式"观念上的这种高度契合和意气相投。

关于《黄河大合唱》歌词的艺术形式尤其是与中国传统文学的精神联系，学界已有若干论述。早在1955年，张啸虎就撰文指出：《黄河大合唱》继承和发扬中国古典诗歌的现实主义和浪漫主义传统，其美学风格既与李白的《四月云台歌》《发白马》《登高丘而望云海》等黄河题材诗作一脉相承，又承接了屈原、陆游、辛弃疾、岳飞等爱国主义诗人的精神传统，感情基调时而豪迈激越，时而沉郁悲壮，在艺术上追求"情景交

---

① 冼星海：《论中国音乐的民族形式》，《冼星海全集》第1卷，广东高等教育出版社，1989，第49页。

融"的古典诗歌意境。① 确实,光未然自幼求学于私塾,嗜爱中国古典文学,醉心于《楚辞》和唐诗,在文学理论上对《文心雕龙》情有独钟。1933年念大学期间便开始试译《离骚》,后又译出《九歌》,他曾在《〈离骚〉今译》的"题记"中言及自己翻译古诗的动机:"我为什么要汲汲于从事这种不急之务呢?那是由于我看到今天中国的新诗,从我国遗产中所接受来的健康的影响实在太少了。目前的新诗人,对于西洋诗歌熟悉的程度,远胜于他们对于中国诗歌应有的熟悉。这种情形,自然很容易造成一种偏向。"② 为此,他1940年还写出了长诗《屈原》。中国古典文学,无论是悲壮的忧患意识,还是"比兴"的艺术感染力和情景交融的美学意蕴,对光未然诗歌及歌词都有整体性的美学影响,这是毫无疑义的。然而,《黄河大合唱》歌词毕竟是五四新文学的产物,与中国现代新诗传统一脉相承,一方面,其表现内容的先进性和自由体诗的艺术样式均直接源自新诗,而且歌词本身是为大合唱这一西洋音乐形式而作的,因此光未然对诗歌"现代性"的追求与郭沫若、艾青、臧克家是一致的;另一方面,它又自觉地呼应延安文艺"民族形式"论争所关涉的民族主义文化政治,在"民族形式"利用上展现了鲜明的艺术倾向和创造力。笔者认为,《黄河大合唱》歌词在下列三方面体现了"民族形式"的自觉追求。第一,它借鉴了劳动号子、对口唱等富有生命力的民间艺术形式(民歌),赋予歌词通俗而鲜活的艺术表现力。光未然目睹了黄河船工与惊涛骇浪搏斗的情景,也为他们响彻云霄的劳动号子震撼不已,他因而借鉴陕北劳动号子的形式创作了《黄河大合唱》的第一部分《黄河船夫曲》,运用粗犷有力、律动感强的短语和拟声、模声的语言修辞手法表现了黄河船夫的英雄气概,定下了整个歌词雄浑激越的基调。

  咳!划哟!咳!划哟!
  咳!划哟!咳!划哟!
  不怕那千丈波浪高如山!
  不怕那千丈波浪高如山!

---

① 张啸虎:《对〈黄河大合唱〉歌词的一点体会》,《人民音乐》1955年第6期。
② 张光年:《〈离骚〉今译》,《张光年文集》第5卷,人民文学出版社,2002,第194页。

> 行船好比上火线，
>
> 团结一心冲上前！
>
> 咳！划哟！咳！划哟！
>
> 咳！划哟！咳！划哟！
>
> ……

陕北的黄河船工多往返于晋陕两岸，靠摆渡和短途运输为生，当地人对船工的劳动号子十分熟悉，这些号子常被改编成陕北民歌，《黄河船夫曲》把这种当地群众喜闻乐见的劳动号子转化成歌词，并置于整部合唱曲之首，显示了作者对民族形式的高度重视和自觉追求。《河边对口唱》则采用民歌的问答形式，这种对口唱常见于陕北秧歌、冀东民歌和东北二人转，歌词先以"王老七"和"张老三"的对答互动来倾诉家破人亡的情景，再通过合唱表达抗战的决心，这部分利用民歌形式所营造的典型化和戏剧化场景很容易使广大听众产生情感上的共鸣。第二，它在句法上糅合了古体诗、现代自由体诗和口语诗的表现手段，将中国古典诗歌、五四诗歌及民间创作结合起来，创造了一种摇曳多姿又雅俗共赏的歌词形式。光未然并不执着于古体诗的艺术规范，而是选取那些富有凝练和谐之美的古汉语语汇，以产生刚健雅赡的艺术效果，如《黄河颂》之"望黄河滚滚，奔向东南。金涛澎湃，掀起万丈狂澜；浊流宛转，结成九曲连环"，同时他又充分运用五四自由体诗奔放、明朗的格调写出了："啊！黄河！你是我们民族的摇篮！五千年的古国文化，从你这儿发源；多少英雄的故事，在你的身边扮演！"这种风格无疑和郭沫若、艾青、何其芳的诗歌一脉相承。同时他又对口语化写作进行了尝试，以期用这种来自民间的诗体来达到大众化的效果，如"风啊，你不要叫喊！云啊，你不要躲闪！"（《黄河怨》）"端起了土枪洋枪，挥动着大刀长矛，保卫家乡！保卫黄河！保卫华北！保卫全中国！"（《保卫黄河》）则完全是通俗易懂的口语。光未然在《黄河大合唱》采用的融合古今、变化多样的句法，正符合他在《文艺的民族形式问题》一文中所期望的"民族形式"，这是一种联结古典诗歌、五四自由体诗和民歌，开放而包容的民族文艺新形式。

对于音乐家冼星海而言，民族形式的利用确实煞费苦心。诚然，抗战爆发后的冼星海在洛阳、郑州等地开展救亡歌咏运动之际，就十分重视民歌。在写于1938年初的《救亡歌咏运动和新音乐的前途》一文中，他特别强调要以民众歌曲为基础，奠定一种中国民歌的风格。① 他到达延安后，在"鲁艺"民歌运动的影响下，利用民族形式进行创作、试图从传统寻找音乐艺术的突破当然是题中应有之义。问题在于，冼星海自幼接受的是经典的西洋音乐教育，无论是少年时期在新加坡和广州开始乐器训练，还是20世纪20年代末在北京大学师从作曲家萧友梅和俄籍小提琴教授托诺夫，或是后来赴法国巴黎音乐学院专攻作曲，他的音乐背景显然与中国传统音乐形式相去甚远。然而，由于受到延安民族主义文化政治的感染，同时也出于创造中国新音乐形式的强烈愿望，冼星海逐渐形成了关于利用民族形式建设中国新音乐的主张和做法，这对于一个长期浸淫西洋音乐的艺术家来说不啻是一种美学剧变，其中的困难可想而知，但其创造民族音乐形式的思路毕竟成熟了，他写道：

> 音乐要有力量，节奏要明显，要通过民族的形式和内容来创作民族的新兴音乐。作风上说我们第一不要抄袭或模仿欧洲的音乐。第二不要趋向从前封建的形式和内容，或颓废的作风。创作者可利用欧洲曲体来创作中国新兴音乐，但要有新的和声，旋律性和调性方面是要中国的、民众的、通俗的。要达到这一点，就要以我国民歌小调、旧剧、打鼓及中国乐器的研究做基础。②

冼星海与光未然一样，对民族形式的利用采取了开放而包容的态度，他们之所以能够成功合作《黄河大合唱》，既是延安文化政治的推动，也是两位艺术家美学观的契合和共鸣。关于冼星海在《黄河大合唱》里的音乐民族化问题，学界已有许多论述，作曲家也在《我怎样写〈黄河〉》《创作杂记》等文中有详细的阐释：如有意识地使用中国传统乐器三弦、

---

① 冼星海：《救亡歌咏运动和新音乐的前途》，《冼星海全集》第1卷，广东高等教育出版社，1989，第27页。
② 冼星海：《"鲁艺"与中国新兴音乐》，《冼星海全集》第1卷，广东高等教育出版社，1989，第40页。

大鼓，在乐曲中融入陕西、山西民间谣曲，嵌入《满江红》曲调，等等。兹不赘述。笔者想强调的是，正是由于延安这场具有鲜明政治倾向的"民间形式"大讨论，给予冼星海在音乐创作上明确的方向，使之在西洋和中国传统的音乐文化资源之间做出创造性的抉择，最终为20世纪的中国新音乐开辟了广阔的道路。

第三章 熊十力在复性书院及其新儒学思想

著名儒学家马一浮1939年夏创办于四川乐山的复性书院无疑是抗战时期中国教育的一个独特的存在，其异乎寻常的古典式教育体制及士人诸公在中西古今学术之间艰难择取和求索的历史影迹至今仍为人津津乐道。

关于马一浮创办复性书院的经过，马镜泉、赵士华合著的《马一浮评传》提供的说法比较普遍：时在浙江大学讲授国学的马一浮因对现行大学体制不满，在弟子寿景伟等人的建议下，欲寻一山水胜地开办书院讲学，国民政府教育部长陈立夫将此事告知蒋介石，蒋对马一浮的学问早有所闻，也仰其高望，遂以行政院院长孔祥熙的名义向马氏发了邀请。马一浮拟定了《书院之名称旨趣及简要办法》，教育部对其要求悉数同意，并邀之赴重庆面谒蒋介石，随后国民政府颁布了《私人讲学机构设立办法》，成立复性书院董事会，划拨建院专款，正式聘请马一浮为书院主讲。复性书院设在四川省乐山县乌尤山的乌尤寺，书院院事由主讲马一浮总摄，下设"特设讲座""讲友"等职。[①] 马一浮向往的是超然于现代学制之外的"古典"书院，他希冀依托复性书院明学术、求义理，以接继日益垂危的儒家慧命，正如他在聘请赵熙来院讲学的函件中所言："藉此略聚少数学子，导以经术，使返求诸义理，冀续先儒之坠绪于垂绝之交，此亦人心之同然，有不可泯灭者也。"[②] 书院为纯粹学术研究团体，学员

---

① 马镜泉、赵士华：《马一浮评传》，百花洲文艺出版社，1993，第80~83页。
② 马一浮1939年8月29日致赵熙信，见《马一浮集》第2册，浙江古籍出版社，1996，第665页。

不涉政治，不参与社会活动，以养成通儒为旨归，这有点为战时中国保留一些儒学读书种子的意味。

第一节　熊十力、马一浮在复性书院之分合

复性书院甫一成立，马一浮即聘请著名儒学家熊十力担任"特设讲座"要职。在这之前，两人已有很深的学术交谊。1927年在北京大学任教的熊十力因病离职到南方休养，经人介绍在杭州初会当时处于隐居状态的马一浮，两人一见如故、惺惺相惜。而后熊十力每有新作问世，都寄予马一浮，两人之间不断有论学信函往来。1929年北京大学拟聘请马一浮任教，代校长陈大齐亲自致函力邀，然而马氏无意出任，遂向陈大齐极力推荐熊十力，言熊氏"虽与浮持论未能尽同，浮自以为弗如",[①] 足见他对熊十力学问的激赏。因此，马一浮邀请熊十力担承复性书院"特设讲座"教职也就顺理成章了。熊十力1938年春由鄂入川后寄居在璧山县中学，后又移居重庆学生家，一直处于赋闲状态，此时他刚获得西南联大的聘约。熊十力最终选择到复性书院就任，一方面既有他长期以来和大学体制格格不入的原因，另一方面也是出于对马一浮的敬重。熊十力是1939年9月初到乌尤寺复性书院的，他参加9月15日举行的开讲礼并发表长篇讲话，而后又因与马一浮意见相左而拂袖离开。熊十力之离开复性书院的个中缘由有诸种说法，普遍认为他和马一浮因对书院规制、学问门径、用人观念等方面起了意见上的冲突，加上8月19日敌机轰炸乐山时击伤其左膝，使笃信《易经》象数之学的熊十力有不祥之感，最终导致他萌生去意。[②] 历史学家朱维铮先生对于马一浮与熊十力在复性书院的这段公案进行了另类解读，他以叶圣陶1939年的《嘉沪通信》为据，钩沉出复性书院的"创业史"，并着重剖析马一浮和熊十力之间是非恩怨的隐秘线索。朱维铮先生认为：复性书院是蒋介石钦定的复古文化机构，是蒋氏利用其浙江老乡马一浮"国学大师"的名声来推行其"新生活运动"的；

[①] 马一浮1930年12月28日致陈大齐信，见《马一浮集》第2册，浙江古籍出版社，1996，第516~517页。
[②] 景海峰：《熊十力哲学研究》，北京大学出版社，2010，第240~241页。

马一浮以"帝师"自居,其标榜的"直接孔孟"显然是为蒋介石的文化专制主义张本;熊十力有可能是在当时同军方有密切联系的高足徐复观等的帮助下进入复性书院的,并非马一浮的荐举和礼聘,其对马一浮的"帝师"地位构成威胁,因而遭到马氏的极力排斥。① 笔者认为,马一浮到底是一个高蹈独善的儒者还是一个备受隆宠的太傅,当根据历史事实的前后因果另当别论,不能仅仅以叶圣陶信函的一面之词加以论断,更何况书院开办后不久马一浮就因国民党教育部要求其填报讲学人员履历及所用教材备核而愤慨不已并最终辞去讲席,从而导致了复性书院放弃讲学而变成了专事刻书的机构。至于马一浮和熊十力之间的抵触龃龉,则不应作过分揣度。事实上,当初是马一浮反复劝说和一再恳请,犹豫不决的熊十力才答应到复性书院讲学的,而非朱维铮先生所疑的熊氏是徐复观等人相助而被安插到复性书院。马一浮对熊十力可谓求贤若渴,兹从他致熊十力的信中可见一斑:"兄若不来,在书院便空虚无精彩。""知已允联大之约,将弃书院而就联大,为怅惘者久之。平生相知之深,莫如兄者,兄犹弃之,吾复何望?"② 当闻知熊氏允诺来复性书院后,马一浮"为之喜而不寐"③,盼望其速驾舟行,勿再淹留,其欣喜之情跃然纸上。

事实上,马一浮和熊十力两人在复性书院的矛盾乃至最后分道扬镳,固然有双方性格不合的因素,他们在书院办学理念上的冲突则是直接的原因,正如熊十力的传记作家孙建明所言:

> 从书院创办之初,马一浮的很多想法就与熊十力的想法存在着冲突。比如说,马一浮主要希望通过复性书院培养"几颗读书的种子",所以主张学生自愿就读,其他一切都不管,不管住宿生活,也不管毕业分配,而熊十力则希望书院能够考虑学生的实际生活问题,

---

① 详见朱维铮的三篇文章《熊十力与马一浮》,《东方早报》2008年10月19日;《马一浮在一九三九——叶圣陶所见复性书院创业史》,《书城》2009年第4期;《关于马一浮的"国学"》,《走出中世纪二集》,复旦大学出版社,2008,第313页。
② 马一浮1939年8月15日致熊十力信,见《马一浮集》第2册,浙江古籍出版社,1996,第539~540页。
③ 马一浮1939年9月3日致熊十力信,见《马一浮集》第2册,浙江古籍出版社,1996,第547页。

包括就业等。还有，熊十力希望书院能够逐渐扩大规模，办成北京大学那样的一流学校，并像蔡元培那样能够"循思想自由原则，取兼容并包主义"，而马一浮则主张循序渐进办学，"书院规制大小，从缘而定"，换言之，就是任其发展，能大则大，大不了的话，小也未尝不可。①

然而，马一浮和熊十力在儒学思想上的重大分野是两人最终相背而行的根本动因。马一浮和熊十力两人尽管都是20世纪上半叶中国哲学重建的重要人物，都怀抱复兴儒学的强烈愿望，在学术上互相切磋砥砺，且私谊甚深，但他们在儒学本体论、知识论和认识论诸领域确实是大异其趣，这也正是印证了孔子所说的"道不同，不相为谋"的道理。

1939年9月15日，复性书院举行开讲礼。主讲马一浮和"特设讲座"熊十力分别发表了洋洋万余言的《复性书院学规》和《复性书院开讲示诸生》，着重阐述了各自的讲学理念和学术旨趣，尤其在新儒学思想上各抒己见，他们两人的儒学归趋显然是泾渭分明的。同样面对20世纪中国文化创造性转换的历史性课题，特别是处身于民族危难之际的文化语境，马一浮和熊十力各自深思熟虑地阐发了自己独特的新儒学观，其中包含的诸多思想意蕴，体现了一个时代新儒学的丰富性和多样性。这两篇演讲无疑为深入探求马、熊两人之间在复性书院的思想、交谊之分合提供了不可多得的文本。

在20世纪新儒学家中，马一浮的学术理路可谓独树一帜。他的哲学思想虽秉承宋明儒学，但其强调的是反身修德的义理之学，道德心性的修为是学问的最终归趣。马一浮所忧心忡忡的不是民困邦危的时局，而是天下人心之遮蔽，因此学问之道应首先以高扬道德精神的心性义理为鹄的，这才是真正的"圣学"。"学者当知圣学者即是义理之学，切勿以心性为空谈而自安于卑陋也。"② 故言之，儒者为学之归宿并非经世致用，而是明德于天下，此乃"复性"之真义。郭齐勇认为，马一浮儒学思想的核心是形而上的本体——心性论，其本体之用的功夫论和六艺论也是返回自

---

① 孙建勇：《一代狂哲熊十力》，台海出版社，2016，第182页。
② 马一浮：《泰和宜山会语》，辽宁教育出版社，1998，第4页。

身的道德文化活动，并非诉诸经世致用的社会实践。① 马一浮这种对心性义理之学的极度推崇在《复性书院学规》中有充分的体现。在这篇开讲词里，马一浮认为学问之根本不在于求知修业，而在于洗心悟道，在于"变化气质，去其习染"②，从而返求人的真实生命。以宋儒的"复性"为依归，马一浮在《复性书院学规》里向学员开宗明义地提出了为学为道的四项根本次第和要求："一曰主敬，二曰穷理，三曰博文，四曰笃行。主敬为涵养之要，穷理为致知之要，博文为立事之要，笃行为进德之要。四者内外交彻，体用全该，优入圣途，必从此始。"他对这关乎儒家"性命之学"的"四端"进行了深入的阐述："主敬"是虚明照澈的本心涵养，"穷理"是尽心知性的格物，"博文"是经典六艺的通达，"笃行"是修行进德的功夫。值得注意的是，在哲学范畴上马一浮所拈出的"四端"尽管涉及了本体论、知识论、认识论和实践论诸领域，逻辑完整而周延，然而其核心仍然属于传统儒家"内圣"的心性义理之学，对如何迎取20世纪中西文化的冲突与交融尤其是战时中国文化的境遇有些视而不见，难怪刘梦溪称马一浮是"二十世纪师儒中的一个真正隐者"。③

与马一浮开讲词的独尊心性义理形成鲜明对照，熊十力的《复性书院开讲示诸生》所蕴含的新儒家思想显然更加丰富和复杂，在许多方面的主张甚至和马一浮背道而驰。在这篇讲学词里，熊十力同样也是向复性书院的学员宣说儒家范畴里的为人为学之道，但其着眼点集中于阐发儒学如何在特殊时代里回应中西文化冲突与交融、如何应对国家民族危难之变等重大问题，这些真知灼见既是熊十力早年由佛转儒、摄体归用的哲学总结，也体现了他作为一个抗战时期有强烈历史责任感和担当意识的新儒家所怀抱的积极用世精神。

熊十力此文并非如一些论者所说的满篇均与马一浮针锋相对，事实上他对于马一浮所强调的道德心性修为也是十分认同的。在这篇长文里，熊

---

① 郭齐勇：《论马一浮的道德境界和哲理诗》，《郭齐勇自选集》，广西师范大学出版社，1999，第78页。
② 马一浮：《复性书院讲录卷一·学规》，见刘梦溪主编《中国现代学术经典·马一浮卷》，河北教育出版社，1996，第93页。下文所引，若无特别注明，均出自该书。
③ 刘梦溪：《中国现代学术经典·马一浮卷·总序》，河北教育出版社，1996，第42页。

十力引先儒之言论，连续用了十二个排比修辞的句子反复比较诠释"器识"与"非器非识"，他指出："夫器识，禀之自天而充之于学。人不学，则虽有天禀而习染害之。故夫人之无器识者，非本无也，直蔽于后起之污习耳。扩充器识，必资义理之学，涵养德性而始能。""器识充而大，则一切知识技能皆从德性发用。"① 显然，这里的"器识"与马一浮的义理心性同出一辙，因此熊十力说："主讲（马一浮）以义理为宗，吾夙同符。"他对马氏反身修德的义理之学至少并不排斥。不过，熊十力是一个有独立创见的新儒学家，性格狂放不羁，他当然没必要在开讲礼上去迎合马一浮，而必定是自出机杼、畅所欲言，也正因为如此，其《复性书院开讲示诸生》彰显了独特的思想价值。本章着重围绕这篇开讲长文，对熊十力的哲学思想展开深入的分析，试图借此揭櫫熊氏在民族危难之际所开辟的儒学新境界。

第二节　"体用不二"的哲学本体论

体和用是中国哲学最重要的本体论范畴，是中国古代哲学家体悟"极高明而道中庸""内圣外王"等核心问题所必须面对的辩证逻辑关系。学术界普遍认为体用范畴滥觞于先秦而成熟于魏晋，途经隋唐佛学的锻造熔铸而于宋明理学臻于系统而圆融，从而形成了一种传统中国士人可以自如地阐释世界与人生的体用论。在西学长驱直入的"三千年未有之变局"到来之前，中国古代哲学体用论发展到明末清初的王夫之时期达到了巅峰，体用范畴的不同层面和丰富内涵已基本上得到了揭示，其方法论上的意义也有充分的展开。中国古代哲学这种对于道体器用的精微辩证无疑是自洽的，其拥有完整解释世界的充分自足性。

19世纪中叶以后，在西学东渐和西方列强坚船利炮的冲击下，绵亘数千年的中国文化被迫走上近代化道路。在中西文化交融碰撞过程中，中国文化经历了从"外在冲击"到"内在转化"的演进逻辑，最终走向了

---

① 熊十力：《复性书院开讲示诸生》，《十力语要》，中华书局，1996，第180页。下文所引，若无特别注明，均出自该书，不再一一标出。

现代化转型的历史方向,中国哲学本体论因而也面临前所未有的危机,传统的体用论受到了严峻的挑战。为了应对西学的挑激,以张之洞为代表的洋务派用传统的道体器用来衡定中西学术,确立了"中学为体,西学为用"的体用观,试图借此厘定中西学术之高下,从而维护"中学"之道统。张之洞"中体西用"的观念随之浸润人心,使"体""用"这一对传统哲学范畴被置换成中西学问之争。对于洋务派这种割裂体用关系的做法,严复即给予驳斥:

> 体用者,即一物而言之也。有牛之体,则有负重之用;有马之体,则有致远之用。未闻以牛为体,以马为用者也。中西学之异也,如其种人之面目然,不可强谓似也。故中学有中学之体用,西学有西学之体用,分之则并立,合之则两亡。①

严复通过对中学和西学进行深入的比较,批判了张之洞"中体西用"的观念,并建立了一种"体用不二"的崭新体用观,这是近代启蒙思想家面对世变之亟所贞定的革命性哲学,唯有这种承认中学西学均有道体器用的思维才能冲决罗网,开启出中国近代化的新境界。

熊十力为创立"体用不二"本体论,可谓穷其一生。20 世纪 20 年代他援佛入儒撰写《新唯识论》,就是为了重建儒家本体论系统,奠立现代新儒学的根基。他反复申明:"本书(《新唯识论》)根本问题不外体用","学者如透悟体用义,即于宇宙人生之大问题,豁然解了,无复凝滞"。② 在这本书里,熊十力在玄学的立场上会通中西,一方面重新阐释了"万法唯识"的观念;另一方面对"体用不二"的本体论进行了改造,提出了因应时代的"翕辟成变"论,其要旨正如冯契所言:"在'万法唯识'的主观唯心主义前提下,熊十力力求贯彻'体用不二'的传统观点,提出了'翕辟成变'的学说。《新唯识论》之'新',正在于此。"③ "翕辟成变"是熊十力基于"体用不二"论而提出的具有极大哲学创见的本

---

① 严复:《与外交报主人书》,《严复集》第 3 册,中华书局,1986,第 558 页。
② 熊十力:《新唯识论》语体文版,中华书局,1985,第 241 页。
③ 冯契:《中国近代哲学的革命进程》,上海人民出版社,1989,第 433 页。

体论命题，它结合了中西哲学如《易经》、佛教唯识论、宋明理学、王夫之和法国柏格森的学说等加以熔铸，指出宇宙万物均存在翕辟两种势用，即体即用，体用一如。[①] 直到晚年，熊十力还在孜孜矻矻深究体用不二的真义，出版了专书《体用论》。他的"体用不二"论及其衍生性哲学范畴和理念十分丰富、深刻，也是相当驳杂的，其中充溢着诸种源自儒学和佛学的概念术语，令人目不暇接，问题的关键是，熊氏之创建这种"体用不二"论的深层动意在于实现19世纪以降西学挑战语境下中国哲学的创造性转换，在于从儒学体系中开出能够应对启蒙与救亡时代需要的新"外王"，同时还在于确立作为20世纪新儒家应有的刚健有为的生命态度。

熊十力之允诺到复性书院任职，不但考虑到自己和马一浮之间长久的学术交谊，而且想将自己以"体用不二"为本体的新儒家思想传播给书院的年轻士人，以期他们能够在民族危难之际立大本、求致用，积极迎取国家民族的责任担当，开创中华文化的生机。

熊十力在《复性书院开讲示诸生》中开宗明义，表明了自己讲学之重现世、尚事功、求致用的宗旨："唯所欲言者，决非高远新奇之论，更不忍为空泛顺俗之词，只求切近于诸生日用工夫而已。"对于中国古代哲学尤其是儒家学说，熊十力显然十分谙熟，他通过对儒学思想发展史的梳理，形成了特点鲜明的儒学史观。在他看来，先秦的参孟已抛弃了孔子的大道之学，导致了汉儒走向"天人感应""三纲五常"并竭力为专制主义张本的歧途，到了魏晋玄学及佛学的兴起，特别是经过中唐禅宗的洗礼后，宋代儒学再兴，最终产生了儒学第二期的宋明理学。所谓"孔子的大道之学"指的是体用一源、经世致用而最后达致天下为公的入世之学。对于熊十力而言，"复性"不是马一浮那种试图回归义理心性的内圣之学，而是恢复即用显体、进取有为的大道之学。在儒学思想史中熊氏最服膺的是宋明理学的陆王心学，他从陆九渊和王阳明的"心外无物"中体悟到道体器用不二的本体论，明白了学问之道在于日常伦理、在于王阳明的"知行合一"，因此熊十力对复性书院诸生说："哲学不是空想的学问，

[①] 详见宋志明《熊十力评传》，百花洲文艺出版社，2010，第123页。

不是徒逞理论的学问，而是生活的学问。"这显然与马一浮追求返本心性的办学初衷大相径庭。

对于熊十力与宋明理学的思想联系，冯友兰指出："熊十力先生一生治学所走的道路，就是宋明理学家们所走的道路。"① 事实上，尽管熊十力的新儒学思想包括有许多直接源自宋明理学，但宋明理学仅是其"体用不二"论的逻辑起点。熊十力的哲学本体论是在反思和批判宋明理学的基础上展开的，他对宋明理学之长于知本而短于致用有清醒的认识，与马一浮的讲学词无条件地大力推崇朱熹、王阳明全然不同，他的《复性书院开讲示诸生》之批评宋明理学显然是经过深思熟虑的：

> 宋兴，而周程诸老先生，绍述孔孟，儒学复兴。然特崇义理之学，而视事功为末。其精神意念所注，终在克己工夫，而经国济民之术，或未遑深究。虽述王道、谈治平，要亦循守圣文，非深观群变，有所创发也。至出处进退大节，自守甚严，诚可尊尚。然变俗创制，一往无前之勇气，则又非所望于诸老先生矣。然而宋儒在形而上学方面，实有甚多发见。晚世为考据之业与托浮屠者，并狂诋宋儒，彼何所知于宋儒哉！唯宋儒于致用方面，实嫌欠缺。

这段话含蕴丰富，体现了熊十力对宋明理学的辩证剖判。他一方面高度肯定了绍述孔孟、促进儒学复兴的宋明理学在形而上本体论上的贡献；另一方面也批评了宋儒视事功为末、忽视经世致用的弊害。熊十力直指宋明理学"特崇义理之学"的痼疾，认为这种专注于心性功夫的哲学不能"深观群变""变俗创制"，未能以"一往无前之勇气"与时俱进，开创出回应时代要求的新气象，这何尝不是对马一浮独尊义理心性的一种婉转的批评？更重要的是，他认为这些重义理轻致用的宋儒应该为宋朝的灭亡承担一定的责任，"当时贤儒甚众而莫救危亡，非无故也"。熊十力的这些言论无疑是对宋明理学的哲学清算，廓清了复性书院年轻学子在求学问道上的疑惑。

---

① 冯友兰等：《玄圃论学集（熊十力生平与学术）》，生活·读书·新知三联书店，1990，第30页。

在中国古代思想史中,熊十力对明末清初的启蒙学者有很高的评价,他在《复性书院开讲示诸生》中也不忘向学员强调这些变革先行者的功绩。他认为:黄宗羲、顾炎武、颜元、王夫之等人身处天崩地裂的社会剧变,承孔子的大道之学,摄体归用,反对空谈心性义理,践行济世事功之道,临机应变,应权通变,为儒家的现代化转型树立了典范,迄至近代的罗泽南、曾国藩和胡林翼也是能识时变、刚健有为的儒者——

> 乃至明季,船山亭林诸公崛起,皆绍述程朱而力求实用。诸公俱有民治思想,又深达治本。有立政之规模与条理,且皆出万死一生以图光复大业,志不遂而后著书。要之,皆能实行其思想者也。此足为宋儒干蛊矣。
>
> 胜清道咸间,罗罗山、曾涤生、胡林翼诸氏,又皆宗主宋学,而足宁壹时之乱。故由宋学演变观之,浸浸上迫孔氏,而求内圣外王之全体大用,不复孤穷性道矣。

熊十力通过对宋明理学及明清儒学在体用关系上的评判,确立了"体用不二"的儒家本体论,为20世纪新儒家迎取时代的要求奠定了哲学根基。抗日战争是拯救民族危亡的伟大民族解放战争,彰显了中华民族的崇高使命与担当,在国家民族生死存亡之际,作为以天下为己任的新儒家应该何为,在哲学上是注重心性义理、回归内圣之学还是主张积极用世、开出抗战新外王,这无疑是复性书院衮衮诸公无法回避的重大课题。与马一浮复返心性的指归有所不同,熊十力所牵念的显然是一个新儒家在民族危难之际应有的使命与担当,这种贯注于摄体归用的现实意识在《复性书院开讲示诸生》中有强烈的表现,其中浸透着对战时现代儒者的殷切期许。在他看来,当此社会剧变尤其是国家民族危急关头,儒者应以独善其身为耻,要立足于道体之基,力行入世大用,即体即用,承担国家民族之大任。他说:

> 今世变愈亟,社会政治问题日益复杂,日益迫切。人类之忧方大,而吾国家民族亦膺巨难而濒于危。承学之士,本实既不可拔,(本实,谓内圣之学。)作用尤不可无。(作用,谓外王或致用之学。

与俗以机智名作用者异旨。）实事求是，勿以空疏为可安。深知人生责任所在，必以独善自私为可耻。

而且，熊十力将儒者这种担负社稷之任的行为上升到了形而上的终极境界，甚至与佛陀出世示现相提并论："释迦牟尼为一大事因缘出世。王船山先生自题其座右曰：'吾生有事'。此是何等胸怀，吾人可不猛省！"至此熊十力将自己的儒学哲学本体论落实到了抗战救亡的大用之中，凝聚和升华了一个现代新儒家的忧患意识和担当精神，这也许是这篇开讲词的最强音，凸显了熊氏担任复性书院"特设讲座"最强烈的初心。

近代以来，"中学"与"西学"的关系是体用关系的关键问题，熊十力秉承严复的进步观念，对张之洞的"中体西用"也进行了清算和批判，并借此奠立一种融贯中学与西学的新型体用论。熊十力离开复性书院两年后，到重庆北碚勉仁书院协助梁漱溟办学，其间撰写了《读经示要》，直指张之洞"中体西用"之不是：

> 盖自其辞言之，则中学有体而无用，将何以解于中学亦自有经济考据诸学耶？西学为有用而无体，将何以解于西人本其科学、哲学、文艺、宗教之见地与信念，亦自其有人生观、宇宙观，理解所至，竭力赴之，彼自有其所追求与向往之深远理境，非止限于实用之知识技能耶！故南皮（即张之洞，笔者注）立辞未妥也。①

在这里，熊十力摆脱了近代维新派坚执固守传统儒家道体的思维模式，也超越了20世纪20年代许多文化保守主义者（如杜亚泉）的中西文明优劣论，充分承认西学之作为本体且融通道体器用的价值，直接为西学设定了与中学同等地位的哲学本体论坐标，从而为其开启融贯中西的知识论廓清了道路。正如林安梧所说："熊十力提出了一个极为重要的哲学模型——体用合一论，来作为哲学的原型。这样的一个哲学原型可以参与到当前的哲学舞台上，成为中西哲学汇通的一个要道。"②

---

① 熊十力：《读经示要》卷一，湖北教育出版社，2001，第562页。
② 林安梧：《熊十力体用哲学之理解》，《当代新儒学论文集·内圣篇》，台湾文津出版社，1991，第191页。

第三节 中西互参互证的知识论

知识论来源于希腊哲学，它是探讨知识的本质、起源和范围的一个哲学分支。古希腊学术文化的根本目的在于追求知识，在希腊语中"哲学"意为"爱知"，柏拉图将知识定义为被确证的真实的信仰，亚里士多德则在《形而上学》一书中开宗明义地宣称"求知是人类的本性"，首次将哲学纳入知识的范畴，创立了形式逻辑理论，并提出了"吾爱吾师，吾尤爱真理"的著名口号。西学中"科学"也发源于希腊时代爱奥尼亚派的自然哲学家泰勒斯，后经过文艺复兴和启蒙主义思潮的洗礼，逐渐演变成人类知识论的核心组成部分。近代英国经验主义者培根、洛克和休谟主张在感性经验的基础上建立一种确实有用的哲学，而法国理性主义笛卡儿则认为要通过理性认识才能把握事物的本质，才能获得必然性普遍性的知识。到了19世纪，德国的费希特和谢林力图构建容纳哲学和科学的"全部知识学"，"找出人类一切知识的绝对第一的、无条件的原理"，[①] 西方知识论趋于成熟。从西方古典哲学而言，知识论要研究的具体问题包括知识的本质、如何获得知识、知识的类型以及知识的层级等。

中国古代哲学存在着一种有别于西方的知识论，学者陈嘉明称之为"力行"知识论。陈嘉明指出：儒家把"知"的概念分成两种性质不同的认识，即"闻见之知"与"德性之知"，前者属于认识的感性阶段，后者属于内省的思维阶段；儒家哲学为了实现外王的最终目标，需要知道如何格物致知，而格物致知旨在诚意正心、知性知天，因而不能依靠经验性的"闻见之知"，而应该重在"德性之知"。王阳明所倡导的"知行合一"是在道德上讲"知"和"行"的，"行之明觉精察处即是知"。在中国儒家哲学中，"知"的概念主要是德性之知，反求诸己。"知"是道德之知，"行"也是道德的行为。儒家是在道德的、实践的范围中讲知识的，其在认识上缺乏逻辑方法，缺乏"真（理）"观念，因此自然科学意义上的"知"的概念，基本上不进入儒家的主流视野与话语。这与西方求真的知

---

① 〔德〕费希特：《全部知识学的基础》，商务印书馆，1986，第6页。

识论形成强烈的反差。①

发端于20世纪初期的现代新儒学是中国传统儒家文化面对汹涌而至的西学冲击而自我调节、自我更新的产物,在汇通中西文化的前提下解释和发展儒学是其题中应有之义,因此它必然同时兼取和融合西方知识论和中国哲学的"力行"知识论,并由之发展出一套合乎时代要求、既能容纳西学又能接续儒家传统的新型知识论。这种新儒家知识论一方面必须确认和承纳已被贞定为普遍价值和真理的科学精神,使通过逻辑理性和实验可证明的知识系统获得前所未有的主体性;另一方面也必须传承和拓展儒家传统的思想要质,维护其解释和阐证中华文化的持续有效性。熊十力正是在这种中西知识论并行交织的语境中思考和阐释新儒家知识论的,其《复性书院开讲示诸生》对于"知识何是"和"知识何为"提出了明晰而富有创造性的真知灼见,构建了其特色鲜明、影响深远的中西互参互证的知识论。

值得注意的是,1923年的科玄论战成果对熊十力知识论的形成产生了重要影响,尽管熊氏并没有参与其中(此时他刚完成《唯识学概论》,尚处于深叩内典的佛学阶段),但这场论战关于科学与玄学(哲学)之间关系的深入探讨及论战双方各执一端的观念偏枯都给熊十力后来构建新儒家知识论提供了重要的启示和参照。熊氏并没有完全站在张君劢等人的玄学派的立场上来思考问题,他不是简单地把科学和玄学对立起来进行道体器用之分,而是运用一种更为圆融辩证的思维展开他的知识论,从而打开了新儒家因应时代及自身哲学构建要求的知识论言说空间。对于科学与玄学的关系,《复性书院开讲示诸生》阐证充分,观点明确,以言简意赅的方式表述了一种中西互参互证的新儒家知识论。

从哲学本体论的角度看,科玄论战其实也涉及体用之争,论战双方都力图将自己所服膺的"科学"或"玄学"视为类似于"道体"之物,从而形成居高临下的理论优势。在熊十力看来,科学与玄学也是体用不二,任何一方根本不存在形而上与形而下之别。

诚然,在《复性书院开讲示诸生》文本里,很容易找寻到熊氏对玄

---

① 陈嘉明:《中国哲学的"力行"知识论》,《学术月刊》2014年第11期。

学（哲学）的偏好，如他说："哲学毕竟是一切学问之归墟，评判一切知识而复为一切知识之总汇。佛家所谓一切智智，吾可借其语以称哲学。若无哲学，则知不冥其极，理不究其至，学不由其统，奚其可哉？"此言当然是对科玄论战中玄学派的一种同情式的回应，这对于传承儒家道统的新儒学而言很容易理解。熊十力也和玄学派一样，对于科学的局限性有深切的认知："科学无论发展至若何程度，要是分观宇宙而得到许多部分的知识。至于推显至隐、穷万物之本，澈万化之原、综贯散殊而冥极大全者，则非科学所能及。"反对科学万能论确实是熊十力一贯的主张，其晚年撰写的《明心篇》仍持是论。尽管如此，熊十力并没有停留在玄学派所止之处，而是以此为基点对新儒家知识论进行了富有革命性的大胆建构。熊十力试图在科学与玄学、传统儒家与现代中国思想的张力中寻绎新型知识论的立足点，这种探索的过程一开始必然是充满矛盾的。他对于传统儒家的师道尊严和"真理"之间的复杂矛盾态度，《复性书院开讲示诸生》里有一段很精彩的表述：

> 古之人，有来从师游，不必有得，而后乃自得。反以其道喻师，而自展其事师之诚者，释迦牟尼是也。鸠摩罗什于其戒师，亦尝行之也。有弟子先从师说，而后与之异者，后之所见诚异，非私心立异也。亚里士多德曰："吾爱吾师，吾尤爱真理。"有如是弟子，非师门之幸哉！亲师者，非私爱之谓也。然非有真见而轻背师说焉，则其罪不在小，学者所当戒也。

熊十力是在向复性书院全体学员发表演讲的，他之强调师道尊严显然是接续儒家的教育传统，正符合《礼记·学记》所申说的"凡学之道，严师为难。师严然后道尊，道尊然后民知敬学。"也是对马一浮主讲及书院教学秩序的维护，有其良苦用心，但同时这段话也透露出熊氏对西方"真理"观和知识论的认同，他引用亚里士多德"吾爱吾师，吾尤爱真理"，允许"有真见"而可以"背师说"的行为，这就为西方知识论的融入开了绿灯。

熊十力是相信宇宙间有客观而绝对的真理和知识的，既然科学与玄学之间已经不存在道体器用的高下之分，既然可以追求"有真见"的学问而"背师说",那么将包括科学思想在内的西学纳入新儒家知识论也就顺理成章了。《复性书院开讲示诸生》给予科学与玄学(哲学)同等崇高的地位,它如此阐明科学与玄学的关系:

> 哲学、科学,本息息相关,而要自各有其领域。即在所研究之对象无所不同者,易言之,即无领域之异者,如对于社会政治诸问题,而哲学与科学于此仍自各有其面目。夫综事察变,固科学所擅长也。哲学则不唯有综事察变之长,而常富于改造的理想。故科学的理论,恒是根据测验的;哲学的理论,往往出于其一种特别的眼光。哲学与科学相需为用,不当于二者间有入主出奴之见,更属显然。

在这里,熊十力辨析了科学与哲学不同的研究对象、知识来源和各自优势,着重强调了这两者"相需为用",即体用不二,它们都是人类崇高的思想成果,地位是平等的,不存在"入主出奴"之等级差异。至于中学与西学,同样也是各擅胜场,各有所归,在知识论上可互参互证——

> 就学术言,华梵哲学与西洋科学,原自分途。东学(赅华梵哲学言))必待反求内证,舍此,无他术矣。科学纯恃客观的方法,又何消说得。(西洋哲学与其科学,大概同其路向,明儒所谓向外求理是也。西洋思想与东方接近者恐甚少。)学者识其类别,内外交修,庶几体用赅存,本末具备,东西可一炉而冶矣。

熊十力承认中学与西学起源迥异,路向分野:一是"返求内证";一是"向外求理",其间差别极大,但它们都是"体用赅存,本末具备",完全可以熔为一炉。由此,熊氏站在创建新儒家知识论的立场上向复性书院诸生宣示了研究学问的基本原则:"自当以本国学术思想为基本,而尤贵吸收西洋学术思想,以为自己改造与发挥之资。""西洋哲学与科学,尤其所宜取资。"尽管熊十力仍然提及"反求内证"等传统的"力行知识论"内容,但毫无疑义他已把知识的重心移到西学了。

熊十力深刻地意识到中学在科学逻辑上的先天不足,"吾国学术,夙尚体认而轻辩智。其所长在是,而短亦伏焉。诸生处今之世,为学务求慎思明辨，毋愧宏通。其于逻辑，宜备根基，不可忽而不究也"。因此他对于逻辑科学方法的训练极为注重，这正是马一浮、梁漱溟、张君劢等新儒学家所欠缺的。他认识到西方科学思想对现代中国的重要性，"今西洋科学发达，学子诚当努力探求"，并执定科学思维和科学知识乃一切学问的基础："初学，若未受科学知识的训练，而欲侈谈哲理与群化治术等等高深的学问，便如筑室不曾拓基从何建立。"有了这样的科学观，熊十力在如何获得知识、知识的类型以及"知识何为"方面对复性书院诸生提出了具体要求："务望于科学方法及各科常识，尤其于生物学、心理学、名学及西洋哲学与社会政治诸学，必博采译述册子，详加研索。"对于新儒家而言，这种大加推崇科学思维的观点已接近胡适、丁在君等科学派了，实在难能可贵，无怪乎和马一浮创办复性书院的初衷大相径庭了。

新儒家希望创立的是中西互参互证的知识论，熊十力呼吁复性书院诸生打破中学与西学的樊篱，立足于中国文化现代性转换的现实问题，以世界性的开放胸襟拥抱西方科学及其他先进的思想成果，使之与中国传统思想互相参酌、印证和阐发，最终形成具有现代性的新儒学知识论。《复性书院开讲示诸生》旁征博引，触类旁通，其所引论据自如地出入于丰富的中西学问之间，涉及的西方知识涵盖了自然科学、哲学、历史学、经济学、心理学等多种学科，显示了熊氏对西学的谙熟，也表明其自觉运用西学来参证中学的强烈动机。熊十力的这篇开讲词采取了三种方式来展开中学与西学的互参互证。第一是穿插置换法，即打破中学与西学的隔阂，信手拈来插入来自异域的例证，并转换论证目标。例如，《复性书院开讲示诸生》用传统的概念和哲学范畴讲儒家的"穷理工夫"，一开始给人的印象和马一浮《复性书院学规》之谈论"穷理为致知之要者"毫无二致，强调学者要涤除玄览，智虑深沉冲湛，细致格物观察而后万理齐彰，也就是马一浮所谓的"随事察识""豁然贯通"，然后熊十力笔锋一转，突然插入了英国科学家牛顿和瓦特的例子来做论据，这样就很巧妙地把中国传统的格物功夫置换成现代科学的观察实验活动了："苹果堕地与壶水热则涨澎，古今人谁不习见之，却鲜能于此发见极大道理者，必待奈端瓦特而后能之，则以常人不耐深思故耳。"第二是追本附会法，即用古而有之的思路将中国古代的知识和西方现代知识系统连接起来，这也是近代以来东方文化派的惯用方式，熊十力显然也继承之。如他相信《易经》蕴含了深邃的科学思想，只因后人学识固陋而未能准确把握其科学真义："吾古之学者，自有许多许多的科学知识，则不容忽视。《易》之为书，名数为经，质力为纬。非有丰富幽深的科学思想，则莫能为也。而其书，导于羲皇，成于孔氏。创作之早，至可惊叹。后生偷惰，知识日益固陋。"第三是确然强调法，即认为西方知识是研究中国学问的充分必要条件，只有掌握和理解西方的科学与人文知识，才具有阐释中国古代经典的资格，才能真正体悟中国学问的"真理"。这种方式最具有革命性价值，充分表明熊十力已经完全从儒家文化中转出西方式的"知性之体"，开出现代儒学之新学统。最典型的是下列一段话：

> 如吾治《易》而好象数，则于数理逻辑必加详究，如吾治《易》而主明变，则凡哲学家之精于语变者，必加详究。如吾治《易》而于生生不息真机特有神悟，则凡依据生物学而出发之哲学，必加详究。如吾治《周礼》而欲张均产与均财之义，则于吾先儒井田、限田诸说，及西洋许多社会主义者关于经济的思想，必加详究。如吾治《春秋》而欲张公羊三世义，则于吾六经、诸子，及西洋哲学许多政治理想，必加详究。如上所说，略示方隅。学者触类旁通，妙用无穷。

马一浮创办复性书院旨在综贯经术，讲明义理，其主要内容为"六艺"（《诗》《书》《礼》《乐》《易》《春秋》）。作为"六艺"之一的《易》，历代已积累了许多丰富而深邃的研习方法，而熊十力竟对此全然无视，而是独拈出数理逻辑、生物学、社会主义、哲学经济学等西方知识作为学《易》的必经之路，这种主张无疑十分大胆，尤其是面对复性书院那些探求心性的诸生，其颠覆性不言而喻。熊十力借此完成了他的中西互参互证的知识论，但也和马一浮的办学初衷愈行愈远了，两人从深契交谊到分道扬镳自然也在情理之中。事实上，揆之于当时两人交往的一些细节，可以看出马一浮和熊十力在复性书院是否应延揽教授西方知识的师资问题上存在着显著的分歧。熊十力希望马一浮效仿蔡元培实行兼容并包，建议聘任贺麟、张熙讲西方哲学，聘周淦卿讲英文，聘牟宗三等人为兼讲各科，均遭到马氏拒绝。马一浮对熊十力说："书院讲习重在经术义理，又非西洋哲学也。"① 这两位20世纪著名的新儒家，在对待西方知识论的态度上，显得如此大相径庭，由此可见新儒家本身的复杂性。

笔者无意探赜索隐，挖掘熊十力在复性书院的学术和生活细节，对马、熊两人的分合也仅是作了简略的勾勒。本书所注重的是熊十力的开讲词《复性书院开讲示诸生》如何在1939年战乱中阐发新儒家思想，以何种话语体系回应国邦危难的时局，更重要的是对复性书院诸生有何寄托。在学术上，这篇开讲词并没有把熊十力的新儒家哲学思想完整地表达出来，如"翕辟成变""性量分途""直觉默识"等著名命题在这里未能得以充分表述，而且这些比开讲词的思想更丰富也更深刻。然而，从传播学的角度看，这篇开讲词实乃饱含熊十力的用苦良心，他面对的是复性书院那些求知若渴的学员，他们从饱受战火蹂躏的故土中来，从颠沛流离的人群中来，他们怀抱传承中华文化的理想，希冀以学问挽民族精神于不坠，他们是民族的希望，因此熊十力实在不忍授之于独善其身的心性义理，而是独标刚健有为的致用之学，以期他们将来能力行入世大用，同时他也以中西互参互证的知识论示教，企望他们在滚滚的世界潮流中把握民族的未来。在抗战时期，熊十力和马一浮都是具有典型士人精神的新儒家，但他们在儒家的道体器用与战时中国之间的内在关系上呈现出迥然有异的思想理路，他们在学理上的辩争为中国传统文化的继承、发展和创新提供了有益的启示。

1939年8月19日，日机轰炸乐山，熊十力的寓所被击中，书籍、手稿尽毁，他左膝受伤，在仆人帮助下幸免于难。一个月后，他带着创痛，在开讲礼上发表了这篇演说，此文的结尾透露了其言之谆谆、情之殷殷的心迹。

> 前月十九日，机来袭嘉。吾寓舍全毁于火，几不免，所伤仅在左膝稍上。一仆拥持，脱于难。然痛楚缠绵，历多日。兹值开课，天未丧予，不得不与诸生共勉。以上所言，本无伦次，然要皆切于诸生日

---

① 《马一浮集》第2册，浙江古籍出版社，1996，第535页。

用。譬之医家治病，每下毒药，然其出于救人之真心，则无可疑也。诸生幸谅余之心焉。

1939年秋天，熊十力离开复性书院后即返回他一年前寄居的四川璧山县，住在来凤驿西寿寺，由学生韩裕文陪侍。这年冬天他移居来凤驿小学校长刘冰若处，撰毕《新唯识论》语体文本上卷。国罹劫难，人遭苦厄，熊十力依然以坚强心志问道践行。任继愈说其师始终怀抱一种深挚而悲苦的责任感，"这种深挚而悲苦的责任感，是二十世纪多灾多难的中国爱国的知识分子独有的。对中国传统文化了解得愈深刻，其深挚而悲苦的责任感也愈强烈。这就是熊先生理想的动力"。[①]

[①] 任继愈：《熊十力先生的为人与治学》，《任继愈学术论著自选集》，北京师范学院出版社，1991，第168页。

第四章　太虚大师的东南亚及南亚之行

1939年中国抗日战争进入战略相持阶段，抗战的国际运输线面临严重的威胁。1938年10月下旬日军占领了武汉、广州之后，为了取得海上封锁作战基地，先后发起对海南岛和潮汕入侵行动。日军于1939年2月进攻海南岛，4月中旬占领全岛，并以海南岛为基地进攻广西，攻占南宁，从而切断了南镇铁路和中国接受外援的重要通道——桂越公路，并派飞机轰炸滇越铁路。1939年6月，日军先后攻占汕头和潮州，珠江和广九铁路的运输线被切断，华南地区的制空权落入敌手，海外华侨支援抗战的物资失去了转运港口。由于此时法国印支总督对日本采取绥靖政策，滇越公路的形势岌岌可危。因而，滇缅公路成为维系中国和东南亚两大战区的纽带和国际运输线，关系抗战的战略格局和前途。

滇缅公路1937年12月正式动工建设，1938年底竣工通车，起于昆明止于缅甸腊戍，全长1146.1公里，其中云南段全长959.4公里，缅甸段186.7公里。随着日军进占越南，滇越铁路中断，竣工不久的滇缅公路就成为中国与外部世界联系的唯一的运输通道，西方援华物资源源不断由此运入中国。然而，在太平洋战争爆发之前，这条中国抗战的生命线实际上危机四伏，隐含极大的地缘政治风险。

首先，缅甸的民族意识日益高涨，反英的民族独立运动风起云涌，国内的民族主义势力产生了亲日派，明显威胁滇缅公路的政治安全。缅甸自19世纪末成为英国的殖民地后，国内争取民族独立的斗争从未间断。1939年4月缅甸民族主义政治组织"我缅人协会"举行第四届年会，讨论世界局势以及如何争取缅甸独立的问题，提出了"英国的困难是缅甸的良机"的口号，决定争取包括日本在内的大国援助，以期最终摆脱英国殖民统治。缅甸许多有影响的政治人物如巴莫、登貌、吴素和德钦巴盛等，都想借日本之强力增加同英国人抗衡的力量，他们相继访日，对日本军国主义所谓的"大东亚共荣圈"大加吹捧。同时，英国殖民者对民族主义运动的压制激起了缅甸国内的强烈不满，这也促使这些民族主义者更加靠近日本。因此，在滇缅公路通车后不久，缅甸议会就"关于滇缅公路向中国转运武器"一事进行了辩论，缅甸下议院反对通过滇缅公路向中国输送战略物资的动议，最终虽因英缅总督使用了否决票才使滇缅公路的正常运输得以保证，但缅甸国内民族主义势力之倾向日本的情形可见一斑。其次，英国作为缅甸殖民地的宗主国，长期对日本采取绥靖政策，使滇缅公路面临着极大的安全危机。日本全面侵华后，英国对中国提交给"国联"的申诉置之不理，甚至偏袒日本；1938年英日签订了关于中国关税的协定，规定日本占领区的一切关税皆存入日本银行，第二年英日又签订了《克莱琪—有田协定》，英国完全认可日本侵略中国的既成事实，承诺对日本侵华不介入不干涉，这些严重损害中国主权的行径充分暴露了英国对日本的退让和屈服。在日本的威胁下，英国政府于1940年曾封闭滇缅公路达三个月之久。

第一节　东南亚及南亚之行的缘起

英国在南亚和东南亚拥有广大的殖民地，缅甸、印度、锡兰、马来亚、新加坡等英国殖民地幅员广阔、自然资源丰富，而且是传统的华侨聚居地。英国及其殖民当局对中国抗日的态度固然十分关键，但大力争取这些地区的民间社会同情、理解和支持中国的抗战事业对于滇缅公路的安全和中国国际交通的顺畅至关重要，也是中国取得抗战最终胜利的战略需要。因此，国民政府一方面大力推进对英国的政府外交，力求促其摒弃对日妥协的做法；另一方面积极拓展面向东南亚及南亚的公共外交，争取殖民地社会各阶层对中国抗战的广泛同情与支持。在对英的政府外交方面，1939年11月国民党五届六中全会通过政治报告决议案，确定外交政策"自当本一贯不变之方针……继续加强与美、苏、英、法等各友邦之合作,以促成各国对远东之平行行动,使国际形势有利于我国抗战之发展"。① 国民政府外交部及驻英使馆也与英国政府多方交涉,尽力为中国抗日争取政治上的支持,同时也积极调整对缅甸的外交政策,强调"我政府似应改变过去专以英大使缅督国防部为交涉对象之政策","除与英交涉外应多与缅政府发生联系,加紧经济合作并运用民众力量,发动国民外交与爱国党取得谅解,在互助目标下共同合作,对中缅亲善与合作可收实益"。② 在这种背景下,民间外交被提上日程。在面向英属殖民地开展的民间公共外交方面,最重要的当属太虚大师的东南亚及南亚之行,太虚大师一行长达四个多月的赴外佛教公共外交对于提高抗战时期的国家形象、增进东南亚及南亚各界对包括滇缅公路在内的中国抗战事业的理解和支持、促进中国佛教界和东南亚及南亚佛教界的交流起了不容忽视的作用。

佛教公共外交的倡议始于1938年10月在重庆召开的国民参政会一届二次会议。此时广州和武汉相继陷落,西南国际交通线的重要性越发突出,即将竣工的滇缅公路面临的政治外交安全问题被提上日程。在这次会议上,国民参政会委员谢健提出"由政府遴选汉藏蒙佛教大师各一人,前往安南、缅甸、暹罗、菲律宾、锡兰、印度及至南洋群岛","联络各该地之主政,各界领袖,及一般佛教徒",以期借佛教交流开拓对中国抗战的国际援助。③ 谢健提案所列的地区既有佛教的发源地印度,也有传统的上座部佛教国家(如缅甸、暹罗、锡兰),还有安南、菲律宾及南洋群岛等华侨聚居地,幅员所及英、法、荷殖民地。在这些国家和地区中,就佛教的历史影响及外交的现实需要综合而言,英属殖民地之印度、缅甸、锡兰尤为重要。印度是佛教的发祥地,尽管印度教已成信仰主流,但佛教仍具有广泛的影响,印度不仅保留着极其丰富的佛教历史遗存,而且其上流社会与佛教哲学有很深的渊源;印度的社会精英如甘地、泰戈尔、尼赫

---

① 中国国民党中央委员会党史委员会编《中国国民党宣言集》,《革命文献》第69辑(增订本),独立出版社,1938,第34页。
② 转引自朱蓉蓉《半官方社团与战时民间外交》,《江苏社会科学》2011年第5期。
③ 谢健等提《为建议推行佛教文化以加强民族团结开拓国际援助案》,国民参政会秘书处编《国民参政会第二次大会纪录》,1938,第95页。

鲁均曾留学英国名校，与英国政界交往密切，他们对中国的抗战普遍抱以深切的同情。扼守滇缅公路要冲的缅甸，公元8世纪即与中国友好往来，其盛行的巴利语系上座部佛教也于12世纪传入云南傣族地区。锡兰是南传佛教的中心，是巴利文三藏发源地，在佛教传承上居极高的地位，中国与锡兰的佛教关系源远流长，东晋时期法显和尚曾由印度到达斯里兰卡寻师参学，锡兰高僧也曾到中国传戒，20世纪初锡兰摩诃菩提协会（Maha Bodhi Society）会长达摩波罗（Anagarika Dharmapala）居士曾来到中国。因此，遴选佛教大师以佛教交流的名义访问英属殖民地之印度、缅甸、锡兰，积极开展佛教公共外交，争取英国殖民当局和殖民地民间社会的支持，也就顺理成章。谢健提案也把暹罗、安南、菲律宾和南洋群岛列入访问目标地，显然有政治和外交上的考虑。暹罗虽然不是英属殖民地，但历史上与中国的关系深厚，佛教文化交流频繁，然而20世纪30年代以后銮披汶总理挟权依势投靠日本，形成了对中国抗战不利的形势，在政府外交难以奏效的情况下，采取佛教民间外交的方式不失为一种选择。安南在历史上其典章制度深受中国儒家熏染，宗教信仰也以大乘佛教为主，法国殖民当局所镇控的滇越公路对于中国的西南国际运输尤为关键，国民政府也需要获得安南的支持。菲律宾和南洋群岛则是华侨聚居地，而且拥有许多汉地佛教信众，抗战全面爆发后，东南亚华侨踊跃捐资、投效祖国，佛教代表团也可顺势对广大的爱国华侨行宣慰之意。显而易见，谢健提案的根本目的是：借佛教交流之力，促进东南亚及南亚各界对中国抗战的理解、支持和援助。谢健提案得到了刚刚从欧洲回国参加抗战的著名国民外交家王礼锡的响应，鉴于通过公共外交（国民外交）争取国际援华运动的重要性和迫切性，王礼锡在《国际援华运动与国民外交》一文中提出"应当加强对东方的印度、锡兰、暹罗、缅甸、越南、马来群岛等地的宣传，使东方各民族加入全世界的反侵略战线"。①

日本军国主义为其发动太平洋战争做舆论上的准备，不断利用日僧在缅甸、暹罗、锡兰等南传佛教国家进行蛊惑人心的宣传，肆意散布"中国抗战摧残佛教""佛教在中国已被基督教灭亡"等谬论，同时派出大量

---

① 王礼锡：《在国际援华阵线上》，《王礼锡诗文集》，上海文艺出版社，1993，第401页。

间谍到这些地区污蔑和攻击中国的抗日战争，妄称日本侵略中国是"建立东亚新秩序""驱逐耶稣教"的佛教圣战，鼓动这些地区的佛教徒抵制中国抗日。由于缅甸、暹罗、锡兰的僧人享有较高的社会地位，他们与西方殖民者、王室或当地的民族主义政治组织联系密切，日本军国主义在宗教上的蛊惑煽动必然影响了这些国家和地区的对华政策，也直接威胁滇缅公路的安全。有鉴于此，组织佛教访问团已是刻不容缓，国民党中央社会部为此专门呈稿中央执委会："查缅甸安南暹罗等，与我为近邻，迭居各方报告，敌人在上列各地作种种不利于我之宣传活动进行甚力，情形可恶，本部有鉴及此，拟即策动国内佛教人士组织中国佛教访问团，前往缅甸暹罗安南印度锡兰各地进行抗战建国之宣传，宏扬我国文化，揭破日敌阴谋，籍收国民外交之功效。"[1] 中央社会部随之拟定了《策动组织中国佛教访问团办法大纲草案》上呈中央执行委员会和国民党总裁蒋介石，蒋介石当即饬令教育部和外交部组织实施，并提供了经济援助。1939年6月21日，国民党中央社会部官员朱家骅致函教育部部长陈立夫，传达蒋介石指示，敦促尽快组建中国佛教访问团。[2]

第二节 佛教访问团的组成及行前活动

这无疑是一次事关中国抗战命运的重大公共外交使命，在汉地佛教大师中能够担负如此重任的非太虚莫属。近代以降，中国佛教界人才辈出，不断涌现出如虚云、弘一、圆瑛等高僧大德，但像太虚大师这样信念坚定、感召力强又有丰富政治经验和外交阅历的领袖型佛教人物确实是绝无仅有。国民政府推举太虚担任佛教访问团团长理所当然。

太虚（1890~1947），原籍浙江崇德，生于浙江海宁，中国近代高僧，杰出的佛教理论家、教育家和实践家。太虚幼时失怙，随母改嫁，由舅父授以四书，因受外祖母的影响，萌生出世之意。1904年，他前往宁波天童寺受戒，先后亲炙奘年、道阶、歧昌、华山、寄禅、谛闲等名僧硕

---

[1] 《筹组中国佛教访问团往缅甸暹罗等地宣传抗日》，《中央党务公报》1939年第1卷第4期。
[2] 曾友和：《"中国佛教访问团"走出国门宣传抗日》，《四川档案》2012年第4期。

德，并与近代另一著名高僧圆瑛大师结为金兰之好。太虚深研佛教各宗，早年又浸染西学，接近空想社会主义和无政府主义思想，向往革命。他倡导"人生佛教"，提出了"教理革命""教制革命""教产革命"的佛教三大革命，成为20世纪伟大的佛教改革家。太虚一生致力于佛教教育，创办佛学刊物，成立佛教组织，设立佛学院，在佛教界建立了崇高的威望。迄于抗战时期，太虚大师已是实至名归的佛教领袖。

从国民政府的立场上看，推选太虚领衔中国佛教访问团，除了因其在佛教界享有很高的声望外，还有下列原因。第一，太虚主张"政教相辅以成"，关心政治，积极参与政治生活，并与蒋介石建立了良好的私谊。太虚早年曾参加革命党人的秘密活动，广州起义失败后因作《吊黄花岗》死难烈士诗，险遭不测。1927年蒋介石下野，暂居浙江奉化溪口故里，这年中秋节他邀请太虚到溪口晤叙，太虚为蒋家亲友讲《心经》；蒋介石也曾多次给予经济援助；1932年太虚应蒋介石之请主持雪窦寺，他在此革新门庭，讲经弘法，气象为之一新；1928年他应蒋之邀到南京偕游汤山；1936年太虚发起全国各寺庵诵《药师经》，为蒋介石50岁生日祝寿。① 第二，太虚积极投身抗日救国活动，时刻关注抗战时局，对日寇利用佛教进行反华鼓噪早有警惕。九一八事变之后，太虚不断通过文章、演讲的方式开展抗日宣传，1937年他发表《电告日本佛教徒书》，要求日本佛教徒践行"和平止杀"的精神制止侵略，同时通电呼吁全国佛教徒积极参加抗战救护工作。海南岛沦陷后，太虚写了《占海南岛之威胁与对佛教国之诱略》一文，揭露了日敌独霸东亚的野心和在东南亚利用佛教挑拨离间的险恶用心。第三，太虚早年曾游历欧美、日本，熟悉西方及日本国情，其所拥有的国际视野和外事经验在当时的佛教人士中极为罕见。太虚早在1914年即赴日本考察佛教，1925年又到日本参加佛教会议，次年赴新加坡弘法。1928年太虚取道东南亚、锡兰和埃及，到英、德、法、荷、比、美诸国访问，所到之处会晤学者、宣讲佛学，并应邀在巴黎筹设世界佛学苑，开中国僧人跨越欧美弘传佛教之先河。这些丰富的海外游历

---

① 侯坤宏：《1930年代的佛教与政治：太虚法师和蒋介石》，《四川师范大学学报》2006年第5期。

经验培养了太虚作为一名外交工作者的素质和能力。第四，太虚的佛学知识广博，学问视野开阔，其学以禅宗为统摄，兼取唯识、净土、天台、藏密诸宗，他同时对印度佛教及东南亚南传佛教的法脉及教义极为谙熟，具有与东南亚及南亚佛教界对话的知识结构和能力。太虚十分了解小乘佛教，曾撰《小乘佛学概略之科目》作为佛学院教材，1930年他在厦门的闽南佛学院设置了"小乘俱舍系"研究部，以作佛学海外交流之准备，并于漳州南山寺成立了"锡兰留学团"，开设南传佛学和英文课程，培养赴锡兰留学预备人才，在太虚的努力下，多批留学僧赴缅甸、锡兰、暹罗求学。太虚的这些活动改变了东南亚南传佛教与汉地佛教之间数百年交流隔绝的状况，也为佛教访问团的对外交流和对话奠定了基础。第五，太虚此时已被推为国际反侵略运动大会中国分会名誉主席，使其东南亚及南亚之行具备了合法的政治身份，也更容易争取到国际正义人士的支持。国际反侵略运动大会于1936年9月诞生于比利时布鲁塞尔，1938年1月国际反侵略运动大会中国分会在汉口成立，成为抗战时期反对战争、宣传和平的半官方半民间组织。太虚大师之担任中国分会的名誉领袖，显然有助于佛教访问团合法开展广泛的对外和平反战宣传活动。

1939年9月初，国民政府正式函聘太虚大师为中国佛教访问团团长，确定慈航、苇舫、惟幻、等慈等四人为团员，陈定谟为翻译，王永良为随从。访问团名单显然经过深思熟虑，既充分考虑到佛教对外交流的实际需要，也照顾了他们与太虚的法缘。慈航法师，福建建宁人，1927年太虚在闽南佛学院任院长时他是该院学生，曾亲聆太虚教诲，1930年他到缅甸仰光开办大乘佛教补习班，创办佛学刊物，成立仰光中国佛学会分会，积极倡导并实践人间佛教，是太虚法嗣中的缅甸通。苇舫法师，江苏东台人，长年随侍太虚，抗战后主持武昌佛学院，编辑《海潮音》月刊，是太虚的得力助手。惟幻法师是太虚组织成立的"锡兰留学团"成员，曾于1935年由太虚出资派遣到锡兰学习佛法，是中国近代为数不多的巴利文佛教学者。等慈法师是太虚大师发起组织的"暹罗留学僧团"的学员，曾于1935年前往暹罗求法，熟悉暹罗佛教情况。翻译陈定谟，江苏昆山人，美国芝加哥大学哲学硕士，他1926年到厦门大学哲学系任教，同时兼任闽南佛学院教职，在此期间深受太虚影响而虔心向佛，也算是太虚的俗家弟子。由此可见，中国佛教访问团成员中，除了王永良是行政随员外，其余的大多是太虚大师的弟子，都与太虚有较为密切的法缘和交谊，他们对太虚十分了解，同时又熟悉东南亚国情及佛教状况，具有开阔的国际视野和文化交流经验。这无疑是一个优秀的佛教访问团队。

中国佛教访问团正式成立后，太虚10月15日应国民党中央宣传部之约，偕苇舫飞抵重庆。在渝近半个月期间，他和苇舫出席了中央国际宣传委员会会议，晋谒蒋介石，晤见了行政院院长孔祥熙、教育部部长陈立夫、国民党中央政治会议秘书长张群、中央宣传部副部长潘公展、军委会副部长董显光、侨委会委员长陈树人、国际宣传处处长曾虚白等要员，参加国际反侵略运动大会中国分会副主席邵力子主持的欢送宴会，这些活动既显示了国府对太虚一行此次访问的高度重视和所寄予的厚望，也强化了太虚本人及访问团的政治意识和使命意识，从而保证中国佛教访问团能够遵照《策动组织中国佛教访问团办法大纲草案》既定的方针开展工作。10月17日，太虚偕苇舫出席了中央国际宣传委员会会议，莅会的有外交部、军委会人员十多人，会议由国民党中央宣传部副部长潘公展主持，重点就访问团对外宣传进行了具体的部署。10月22日，太虚出席了国际反侵略运动大会中国分会欢送茶会，邵力子致欢送词，太虚向数十名会员介绍了访问缅甸、锡兰、印度和暹罗的因缘，并以"慈悲为本方便为门"的佛理阐发了"武力防御与文化进攻"之佛教抗战新说："在这个时候，要靠爱好和平的人士集中力量，反对侵略的行为，使侵略者知难而退，然后世界和平才能够维持，人类的幸福才能够增进。这种'和平为体，反侵略为用'，和'慈悲为本，方便为门'，是完全相符的，也是与我们目前为抵抗暴寇的侵略而抗战的精神完全相符。"[①] 太虚讲明了战时中国佛教徒所应该秉持的"智慧"与"勇力"的方便之门，也是中国佛教访问团为反侵略的正义事业而斗争的和平宣言。10月25日太虚面谒蒋介石，蒋介石向太虚详细了解访问团的行程，强调了西南国际运输线的战略意义，并和太虚讨论了民生史观之社会哲学和大乘佛学等学问领域。

---

① 太虚：《佛教与反侵略的意义》，印顺文教基金会编《太虚大师全集》（电子版）（2008），《太虚大师全集第十五编·时论》。下文所引，若无特别注明，均出自该版电子书。

太虚从重庆回到云南后不久，就召开了新闻发布会，在昆明的《中央日报》《民国日报》《云南日报》《朝报》《益世报》及中央通讯社、云南通讯社等主要媒体派记者参加，各地报章迅速刊登了中国佛教访问团的消息。太虚随之通电全国：

> 太虚等顷因国中文化界之启发，佛学人士之赞助，及海外各地佛徒之吁请，爰组织成立本团，将赴缅甸、锡兰、印度、暹罗等处，朝拜佛教诸圣地，访问各地佛教领袖，藉以联络同教之感情，阐扬我佛之法化；并宣示中国民族为独立生存与公平正义之奋斗，佛教徒亦同在团结一致中而努力。因此佛教愈得全国上下之信崇，随新中国之建成，必将有新佛教之兴立，堪以奉慰吾全世界真诚信仰佛教之大众，洎崇拜赞扬东方道德文化者之喁望！兹者、本团取道滇缅公路出发在即，敬布衷诚，伫闻明教！①

在这些行前活动中，太虚与于斌的会面显然是意味深长。于斌，1901年生于黑龙江省兰西县，幼年皈依天主教，后被派往意大利学习神学，获得多个博士学位，1936年被教皇庇护十二世任命为南京代牧区主教。抗战爆发后，于斌积极动员天主教徒投身抗日宣传救护活动，他本人也多次远赴欧美，利用自己丰富的社会关系开展抗战宣传，争取西方在道义和经济上的支持。1938年底至1939年初，于斌再度辗转欧洲、美国，所到之处拜见政要、侨团、教友，发起募捐，发表演讲，揭露日本军国主义的罪行，宣传中国的正义战争。当时《大公报》载文指出："于主教到大学演讲，到无线电台广播，在报纸上发表谈话，果敢的抨击强权，他不但坚决的反对日本的横蛮，且对于意德的行动敢加以声斥。"② 于斌主教的欧美之行是战时中国天主教徒一次极为成功的民间外交活动，取得了显著的成效。据苇舫撰述的《佛教访问团日记》记载，11月13日"于主教翩然来访，长身玉立，气度清穆！谈约半小时余，互致景慕，述在美筹赈之经过颇详。对导师之南询诸佛国土，赞为创举，祝成就圆满功德；并希望时有

---

① 释印顺：《太虚法师年谱》，宗教文化出版社，1995，第245页。
② 佚名：《于斌主教在欧美工作成绩》，汉口《大公报》1938年5月12日。

详纪送益世报披露"。① 于斌此时来访，既是代表国内的天主教团对中国佛教访问团此行的敬意，也是对作为中国佛教领袖太虚个人的鼓励。于斌向太虚详述了其在欧美的抗战活动，这也可作为太虚此次宗教之旅的一种难得的经验借鉴。

第三节　东南亚及南亚之行的经过

中国佛教访问团于1939年11月14日乘汽车从昆明出发，正式开启了东南亚、南亚之旅，访问团先后参访了缅甸、印度、锡兰、新加坡、马来亚等英属殖民地国家和地区，历时近五个月，行程一万多公里。太虚于1940年5月4日在越南河内乘坐欧亚航空公司的航班回到昆明，圆满结束访问行程。这次访问的行程因东南亚的情势而有所变动，由于銮披汶内阁进一步靠拢日本，暹罗全境排华运动已愈演愈烈，中国佛教访问团原定访问暹罗的计划不得不临时取消。考虑到参访的现实需要，访问团成员也呈现了动态变化，慈航、惟幻是从香港出发到缅甸仰光会合的，念慈是行程快结束时才从暹罗抵达新加坡的，而翻译陈定谟则在缅甸行程完成后即取道回国。因此全程伴随太虚大师访问的是苇舫法师和随员王永良。太虚率领的中国佛教访问团一路风尘仆仆、马不停蹄，深入、广泛地接触东南亚及南亚各界，文化交流活动丰富多彩、形式多样，兹撮其要分述如下。

（一）缅甸

缅甸是中国佛教访问团的第一站，也是滇缅公路的关键所在，缅甸之行在整个行程中举足轻重。中国佛教访问团在腊戌、曼德勒、仰光、眉苗、毛淡棉、吉桃等主要城市深入地接触了缅甸的政界、宗教界和华侨华人社会人士，达到预期的宣传效果。

太虚大师率领的中国佛教访问团在缅甸受到社会各界的热烈欢迎。在腊戌，当地县政府组织佛教团体举行了隆重的欢迎会。当访问团到达缅甸的佛教中心、缅京古都曼德勒（瓦城）时，当地两千多名僧侣和一万多名缅华印三族群众遵从古礼迎请太虚一行，"万人空巷，全京震动"，太

---

① 苇舫：《佛教访问团日记》，《太虚大师全集第十九编·文丛》。

虚有诗记其盛况："下山车似龙归海，迎塔僧如岫如云。金地传承阿育化，瓦城犹见佛仪存。"① 12月10日，访问团乘坐火车到达仰光，受到当地政府和各界盛况空前的热烈欢迎，苇舫的《佛教访问团日记》详细地描述了当时游行欢迎的盛景：整座城市俨如狂欢节庆，到处锣鼓喧天，升旗结彩，当地政府和仰光各界精心组织了盛大的欢迎仪式，太虚乘坐的花车由数十辆缅僧及华人的汽车开道，当地三万名市民盛装游行，队伍绵延两英里，远近数十万名群众争睹太虚大师风采，跟随游行队伍行进到大金塔。② 缅甸首相宇勃、森林部部长宇素、仰光市长和前市长及商业界、宗教界、学界和华人团体四十多名要人于当天下午在协德园举行了高规格的欢迎茶会，国民政府外交部次长曾镕甫、驻仰光总领事荣宝礼陪同出席。12月17日，太虚一行参加了在缅甸的印度沙巴欢迎会，缅甸首相宇勃再度莅临会场。在缅甸其他地方如毛淡棉和吉桃，太虚一行所到之处也同样受到当地各界的热烈欢迎和热情款待。

在缅甸访问期间，太虚一行与当地政界有广泛的接触和交流。他们受到了缅甸首相宇勃两度接见，还会晤了前首相答貌、缅甸森林部部长、税务部部长、上议院议员、最高检察官、仰光市长及腊戍、曼德勒等地官员。太虚向他们表达了中缅人民友好的愿望和中国抗战必胜的信心，揭露了日本帝国主义的侵略行径。他们还瞻仰了已故缅甸独立运动领袖宇屋达马的灵塔。

太虚一行在缅甸最主要的是开展佛教交流活动，这方面的成果也最丰硕。在腊戍，太虚晤见了当地佛教主席宇炳那沙美，商谈中缅佛教互派留学僧事宜；在曼德勒，他拜见了缅甸僧王达道那，访问曼德勒僧人青年会；在仰光，太虚一行受到全体僧团的欢迎，他会见了缅甸长老大法师阿兰陀耶和高僧释加巴拉，应邀赴仰光大学、缅甸佛教会、仰光佛学会和佛学青年会发表佛学演讲，与英籍、缅籍佛教学者开展宗教学术交流。太虚大师此次出访，特地从中国带来了舍利圣物奉送给缅甸，当地举行了隆重的迎请仪式，这座银舍利塔被供奉于仰光大金塔里。访问团利用缅甸之行

---

① 太虚:《抵缅京受僧俗迎接》,《太虚大师全集第十九编·潮音草舍诗存续集》。
② 苇舫:《佛教访问团日记》,《太虚大师全集第十九编·文丛》。

的便利，参观了各地著名的佛寺古塔，包括曼德勒大铜佛、勃固大卧佛、仰光大金塔、吉桃的灵石佛塔等，加深了对缅甸佛教的了解。作为一位杰出的佛教改革家，太虚对佛教信仰在缅甸的普及和严格的僧团训练深有感触，他希望能借鉴缅甸佛教来改良中国的寺院制度，他主张增派汉地僧侣到缅甸学习巴利文佛典，倡议设立巴利文学院、创办中缅佛教杂志，同时也希望推动中国大乘佛教在缅甸的传播。

访问团在缅甸受到了当地广大华侨华人的热烈欢迎，得到了当地华侨的热情帮助，也进一步密切了国内与华侨社会的联系与交往。访问团在缅甸的行程由福建籍侨领丘贻厥精心策划安排，他们广泛地走访了南渡炼银厂、福建公司、广东公司、仰光乐天社、培华学校、毓英学校等当地侨企、侨社，接见当地各阶层的华侨人士。在演讲和座谈中，太虚介绍了国内的抗战形势，鼓励缅甸的华侨华人社会继续支持祖国抗战，勉励华侨青年积极融入当地社会，学习佛法，为中缅人民友谊和文化交流做出贡献。在仰光乐天社演讲时，太虚指出："中国抗战胜利，极有把握，但是建国的成功，尚待青年人不断的努力。这是我对于中国前途的希望，今天特别提出来贡献各位，互相勉励。"① 从苇舫的《佛教访问团日记》记载的内容看，太虚一行的访问对缅甸华侨华人社会的团结起着重要的作用。

(二) 印度

中国佛教代表团于1940年1月9日结束对缅甸的访问，登船前往印度。1月11日抵达加尔各答，受到当地佛教团体、学术机构和华侨社团二百多人的热烈欢迎。太虚一行在加尔各答的行程安排丰富而紧凑，其给重庆国民政府中央宣传部的电文言："本团抵加尔各答，备承摩诃菩提会、旅印全侨欢迎会、总领事馆茶会、孟加拉全省佛教会、孟加拉王摩诃纳甲太戈尔欢迎会、钜商贝纳欢迎会、印度文化协会欢迎会，及国民大会领袖波史先生等欢宴。昨日由加来国际大学，承泰戈尔先生在校举行盛大欢迎会，曾与波史、泰戈尔两先生畅谈，均谓印度全民族对中国有深切之同情，嘱为转达国人。"② 随后，太虚一行沿着印度的佛教圣地参访游览，

---

① 太虚：《中国前途的希望》，《太虚大师全集第十八编·讲演》。
② 苇舫：《佛教访问团日记》，《太虚大师全集第十九编·文丛》。

既广泛地接触印度各界,努力开展反侵略求和平的宣传,又借此展开了佛教朝圣之旅,他们参拜了佛陀诞生地蓝比尼、成道地菩提伽耶、初转法轮地鹿野苑、涅槃地拘尸那罗和灵鹫峰、舍卫城、阿育王石柱和那烂陀遗址等名胜,在这些佛教圣地的瞻礼中体会佛陀的教言、摄受佛陀的加持,并祈求弥消兵劫,召唤世界和平。

太虚一行见到了印度杰出的民族解放运动领袖波史、尼赫鲁、甘地和著名诗人泰戈尔,可以说是其印度之行最重要的收获。波史(即苏巴斯·钱德拉·鲍斯),印度政治家和社会活动家,国大党左派的领袖,1938年1月当选为印度国大党主席。鲍斯此时尚未归附日本(1943年10月,他在新加坡宣布成立"自由印度临时政府",最终沦为日本侵略亚洲的工具),他在与太虚的谈话中表达了对中国的抗战事业的同情和支持。尼赫鲁则于1938年9月访问过中国,了解中国抗战情形,他和太虚就中国抗战、民族复兴、国家的精神文化建设及宗教学术交流等问题进行了较为深入的讨论,双方坦率诚恳,气氛融洽。尼赫鲁对太虚说,近代以来中印两国有共同的命运,"这次中国不幸,遭受日本军阀侵略,可是中印两国,确在这种恶劣环境下结合",他对日本侵略中国义愤填膺,声言"应该投几个炸弹给东京、大阪,教日本人尝一下侵略的血腥味"。[①] 他主张两国应该致力于民族复兴,并对世界和平做出贡献。他还就中印学会的学术交流活动提出建议,并希望能派一个印度妇女代表团到中国声援抗战。1月17日,太虚到印度国际大学拜谒泰戈尔。泰戈尔曾于1924年访问中国,对中国文化有很深的感情,他1934年成立了印中学会,致力于中印文化学术交流,又于1937年在其主持的国际大学设立了中国学院,任命谭云山为院长。在国际大学举行的欢迎中国佛教访问团招待会由泰戈尔亲自主持,泰戈尔在致辞中回顾了古代中印高僧的交往,表达了对中国抗战事业的深切同情。欢迎会后,太虚一行还应邀到泰戈尔家中畅谈佛教的复兴,泰戈尔表示中国抗战胜利后他还想再次访问中国。2月13日,太虚一行在谭云山院长的陪同下拜见了圣雄甘地。太虚表达了对甘地的景仰之情,而这位倡导"非暴力运动"的印度民族解放运动领导人一边纺着纱

---

① 太虚:《在摩诃菩提学会与尼赫鲁先生谈话》,《太虚大师全集第十七编·酬对》。

一边和中国佛教访问团谈话。此时的甘地虽不主张"以暴抗暴",但也对正遭受日本侵略的中国人民深表同情。值得一提的是,访问团所经之处常有日本僧人出现,太虚总是能择机地对之进行劝导、诫勉乃至训斥。如1月27日,太虚在灵鹫峰菩提场参访时遇见日僧行辽,他义正词严地正告该日僧:"这次中日战争,完全出于日本军阀的妄狂!中国并没有一兵一卒到日本领土。希望能将中国的实情,转达日本有识人士,一致起来,打倒军阀,这才可以救日本皇室,也就是救日本人民。"[①]

在印度访问期间,太虚一行还广泛接触了当地的佛教、印度教、耆那教乃至新兴的通神教组织,参加摩诃菩提学会、拉麻克利西拿教总会、孟加拉佛教会举行的欢迎会并发表演讲,加深了中国佛教与印度诸种宗教的交流和了解。同时,访问团也和四邑会馆、会宁会馆、南顺会馆、东安会馆所属的印度华侨团体有深入的互动交流。

(三)锡兰

太虚一行于2月24日抵达锡兰科伦坡。他们在锡兰停留了一个月,整个行程可谓丰富而充实。锡兰位于印度次大陆边缘,是由英国直接控制的直辖殖民地,大部分人信仰上座部佛教,是巴利文佛教的中心,佛教胜迹不计其数。中国佛教访问团一踏上锡兰的土地,就感受到当地社会各界的热情和诚意。

在锡兰访问期间,太虚一行尽管不像在缅甸和印度那样结识了许多著名的政治家,但他们同样受到当地政界高规格的欢迎。锡兰首相借铁拉下亲自率领科伦坡市长及其他政要到码头迎接,首相本人后来又多次和访问团见面,体现了英属锡兰政府对太虚访问的重视。访问团所到之处,当地市政厅都要举行隆重的欢迎会,参加者达千人之众。

锡兰佛教界对太虚一行的盛情欢迎和款待,显然超过了缅甸和印度佛教界。麻里卡坎达最高巴利文学院召集的僧俗欢迎会,出席的僧俗有一万多人;全锡兰佛教徒大会欢迎会,也有一万多人参加;比丘大会欢迎会,一千多人参加;莫拉都市佛教大学欢迎会,参加的僧众三百多人,市民八九千人。科伦坡古佛寺提灯欢迎会,也有八九千人。这些欢迎会规模之盛

[①] 太虚:《在菩提场告日僧行辽》,《太虚大师全集第十七编·酬对》。

大、场面之热烈确实让访问团感受到锡兰佛教界的真诚和友好。其间,太虚还和锡兰佛教徒大会主席马拉拉舍扣喇博士、摩诃菩提会拉甲、佛教监督金刚智博士等佛学人士探讨学术问题。访问团同时也参访了阿难陀学校、吠陀卡女校、达磨波罗纪念学校等十多所佛教学校,对锡兰完善的佛教教育印象深刻。太虚一行还特地到锡兰古代文化的中心阿奴拉达坡拉和坎地(康提)朝圣,体会锡兰悠久灿烂的佛教史,追寻东晋高僧法显的足迹,并在坎地瞻礼佛牙舍利。

(四)马来亚、新加坡

中国佛教访问团原计划下一站到暹罗访问,但此时他们获电得知,暹罗情势骤变,銮披汶当局已进一步投靠日本,在国内掀起反华浪潮,逮捕了前代理中华总商会主席冯尔和。太虚一行及时应变,商决中止暹罗之行,遂转向星马地区宣教弘法。由于原行程中的马来亚和新加坡属于顺道过境,并没有与当地的英殖民当局事先联络,因此太虚一行的活动主要限于华侨社会。星马地区是华侨的传统聚居地,华侨人口比例高,20世纪30年代中期马来亚的华人数量已达当地总人口的33.9%。[1] 抗战爆发后,马来亚华侨积极响应号召,以多种方式为祖国抗战捐款捐物筹措军费,至1940年马来亚华侨义捐的款项达全部抗战军费的1/17[2],在陈嘉庚领导的"南侨总会"招募的3000多名"南侨机工"中英属马来亚华侨就占了近2/3。[3] 另外,马来亚华侨华人多来自闽粤,绝大部分信奉佛教,宗教活动活跃,因此,中国佛教访问团利用过境马来亚之机宣慰侨胞,也是应有之义。

太虚一行先抵达新加坡,在新加坡弘法的转道法师亲自到码头迎接,访问团驻锡龙山寺。随后,访问团参加了新加坡中华佛教会、天福宫佛教徒举行的欢迎会,晤见著名华侨企业家胡文虎,参观虎豹别墅及胡文虎兄弟经营的实业,参访转道法师创立的光明山普觉禅寺。之后又前往吉隆坡、槟城、马六甲等地参访,受到华侨居士林和佛教进智社的热烈欢迎,

---

[1] 林水檺、骆静山合编《马来西亚华人史》,马来西亚留台校友会联合会出版,1984,第38页。
[2] 许肖生:《马来亚华侨对祖国抗战的贡献》,《华南师范大学学报》1984年第4期。
[3] 夏玉清:《试论抗战时期"南侨机工"人数与构成》,《东南亚纵横》2015年第6期。

太虚在槟城极乐寺晤见在此弘化的老朋友会泉法师，并应邀在中正中学、静芳女校、中华佛教会、维多利亚纪念堂及星洲佛教会英文部发表演讲。太虚一行在星马的访问，尽管行程较为轻松，但也促进了他们对华侨社会的进一步了解，密切了星马华侨佛教界和祖国佛教的联系，同时增强了东南亚侨胞对抗战胜利的信心。

第四节　东南亚及南亚之行的意义及影响

太虚大师的东南亚及南亚之行是抗战时期一次重要的民间外交活动，对中国的抗战事业和对外交流产生了积极影响。1939年国际局势极为严峻，一方面是欧战爆发，英国对德宣战；另一方面是日本占领中国大片国土，进攻海南岛，严重威胁着西南交通生命线滇缅公路。英国对日本采取绥靖政策，而在东南亚及南亚地区，反抗英国殖民统治的民族解放运动风起云涌，其国内部分政治势力则投靠日本，反对殖民地当局支持中国抗战。正是在这种波诡云谲的复杂情势下，中国佛教访问团在缅甸、印度、锡兰等英属殖民地，利用佛教交流的有利平台，充分发挥了战时民间外交的特殊作用，取得了良好的成果，实现了预期的目标，为中国文化抗战写下了光彩的一页。作为一个佛教革命家，太虚在民族危亡之际，以出世之身，行入世事业，其东南亚及南亚之行的民间外交活动其功甚伟。

（一）展示了中国佛教的良好形象，揭露了日本军国主义的野心，表达了反侵略求和平的愿望，争取了东南亚及南亚各界对中国抗战的同情和支持。

太虚一行是中国僧人形象的优秀代表。太虚本人道行深厚、学识渊博、眼界开阔，既有刚直正义的道德品质，又能济世应物、广结善缘，所到之处深受当地社会各界的爱戴。访问团成员之慈航、苇舫、惟幻等诸僧是中国佛教的龙象之才，他们信仰坚笃、勇猛精进，又兼通中外佛学。太虚一行向东南亚及南亚各界展现了正义、担当、团结和自信的中国佛教徒形象，有力地驳斥了日本僧人肆意散布的"佛教在中国已被基督教灭亡"等谬论。

中国佛教访问团始终不忘此行的外交使命，广泛接触当地社会各界尤其是政界人士，利用座谈、演讲、访谈等途径，向东南亚及南亚社会介绍中国的抗战形势，谴责日本帝国主义的侵略，表达了反侵略求和平的愿望，努力争取他们对中国抗战的支持和声援。

访问团晤见了包括甘地、尼赫鲁、波史及缅甸、锡兰首相在内的政界重要人士，就中国抗战向他们广宣流布，获得了他们的同情、理解和支持。尼赫鲁明确表示支持中国抗战，并拟组织印度妇女代表团访华，波史也积极推动印度援华医疗队成行。面对当地佛教界，太虚善择时机地开展抗战宣传。如在和缅甸前宗教会议部长仑英博士的座谈中，太虚痛斥日本佛教界和军阀沆瀣一气，主张亚洲佛教界应联合起来给予抵制；在与高僧宇额卡达的谈话中，太虚也表达了对日本在亚洲侵略行径的谴责。这些缅僧对中国抗战深表同情关注之忱。

中国佛教代表团访问结束后不久，在各方的共同努力下，中国和缅甸、印度和锡兰之间的政府和民间外交明显加强，有力地促进了战时合作。1939 年 12 月 21 日，中缅文化协会成立；1940 年 12 月缅甸新闻记者代表团访华；1941 年 7 月 7 日，仰光缅中文化协会电慰中国抗战前线全体战士；1941 年 8 月，中国代表团访问缅甸。[①] 中国的抗战事业得到了印度各界更大的支持，当英国关闭滇缅公路三个月之际，尼赫鲁严厉谴责英国这一行为，他向中国人民保证"我们站在你们一边，不忘我们两国间新近铸成的密切联系"。[②] 1941 年 8 月，印度独立运动家、全印妇女协会副主席卡拉黛维夫人率领印度妇女代表团访问重庆，声援中国抗日斗争。锡兰也拟筹备成立类似中缅文化协会的组织——中锡文化协会。当然，太虚一行的东南亚及南亚之行尽管发挥了政治外交的作用，但毕竟属于民间外交，其对地缘政局的影响是有效的然而也是有限的，只能视为对政府外交的一种强化和特殊的补充。

（二）增进了中国佛教界与东南亚及南亚宗教界之间的相互了解，加强了汉地佛教与南传佛教的对话，推动了中国与东南亚及南亚的宗教文化交流。

---

① 详见昕匀《中缅文化协会大事记（1939.12—1942.3）》，《民国档案》2009 年第 4 期。
② 转引自林承节《印度国大党和印度人民对中国抗日战争的支持》，《南亚研究》1997 年第 1 期。

尽管历史上有法显、玄奘、义净等中国僧人赴东南亚及南亚求法，近代也有谭云山、黄茂林等人赴印度、锡兰等地学习佛法，开展宗教文化交流，但总体而言，长期以来由于地理的遥远及传承体系不同的原因，中国佛教界与东南亚及南亚宗教界之间、汉地佛教与南传佛教之间明显缺乏对话、交流和互动。中国佛教访问团的东南亚及南亚之行，既增进了当地佛教界对汉地大乘佛教的了解，也促进了中国佛教对南传佛教乃至印度教的深入认识，推动了世界两大佛教体系的沟通、交流和合作，在20世纪亚洲佛教交流史上具有深远意义。更重要的是，汉地佛教与南传佛教之间的这种交流和对话促进了中国与东南亚及南亚之间"佛教共同体"的形成，为政治外交奠定了广泛的民意基础。

太虚一行会晤了当地的佛教领袖、高僧、学者，也参访了各地的佛教组织、寺庙和学校，同时通过座谈、访谈和演讲等形式开展宗教文化交流。访问团向当地宗教界介绍了汉地佛教的情况，宣扬大乘佛教的殊胜义理，希望能把中国的大乘经典翻译到这些地区，同时他们也从南传佛教中发现了改革中国佛教可资借鉴的体制和经验。太虚认为，佛教在缅甸和锡兰有很高的地位，上层社会普遍信佛，大多男子有出家为僧的经历，民众重律仪讲礼貌，"吾人一入其邦，即觉其人民信仰佛教，非常诚恳而普遍，真有佛国风味！我觉得足为改革中国佛教之参考"。[①] 正是基于以上认识，太虚积极倡导在缅甸、印度、锡兰开设巴利文学院，互派传教师和留学僧，创办佛教杂志，建立国际性的佛教联合机构。其最直接成果是法舫西行。1941年，太虚大师在国民政府教育部的协助下，派遣其最亲近的法舫以传教师名义赴东南亚各国传教，并携达居、白慧二法师赴印度留学。达居在缅甸学习巴利文，法舫和白慧到印度国际大学学习梵文、巴利文佛法，法舫后来转往锡兰智严学院从事佛学研究，最终圆寂于锡兰大学任上。

（三）增强东南亚及南亚的华侨华人社会对祖国抗战胜利的信心，促进华侨华人社会的团结，推动华侨华人佛教的发展。

太虚一行所到之处受到当地华侨华人的热烈欢迎和衷心爱戴，他们在

---

① 太虚：《出国访问经过及世界三大文化之调和》，《太虚大师全集第十八编·讲演》。

紧张繁忙的外交活动之余，广泛深入接触华侨华人社会，参观华侨实业，访问华校华媒，发表演讲。在缅甸和马来亚、新加坡，华侨华人团体倾巢出动，积极协调，尽力保证访问顺利进行，也提高了华社的凝聚力。太虚向侨社宣介国内"团结一致以同御外侮，忍耐劳苦以努力建设，国内壮丁之普受军训为国出力"的抗战形势，赞扬了"海外侨胞之输财辅力为国效忠"的爱国精神，更着重褒显了南侨总会为抗战筹赈的巨大贡献，给当地华侨华人很大的鼓舞。

> 南侨筹赈总会的组织和工作，更是空前所未有的奇迹。以南洋包括马来亚、英荷属东印度、缅甸、暹罗、安南、菲律宾之广泛区域，散布以上各地之侨胞众多，约一千万以上，居然能在南侨总会组织下，成立普遍之组织。就我在缅甸游行之所见，竟普及了华侨所在的每一村镇，努力推行赈济祖国之工作，此乃空前难得之事！①

在缅甸，太虚一行鼓励华侨华人尤其是佛教青年积极融入当地社会，开展大小乘佛教交流。星马地区的华侨华人佛教已有良好基础，正如太虚所言："马来亚有华侨的僧寺、尼庵、斋堂四五百所，有规模较大的槟城极乐寺、佛学院，星洲双林寺、光明山等。更有星洲等处之中华佛教会、佛教居士林，及国际性的摩诃菩提社、星洲佛教会，及吉隆坡槟城的佛学进智社等新的组织。"② "近来南洋有佛教，十分之九是我们华侨的关系。"③ 太虚一行在星马参访佛寺，会晤僧俗，讲道弘法，为当地华社佛教的发展呐喊鼓劲。中国佛教访问团成员之一的慈航法师在结束东南亚及南亚行程之后即继续留在星马地区弘化，他驻锡马来亚、新加坡共八年，先后创办了星州菩提学院、槟城菩提学院，以及星洲、雪洲、怡保、槟城、马六甲、吉隆坡各地的佛学会，并发行《中国佛学》月刊，对南洋地区佛教的发展贡献甚大，这无疑是太虚东南亚及南亚之行的显著成果。值得一提的是，由于访问团的宣传和动员，缅甸华侨"倍增倾向祖国热

---

① 太虚：《南洋华侨与宗教》，《太虚大师全集第十八编·讲演》。
② 太虚：《南洋佛教会之展望》，《太虚大师全集第十八编·讲演》。
③ 太虚：《访问南方佛教国的临别赠言》，《太虚大师全集第十八编·讲演》。

诚",发起了抗战献车运动,有的"个人独献一车",有的捐献 10 部汽车。①

对于此次东南亚及南亚之行的深层动因,以及如何处置佛教之出世精神与抗战之间的关系,太虚在星洲接受《南洋商报》采访时明确给予充分揭示。

> 抗战建国,与降魔救世的宗旨,不但不相违,而且极相顺的。抗战并非以战争为本质,因为抵抗外来恶势力的侵略战争。非自己发动战争,故中国抗战,乃是为除掉战争,止息战争,而起来抵抗于战争。故抗战的本质,是自卫的,和平的,为保卫全国人民及世间人类正义和平幸福而动的。中国为保国家民族而自卫,为世界正义和平,有遮止罪恶、抵抗战争而应战,与阿罗汉之求解脱安宁不得不杀贼,佛之建立三宝不得不降魔,其精神正是一贯的。故宣扬佛法,不惟非降低抗战精神,而是促进增高抗战精神的。②

太虚大师深刻认识到中国抗日战争的正义性,他从佛教降魔救世、止息战争的教旨中获取投身抗战的精神力量,以佛子之身行士人之事,亦释亦儒,成为战时中国佛教界共纾国难的典范。

---

① 《佛教访问团总报告书》,《民国档案》1996 年第 3 期。
② 太虚:《佛教国家同情中国抗战》,《太虚大师全集第十七编·酬对》。

第五章　幽忧闲适两有之：刘节1939年日记解读

　　刘节（1901~1977），原名翰香，字子植，浙江永嘉人，著名历史学家。早年毕业于浙江省立第十中学，就读于上海私立南方大学哲学系，后转入上海国民大学哲学系。刘节家学渊远，幼承庭训，早岁立志献身于学术事业。其父刘景晨早年就读京师学堂，后投身新式教育活动，学术上承传乾嘉学派，苦心孤诣于乡邦文献，著有《中国文学变迁史略》一部，兼善诗文印谱。刘节1926年毕业于上海国民大学哲学系，同年以优异成绩考入清华大学国学研究院，师从王国维、梁启超、陈寅恪诸先生研习古代史，亲承传统士人教诲，并深受王、陈两氏之"独立之精神，自由之思想"影响，在史学观念上取法梁启超并有所创获，毕业不久即在中国古代史、古文字学、先秦诸子和史学史诸领域成就斐然，尤其是1927年撰成的《洪范疏证》受到学术界高度评价。抗战爆发后，刘节离开北京，南下到上海大夏大学任教，1938年底在中英庚款会资助下赴已迁往重庆的中央大学担任研究员。他于1939年1月1日从香港取道越南河内，辗转云南昆明赴重庆任职，其日记写作始于该日。山河沦陷，国事危急，跟随中国高等教育研究机构转迁西南的刘节与其他士人一样遭受了颠沛离乱之苦，他孑然飘零云贵川桂，为学术事业孜孜矻矻，其时身怀六甲的妻子钱澄困守浙江永嘉老家，关山阻隔，家书难抵，这种奔波流徙、家国萦怀的生活感受和精神痛苦成为刘节日记写作的动力。

　　1939年无疑是刘节的重大人生转折。战争一方面造成了中国知识分子转徙流离的苦难经验；另一方面又成就了这种人生经验的描述者和升华者，选择日记写作本身就是对这种独特人生经验的感悟、反思，以及对国家和个人前途的期待。在1939年日记的绪言里,刘节如是开篇:"今天是一九三九年的第一天,也是我改良更新的第一天。"① 这包含对即将到来的新生活的坚定态度,也透露了一种自我思想升华和积极行动的期许。中国士人被迫离开大都市,突然置身于迥然不同的中国西南边地,虽饱受羁旅离乱之苦和内心之忧,但也开阔了视野,丰富了自身的生命体验,强化了为民族保存血脉的文化使命感,这些错综复杂的情感此时自然喷薄而出。刘节近40年的日记文本中,1939年的日记最为完整、最为详尽,无论时局、学术、交谊、感想和日常生活,事无巨细均加以记载,为还原抗战时期中国知识分子的学术历程和心灵史提供了不可多得的宝贵资料。对于这一年漂泊不定的行踪,刘节1939年12月31日总结道:

> 一年以来经行之地计四省二外国附属地。本年一月一日至四日在香港,六日至九日在安南境。一月十二日至二十四日在云南昆明,二月一日至七月十六日在重庆,七月十九日至八月十五日在成都,又返至重庆,在重庆住十余日,于八月三十一日下午离重庆,计在四川省凡七阅月,为本年中居留最久之处。九月十二日上午抵广西宜山,十二月十二日早离宜山,整整三阅月,两次经贵阳,计共住六日,自十二月十四日抵贵州都匀县……(第196页)

刘节1938年12月15日告别家乡永嘉亲人,从香港取道越南经昆明赴重庆中央大学任职,1939年8月底离开重庆到广西宜山浙江大学任教,又于1939年12月14日随学校从广西宜山再迁贵州遵义途经都匀,整整一年间,他抛妻别雏,饱经漂泊困厄,忍受思亲之苦,又面临敌机轰炸、交通困难、物资匮乏。在这样的艰难环境下,刘节"以学问为大前提,虽万里奔波,一身独处,亦不觉其苦"(第196页),在起伏不定的羁旅生活中沉潜于历史与学术的深处,博览群奥、著书立说,在国史研究领域成绩斐然,同时又与抗战时期内迁到西南各地的师友、教授、学者交游广泛,建立了深厚的个人情谊,在相互切磋砥砺中开阔了学术视野,提升了

---

① 刘节:《刘节日记(1939—1977)》上册,大象出版社,2009,第3页。本章因日记原文引用较多,不再另作脚注,只在正文中标注所引页码。

学术见识。1939年日记还记录了刘节在辗转流徙过程中及治学之余游览西南边疆自然山水的经历，其抒情写景充满中国传统文人雅士的情趣，而日记里的那些诗歌习作和古诗鉴赏片段则体现了作者感时忧国的情怀和现代儒者的精神品格。

第一节 援史证今的学问之道

在中华民族艰危扰攘之际，作为历史学家和大学教授的刘节既心无旁骛、潜心治学，在历史研究上取得丰硕成果，又自觉追求经世致用，借古说今，以史学唤醒国民的民族精神、激发国民的爱国热忱，表现出一个正直的中国现代知识分子捍卫民族文化、再造民族精神的使命意识，充满了抗战历史学家的民族大义和社会良知，与太史公"以道自任"的史学风骨一脉相承。

刘节对学术研究有一种近乎信仰的献身精神，这既有家学的熏染，同时也与其在清华大学国学研究院深受王国维等诸先生的影响有关。陈寅恪认为王国维执着于理想，向往一种无功利、纯粹的生命学问，是死于其坚定的学术信仰的，王国维这种对学问殉道式的追求也正是刘节做学问的根基，刘节在12月29日的日记言及儒家的殉道情怀，也特别提到太史公，他写道："研究学问之道，最要者是有一种抱负，对学问应有一种感情——此感情与我之生命发生密切联系。孔子所谓造次必于是，颠沛必于是，此所谓是，即我所指之一种感情。太史公自叙中所论'其在斯乐'之斯，亦即此感情也。换而言之，即对学问有一种信仰是也。"（第195页）1939年的日记翔实记载了刘节读书、治学、考订、校雠、教学及著书立说的丰富历程，充分展示了一个历史学家在苦境中坚持学术探索的惊人毅力和激情。一年中，刘节阅读的古代文献有《左传》《汉书》《通鉴纪事本末》《段注说文解字》《说文诂林》《愙斋集古录》《逸周书》《殷墟书契前编》《甲骨文编》《黄季刚遗著》《满蒙古迹考》等凡二十多种，阅读的近现代中外学术论著有 D·Brooks 的《青年期心理学》、Henri See 的《历史之科学与哲学》、张君劢的《立国之道》、李璜的《历史学与社会科学》、陈兼善的《史前人类》以及杨宙康的《文化起源论》等十多种，其间撰写论文《历史与历史学家》和讲义《中国文化史大纲》，在广西宜山浙江大学开设"上古史""文字学""中国文化史"等课程，参加学术会议，开设历史讲座，如此可见其治学之勤劬、学问之渊博、成绩之卓然。刘节视学问为生命，即使身处1939年重庆"五三、五四"大轰炸的危险中，他仍坚持读书治学，其5月4日的日记写下这样一段话："上午读通鉴纪事本末，至刘氏据广州。十一时来警报，避入防空壕，十二时解除警报。下午稍休息到二时半，起阅通鉴纪事本末，至高氏据荆南。"其身处险境而对学问之专注与执着可见一斑。

李锦全、曾庆鉴等撰的《刘节传略》指出："他的学识渊博，擅长于中国文字学、古地理学、考古学、古代思想史和史学史，尤其对考论先秦古史问题和诸子的学术思想，取得较多成绩。"[①] 刘节1939年日记其实是一部充满学术创见的研究札记，反映了作者阐释和发现历史的逻辑及心理过程。其日记中的一些睿见，或读书偶得，或深思熟虑，都条分缕析、言之凿凿，许多成为其日后学术专著的基础。

刘节在先秦古史上的独特创见是人所共知的，他凭借自己在古文字学、古地理学和古器物学的知识优势，常常有新的发见。刘节日记里的学术创见比比皆是，且涉及诸多领域，需要分别专门进一步研究。兹仅略举一二，以概其余。如他3月17日读《左传》时，根据东南小国江、黄之属亦为嬴姓的史实，令人信服地得出了"秦、嬴"源自东方的结论（第50页）。他4月27日在日记中考辨了《左传》关于殷周两代的史料，大胆地推论出殷周的民族关系："虞为商祖，夏为周祖，虞商为东夷，与三苗及黎同族；夏周为西戎，与大室狄戎同种。大室者，即所谓伊雒之戎也。可见殷周两代之民族分布已甚复杂。"（第74页）此论点后来被他进一步演绎扩充至《中国古代宗族移殖史论》一书，其缜密的考论也得到学界的普遍认同。刘节与钱穆先生一样，对"本国以往历史"有一种"温情与敬意"，这与其说是他自身的历史志业所致，毋宁说是在外敌入侵、民族危亡之际一个历史学家对中华民族精神的崇敬和坚守。揆之于古

---

① 谭世宝：《名副其实的纯粹学者》，杨瑞津编《刘景程刘节纪念集》，香港出版社，2002，第153页。

史，刘节认为晋武帝尽管取放任政策而导致了十六国乱华之祸，但汉民族由此向南发展，开辟江南一带，使中国文化生出新的光彩（第163页），这种充满辩证思维的史观无疑避免了苛责古人的历史虚无主义，他提出了"重新估定旧文化之价值"（第169页），这显然蕴含复兴中华文化的深刻动意。同时，刘节将这种历史观升华到关涉人类幸福的高度，体现了他襟怀广大的历史哲学视野，正如他在2月27日的记载中所言的，"历史家应该有远大的眼光，为人类前途谋幸福"，历史应该"给人类一种理想的境界"。（第40页）

赴广西宜山浙江大学任教后，刘节自编《中国文化史大纲》，此时期在历史地理学方面用力最勤。他把历史地理学和文化地理学结合起来，宏观地考察了中国文化的地理变迁和区域影响，整体性把握了中华文化与异域文化交融而形成的"地方性"和"时代性"，彰显一种对于中华民族的自豪感和文化自信。在10月2日的日记里，刘节提纲挈领地概括了中华文化的历史播迁，字里行间闪现着对中华文化生命力度的尊仰——

> 余以为中国人活动区域以黄河流域中部为基础，逐渐至江汉流域及江淮流域。三国以后汉族才真正在江南发展，东晋以后政治势力始真及于交广，南朝渐稳固。隋唐两代南边逐渐至海外琼州，及贵州北部之遵义一带。五代十国中若湖南马殷之向今贵州东部，王审知之整理闽中，刘之理两广，闽广始渐同化于汉族文化……至于明代末叶，唐王、桂王至云南缅甸，中原文化始沾及西南矣。（第152页）

刘节治史，通古今之变，求经世致用，体现抗战时期中国士人以天下为己任的责任担当。他善于援史明志、以史证今，运用丰富的历史学知识和经验来审视抗战局势、臧否时人，以激发民族爱国精神。

当时泰国銮披汶当局在日本怂恿下提出了野心勃勃的"大泰主义"口号，宣传桂、滇为掸族故地，觊觎中国西南边疆。为了反对日本侵略者分化中华民族、维护中华民族团结抗战，著名历史学家顾颉刚于1939年2月在《益世报·边疆周刊》发表了《中华民族是一个》一文，坚决主张抛弃"五大民族"说法，提出了"中华民族是一个"的观点，随后著名思想家熊十力撰写了《中国历史讲话》，倡言"五族同源"。刘节秉持爱国与民族大义，利用自己的专业知识和学者身份，对这种旨在维护民族抗战大局的历史观给予积极回应。他读《汉书·匈奴传》，从民族同化的视角论证了"中华民族是一家"的史实。

> 吾谓中国之民族凡经三度之同化。其第一期为殷以前之鬼方猃狁，即传说中之夏民族，此周人之远祖也。其第二期为东夷民族，即甲骨文中所见之殷代。其第三期为西戎民族，即书传上所见之东西周、春秋战国。而汉人之大族，即经此三时期大同化而成也。（第62页）

刘节在这里强调的是中华民族不断同化"非我族类"而融合为一的历史进程，以此历史逻辑来印证当下国土之内包括桂、滇的诸民族都是"中华民族"的一部分，从而有力地驳斥了"大泰主义"的谬论。

1938年12月29日汪精卫发表"艳电"公开投敌，激起了全国人民的愤慨。刘节闻知汪精卫叛变，他当即在1939年1月1日的日记中，以一个历史学家鉴古察今、高瞻远瞩的史识预见了汪精卫集团覆灭的命运，并准确地推断中国加入世界反法西斯同盟的前景："知汪精卫主张对日议和，和议诚然不可，但汪氏之主张必定失败。中国之前途当会走上英美法集团里去，我认为这是最正当的步骤。"（第4页）刘节并不简单地将汪精卫的叛国归诸所谓的中国文人习气，他认为汪精卫一辈人之利欲熏心固然是事实，然而更关键的是汪逆对国际局势缺乏判断力和政治担当，对"日本人之侵略中国、欲置中国于万劫不复之地"懵然无知，从而走上叛国投敌的道路（第147页）。刘节以晚明历史为鉴，10月19日的日记指出汪精卫集团逆历史潮流而动，民心已丧，最终必然走向失败，表达了对民族抗战必胜的坚定信心。

> 阅清史纪事本末，明南渡三帝及监国鲁王，永历在桂、在滇先后凡十余年，而卒归灭亡，其最大原因为人心已去，当时人民无国家观念，民族思想实为最大原因，中日之战人心向背显而易见，伪组织自相倾轧，正如晚明诸臣之内讧，与我辈一致对日不可同日而语，汪精卫虽以中央权要而自感卖国，伪组织迄未成功，即此可知邪正是非已

久存人心，但求军事上有尺寸进展，暴日之倾倒，已属毫无疑问矣。（第160页）

对于此时岳父钱稻孙及其家眷之主动附逆，刘节深以为耻，并不留情面地给予谴责和声讨："今日得北平消息甚详：知钱宅诸内弟并入伪组织，钱公亦做了新民学院之副院长""钱宅二姨已挈全家到北平，（二姨夫）张恩龙亦同去，为之叹息久之，抗战期内中途落伍者不知凡几也。"（第12、14页）在民族大义面前，刘节爱憎分明，这正是中国传统士君子的崇高品格。1月6日，刘节乘船抵达越南海防港，在海关见到法国殖民者官员对旅客耀武扬威，他不禁感慨："未亡国已受此痛苦，不知向日人求和者，真不知是何心肝也。"（第7页）

刘节善于借古鉴今，发挥历史对现实的鉴戒作用，表达抗日爱国的思想。阅《通鉴纪事本末》，读到辽太宗攻克洛阳之后谓其左右曰"我不知中国人之难制如此"，刘节援此史料来指喻日本侵略者陷入中国人民游击战争之困境："正如今之游击队横行，日人无法荡平，发此慨叹之语也。"（第80页）可见其对共产党领导的抗日游击战争有所了解，也显示了他对持久战的坚定信心。后唐枢密使赵延寿兵败而附逆投降辽朝，而辽太宗反则鄙其行径，对群臣说中原城邑之废堕乃赵延寿之罪，刘节据此借题发挥："今之汉奸，日本之执政者视之，正亦如赵延寿也。岂不可怜哉！"（第80页）刘节对汉奸之唾弃跃然纸上，也体现了一个历史学家善于以古证今的睿智和见识。

第二节 以义相褒的交游之谊

在动荡的战争岁月，历经颠沛转徙的中国士人成为一个生命共同体，他们以"阐旧邦以辅新命"的历史责任，共同传承中华民族文化血脉，守望思想独立、学术自由的精神，同时也秉持以义相交、以友辅仁的君子之风广交四方同道，在流离漂泊的艰难环境中建立了深厚的情谊，士人之间这种相与莫逆的友谊凝聚了家国情怀，纾解了乡愁羁思，促进了学术进步和交流，构成了抗战时期中国知识分子独特的"心史"。

刘节1939年的日记极为完整详细地记录了自己一年的行迹与交游，为抗战时期患难与共的中国士人的心灵史、活动史和学术史留下了一份极为珍贵的历史文本。

1月12日刘节从越南抵达昆明，在昆明共停留十二天，其心情可谓心悦神怡，这一方面由于云南天朗气清、风景秀丽；另一方面更在于可于此探访前辈同侪、旧雨故交。在昆明的西南联大、云南大学和中央研究院有许多刘节的师友故旧。西南联大1938年8月从蒙自迁往昆明，刚刚任命清华大学校长梅贻琦为常务委员会主席，学校各项事业渐入正轨，会聚于此的教授学者极一时之盛。西南联大的知识分子群体中，既有刘节在清华大学国学院的老师陈寅恪及同窗浦江清，也有其当年在北京结识的著名历史学家钱穆、傅斯年和语言学家王力，云南大学则有故知顾颉刚。在这短短的十二天里，刘节除了乘兴游览昆明风光外，大多时间穿梭于大学和研究院之间，拜师访友，交相酬酢，感万里奔赴相遇之艰难，互诉文化振兴之怀抱。正如1月31日日记所言，他所经各地"相遇多年未见之朋友数人，亦颇能令人回忆往事而创造新环境之情志"。（第23页）

刘节一到昆明，即拜谒恩师陈寅恪。1926年刘节进入清华大学国学研究院，亲承陈师教诲，师生之间以学问道义相期，别后之情自然浓烈。1938年秋陈寅恪随学校南迁，1939年春英国牛津大学拟聘请他为汉学教授，并授予英国皇家学会研究员职称。1月1日刘节在香港特地拜访师母家，获悉"寅恪师下学期有英伦之行，该国大学聘为教授，年俸千镑，可谓丰矣"（第4页），虽然陈寅恪后来因欧战爆发未能成行，刘节对乃师前途的关心和挂念由此可见。在昆明期间，刘节四访陈寅恪师，其中一次不遇。师生相见，感怀万千，日记虽然未记载他们晤叙的细节，仅从1月15日的"谈甚久"三字即可体会到那种久别重逢、惊呼衷肠的情谊，他们还一起餐叙、访旧。两人相见之日虽屈指可数，然而师生深情已可窥见一斑。

在昆明，刘节还拜访钱穆、傅斯年、浦江清、顾颉刚、王力、梁思成、吴宓、魏建功，晤见张维华、李济、梁思永、吴金鼎等人。对于钱穆（宾四）的历史研究法，刘节其实并不认同，"宾四不知历史有考订史料与论次史迹之不同，故于考订派颇有微词，真非知历史者之言也"，（第

40页）然而这并未妨碍他们之间的友情，1月20日与钱穆相晤于柿花巷四号，"与宾四别后已二年，把晤甚欢"（第16页）。或许是爱屋及乌的缘故，他1月22日访顾颉刚，对其稳定的生活状态表达了欣慰之情，"颉刚所住之屋乃新造三间楼房，明窗净几，颇可读书。生此乱世，能得斯乐，亦至不易也"（第18页）。无论见到的是情真意笃的师友，还是萍水相逢的学者，刘节都满怀一种一期一会的心情与之交游酬酢，这是动荡的战争年代中国现代士人的为人之道和精神品质。

刘节1月23日离开昆明，经贵州一路颠簸，于31日抵达重庆。中央大学是民国时期中国最高学府，也是当时国立大学中系科设置最齐全、规模最大的大学，其学脉肇始于1902年的三江师范学堂，1928年在时任南京国民政府大学院院长蔡元培的支持下由"国立江苏大学"改称"国立中央大学"，1937年11月西迁到重庆沙坪坝，时任校长罗家伦。刘节是获得中英庚款会历史研究项目资助而来到重庆中央大学担任研究员的。中英庚款会全称"管理中英庚款董事会"，其主要职能为管理和分配英国"退还"的庚子赔款，1931年正式成立，隶属于行政院。根据中英双方的换文，英退还的庚款主要借充整理建筑铁路及经营其他生产事业，并支付年五厘利息，所得利息用于补助教育文化事业。[①] 杭立武任董事会总干事，傅斯年任史学组委员会主席委员。抗战爆发后，中英庚款会特设立讲座和研究项目用以资助安顿内迁的大学教授，刘节是得到了杭立武和傅斯年的大力举荐而来到中央大学的。刘节在重庆中央大学任职共五个半月，1939年暑假赴成都短期授课后再返重庆十余天，于8月31日离渝赴桂。在重庆中央大学期间，他专心读书治学、著书立说，也以热情坦诚的态度广泛交往学术同道、旧朋新友，与这些羁旅流落的故交新知抗论时务、切磋进道、酬酢唱和，使他孤身转徙的人生旅程增添了生命的亮色。他常感慨动荡岁月的人生际遇，极为珍惜这种人世情谊。2月12日的日记记下了在重庆邂逅同乡旧友那种恍若梦寐的情景："今天下午把晤同乡旧友甚多，胡然、胡非两弟兄，已十五年未见；叶溯中已十四年未见；其他如林秋

---

① 康兆庆：《科研资助的管理与运行机制研究——对抗战时期中英庚款会的回顾》，《科技管理研究》2016年第18期。

羲、陈逸云,皆中学时同学,已二十余年未见;其他如沈兼豪、姚昧莘两先生,皆父执。"(第31页)2月24日曰:"晚八时左右,袁翰青兄来访李景晟兄,相邀明日一同晚饭。十年未见,一朝相聚,如慰饥渴也。"(第39页)在重庆,与刘节交游较深的有:金毓黻、常任侠、缪凤林、宗白华、蒋复璁、傅斯年、滕固、胡小石,其中以金毓黻、常任侠和缪凤林三人关系最密、交情最笃。

金毓黻(1887~1962),字静庵,辽宁辽阳人,历史学家,1913年秋考入北京大学文科,毕业后曾任辽宁省政府秘书长、教育厅厅长,1936年任中央大学史学系教授,自1938年起兼任该系主任,学术上独专东北史,著有《奉天通志》《东北文献征略》《渤海国志长编》等。常任侠(1904~1996),艺术考古学家、东方艺术史研究专家、诗人,1928年入中央大学文学院,毕业后留校任教,后赴日本东京帝国大学研究东方艺术史,1938年春到武汉国民政府军委政治部三厅从事抗日文化宣传工作,1938年底随三厅转移重庆,任中英庚款董事会艺术考古员,兼任四川省立教育学院教授。缪凤林(1899~1959),字赞虞,浙江富阳人,1919年考入南京高等师范学校,毕业后曾任东北大学教授,自1928年起任中央大学教授,主要著作有《中国通史要略》《中国史论丛》《中国民族史》。

刘节和这三人在学术上可谓志同道合。金毓黻和缪凤林均曾在东北大学任过职,对东北民族史有共同爱好;常任侠和刘节同在中英庚款董事会服务,对汉代文物皆有浓烈兴趣。这四人在重庆确是形影相伴、亲密无间,刘节和金毓黻常常互相探讨东北民族史研究问题,有时刘节总是坐在一旁倾听金毓黻讲述在东北的生活和学术经历,他也积极参加常任侠的中国艺术史会举办的各种活动,与缪凤林则多是书籍往来、交相酬唱、酬论竟日。他们之间除了餐叙、访友、谈天等日常应酬外,还常常出于共同的学术志趣而到重庆野外访古问迹。刘节5月28日记载:

> 早五时五十分起,膳毕,常任侠来谈,与同访金静庵,坐谈久之,已十一时五十分,即与静庵、任侠同访缪赞虞。约赞虞同出,静庵约在秀野饭店午餐。毕,即同三人渡江,天气已甚热。过江后入山访盘溪古刻,赞虞为吾辈三人于石刻旁摄影二帧。出山,在盘溪之上

观学生辈在溪中游泳，下山在嘉陵江畔少憩，任侠即在江中游泳。（第90页）

他们此次郊游促成了重大的考古发现，被学界视为重庆现代考古之发端。常任侠《战云纪事》5月28日日记也有同样记载："上午，赴小龙坎至中央大学，约同刘节、金静安、缪凤林等人至秀野午餐，餐后渡江至盘溪，至发现汉阙处摄取照片。汉阙两侧，一为白虎像，一为人头蛇身像，人像手捧月轮，中有蟾蜍，盖象征玉兔太阴者也。又与近旁田垅，发现一画像石，为人首蛇身像，手捧日轮，中有金乌，盖与余前考画像相同云。"[1] 第二年，常任侠根据此线索在盘溪发现了著名的东汉无铭阙，轰动考古界。

刘节于1939年暑假赴成都作短期演讲，在蓉近一个月又与四川大学、金陵大学蒙文通、徐中舒、商承祚、常燕生等故交相与甚欢，其乐融融。

在广西宜山浙江大学，刘节和历史学家、古文学家缪钺（字彦威）以及地理学家、历史学家张其昀（字晓峰）过从最密，深得切磋之益，在教学、学术研究和生活上也得到他们的关怀和帮助。

缪钺（1904~1995），江苏溧阳人，生于直隶，1922年考入北京大学文科，抗战前曾任教于保定中学、河南大学中文系，1938年受聘于浙江大学中文系，出版有《元遗山年谱汇纂》《诗词散论》《杜牧诗选》《三国志选》《读史存稿》等十数种。张其昀（1900~1985），浙江宁波鄞县人，毕业于南京高等师范学校，与缪凤林同为柳诒徵高足弟子，后在上海商务印书馆、中央大学地理系任职，为中国人文地理学的开山大师，1936年受聘为浙江大学史地系教授兼主任、史地研究所所长，后又兼任文学院长，著有《中国地理学研究》《中国区域志》等。

缪钺曾于1931年在河南大学和刘节同事，张其昀则心折于刘节的历史地理学问，早有延揽之意。刘节赴浙江大学任职，得于缪钺和张晓峰的大力荐举，8月22日记载："晚得缪彦威、张晓峰电函，浙大聘余为史学教授，月薪叁百元。"（第132页）他于9月13日到浙大报到，翌日缪

---

[1] 常任侠：《战云纪事（常任侠日记1937-1945）》，海天出版社，1999，第192页。

钺、张其昀热情接待，为其接风洗尘。刘节赞张其昀"刚毅诚笃，友人中未有其比也"（第143页）"晓峰之学渊源浙东，于二顾黄全尤相近，加西洋科学知识，一现代有用之才也"（第145页），欣赏之情溢于言表。张其昀平易逊顺，虽然是史地系主任，对待刘节却惺惺相惜，引为知己，不但时常在家招待餐食，也常常与刘氏讨论时局及史地系的办学，可谓交情之厚、形骸不隔。只不过后来张其昀走上从政之路，逐渐和刘节关系疏远了。缪钺和刘节两人极为亲近，或结伴而行，或促膝谈学，醇厚的友谊让他们在漂泊羁旅的生活中多了一份欢乐和慰藉。缪钺是刘节的直言诤友，他把刘节引为同道，他们经常相互切磋砥砺，诗词唱和，两人光明磊落，毫无芥蒂。9月18日刘节在张其昀家用餐后，即来到缪钺住处与之畅谈诗道，缪氏对其诗作提出了尖锐批评。这天的日记写道："余于诗道颇思深入，今与彦威讨论，谓余诗缺少风华，亦至为中的。前在北平，谭季龙谓余缺少水性，其意与彦威之说实有相通之点。余之性情在诗文书法中所表现者沉着有力，而缺少潇洒流利之致，以后多读唐人诗，自料必有所成就。彦威谓陈盘之诗多佳句，学姜白石一派，余缺少正此耳。"（第146页）这则日记，言辞之间充满虚心、恳切和自知，透露出刘节光风霁月的襟怀，也显示了缪刘之间亲密无间的交谊。

刘节1939年日记共涉及内迁昆明、重庆、成都、宜山等地高校及研究机构的教授、学者多达150多人，他们之间错综而丰富的人生交集是身经流徙奔波的抗战时期中国士人忠贞爱国、奋厉有为、隆情高谊的缩影。

第三节 风雅兴寄的赤子诗心

刘节的业师王国维、梁启超和陈寅恪既是杰出的学者，在文学方面也是各擅胜场，王国维的词、梁启超和陈寅恪的诗在当时都已卓尔不群、别树一帜，也许是受诸位先生的熏染，刘节在治学之余常常以读诗写诗为娱。事实上，作诗填词是中国传统士大夫的基本修养和素质，有清一代乃至民国时期接受过传统人文教育的学者大多具备这种能力，即使是长期浸染西学的知识分子如陈独秀、吴宓也能写出优美的旧体诗词，因此作为一位既有家传之学又沾名师教泽的中国古代史专家，刘节之耽嗜诗词也就不足为怪。事实上，对于抗战时期漂泊流离的学者、教授而言，旧体诗词阅读与创作是他们寄寓家国情怀、纾解羁旅乡思，也是他们以诗自娱、以诗佐学的一种有效方式，同时也昭示着他们承传中国士人"以诗言志"的文学传统。

在重庆中央大学期间刘节读诗写诗最勤。抵达重庆第二天下午，他不待生活安顿就开始读元好问的律诗数十首（第24页），自此一发不可收，在严谨治学之余广泛涉猎李白、杜甫、白居易、韦应物、杜牧、李商隐、苏轼、姜白石、元好问等诸家作品，吟咏玩味，品鉴比照，有时与自己的史学研究相映发。刘节自己也常常有感而发、拈笔成诗，并与友朋诸子酬唱切磋，从中不难窥见其精神世界的抱负寄托和美学情趣。

这些诗人中，刘节最服膺杜甫。1939年的日记显示，刘节读杜诗的时间最长，涉及的作品最多，研习也最深，还专门精读了清代钱谦益《钱注杜诗》，对该书以史证诗的方法和关于地理、职官、典章制度等的笺注十分赞赏。在成都，他还结识了著名杜甫研究专家、诗人彭举，向其请益杜诗鉴赏之道。对于杜诗，他不但能熟读成诵，而且具有很高的鉴赏能力，无论是对杜诗整体思想艺术风格的把握，还是将之与其他诗作的比照品鉴，都颇有见地。他说杜甫有"敦厚苍劲之气"（第29页）"胸襟阔大，情长意远"，（第53页）认为杜诗的思想艺术境界是历代其他诗人难以企及的。刘节认识到，杜甫为足令百代仰止的圭臬，其诗歌让李白、白居易、杜牧、李商隐、苏轼望尘莫及。他的日记分别记录了读诗感想，其独尊杜诗的倾向十分突出：

> 晚读李义山、杜牧之七律，义山学杜甫真能自成一格，然其平俗者，亦真乏味。如春日寄怀之类，律诗滥调皆从此出。杜牧之学老杜得其雄气，而终成俗调，佳处远不如义山，惟偶有波澜壮阔之境耳。（第75页）

> 李太白之诗有继往之力，无开创之功，此所以不及杜甫也。今日所读之诗，若蜀道难、将进酒、乌夜啼、马栖曲、行路难、长相思，皆于乐府中出，而青胜于蓝矣。以较杜甫之兵车行、丽人行、哀王

> 孙、哀江头，相去远矣。（第77页）
>
> 李白之诗出自楚辞及古乐府，格调模古者多，自创者少，此所以不及杜甫也。（第84页）
>
> 白（居易）诗圆熟过于李杜，其弊必至太俗。（第91页）

刘节之所以对杜甫情有独钟，当有其深刻的内在动因。冯至在《杜甫和我们的时代》一文中道出了抗战时代中国知识分子尊崇杜甫的深刻缘由："抗战以来，无人不直接或间接地尝到日本侵略者给中国带来的痛苦，这时再打开杜诗来读，因为亲身的体验，自然更能深一层地认识。"[①]首先是杜甫诗歌感时忧国的现实主义精神。杜甫生活在唐朝由盛转衰的历史时期，其诗多涉笔社会动荡、政治黑暗、人民疾苦，表达了深沉的忧患意识，其强烈的济世情怀和伟大的人格魅力成为抗战时期中国知识分子共赴国难的精神力量；其次是杜诗的漂泊离乱之痛。安史之乱爆发后，杜甫把家安置在鄜州，独自去投肃宗，"老妻寄异县，十口隔风雪"，后来又流寓四川，刘节此时的境遇与杜甫当年极为相似，他也抛妻别雏，孤身流落西南，家国沦落之痛以及对困居永嘉的妻儿的无尽思念使他对杜诗产生了心灵的共鸣。浙江永嘉屡遭轰炸，妻子钱澄临盆生产，而关山隔绝、团聚无期，让满怀内心之忧的刘节在杜诗中寻找慰藉，尤其是从中获取临难不惊、心忧家国的道德气象："忽忆昨日报载故乡又遭敌机轰炸，无心读书，乃取旧诗读之。"（第89页）当然，还有杜诗艺术上的"敦厚苍劲"也与刘节作为一个严谨沉厚的历史学家的性情极为契合，杜诗之"造句之刻细精致"则符合刘节之绵密微眇之审美理想。

值得注意的是，刘节之读杜诗，常常结合自己的史学研究进行考辨和阐发，这种融合审美和历史知识建构的诗歌鉴赏方式与仅仅将杜诗作为消遣性阅读的态度有所不同，展示了一个历史学家"以诗证史"的职业特点。如3月20日他读杜甫《西山三首》之"彝界荒山顶，蕃州积雪边"时认为，彝之本义为西南各民族的图腾，彝即夷；5月16日读杜诗《秋风二首》之"战自青羌连百蛮"时引证《水经注》《竹书纪年》史料，

[①] 冯至：《杜甫和我们的时代》，《冯至全集》第4卷，河北教育出版社，1999，第107页。

得出"蜀中皆羌民之苗裔,至六朝时犹然"的结论。这都显示了刘节融会文史、触类旁通的精深学养。

刘节自言从1939年开始学习写诗。他的诗坚持"感于哀乐,缘事而发"的现实主义精神,表达了忧国伤离、同仇敌忾的强烈感情,也展示了一个战时中国士人对于抗战必胜的坚定信心。该年他陆续创作古体诗四首,这些作品深郁沉雄,艺术上显然取法于杜诗。4月26日,刘节于乌江渡见到战马百余匹同渡江的情景,立即吟成七言古风《乌江渡头观战马渡江》。全诗雄健豪迈,气势奔放,笔力可追杜甫的《高都护骢马行》。"乌江渡头马嘶风,铁骑万里来自东",诗歌极力渲染乌江渡头江流滚滚、巉岩壁立的磅礴气象,凸显战马卓立天骨的刚健沉雄,看到这批战马即将开赴抗日战场,诗人寄寓了对于民族解放战争必胜的信念:"前驱杀敌从此起,临阵突兀成大功。"写于5月27日的七言排律《自堤坎入南泉》,诗人春日游览重庆花溪河,只见两岸连山,苍松翠竹,飞瀑出于其间,溪汀亭边有三五钓者静若宿鹭,如此春景,顿生羁旅之思,"春深花暖鸟声迟,蜀南久客生离思",而堤上烟雨蒙蒙、柳条婀娜,牵动着他绵绵不尽的家国兴亡之感,"故国山川何渺茫,可怜愁绕堤边树"。作于一个月后的七律《江头》有老杜之风,尤为沉郁深挚:"江头日日坐轻阴,愧对河山泪湿襟。客里思家怜节物,乱来无绪动愁吟。八千里路云和月,百二峰前风满林。珍重故园梁上燕,隔帘听雨梦秋衾。"这首诗充满浓郁感伤的忧国情怀和乡关之思,诗人身处流离羁途,回想山河破碎、故园邈邈,不禁黯然神伤。6月间他又吟成七律《铁鸟》,表达了对日本侵略者轰炸大后方暴行的控诉。刘节亲历了造成6000多人死伤的重庆"五三、五四"大轰炸,又常从报端得知故乡永嘉也屡次遭受敌机的疯狂蹂躏,《铁鸟》描写了日机轰炸后惨绝人寰的场景,"烟尘着处楼阴堕,血肉行看辇路分",这种"荒残莫认人间世"的惨景使他"掩涕不忘千劫恨",对侵略者的无比仇恨和愤怒溢于言表。尽管刘节对自己的古诗创作有自知之明,认为确实存在缪钺所批评的缺少风华潇洒之致,但他有时又自感自己的诗作已臻达传统诗道,尤其是得到陈寅恪师的赞誉之后。6月8日,他接到陈寅恪快信后在日记中写道,"余之情性,长于思考,静坐揣摩所得者,时常出人头地;而表现能力不精,故绘画诗文诸道皆不及人。今岁学为诗，所得七古二首，寅恪师以为不独文章之美，即修养亦不可及，此虽过誉，然谓我诗中，幽忧闲适两有之，确系事实，已得风人之旨"（第96页）。所谓的"得风人之旨"就是符合"感于哀乐，缘事而发"的现实主义精神和"乐而不淫，哀而不伤"的中和美学，这也许可看出刘节之承继中国传统儒家诗教的心志以及对自己诗歌的一种伦理及美学的期许吧。然而，从诗艺而言，刘节的古体诗在意象营造、含蓄蕴藉和起承转合方面确实尚存在着一些不足，"行有余力，则以学文"，不过古诗创作仅是其严谨治学、践履笃行之外的一种情志的遣寄，自然不能以文学家的标准去要求他了。

第四节 意趣横生的闲情逸致

抗战时期内迁西南的中国士人一方面经历了转徙漂泊的动荡生活，另一方面也因这种不断发生的空间置换而获得了前所未有的个体生命体验。他们离开熟悉的都市书房、亭子间和沙龙，走向了广袤的原野和乡村，千里迢迢奔赴大西南。在迁流播徙的过程中，中国知识分子置身于一个迥然不同的边疆世界，这里的山水、风物、民情使他们开阔了眼界，也启悟他们走向生命的更远更深处。在这个意义上说，西南边疆是抗战时期中国知识分子的精神家园。随之而来的是，国民政府加强了对西南边疆的管理和开发，组团赴各地考察；高校及学术团体研究机构创办《西南边疆》等专门杂志，开展以田野调查为中心的边疆研究。一时间，西南边疆成为多学科、多领域关注的焦点，也成为诸种叙事作品的主要题材。因此，这时期西南旅行记的勃兴也就不足为奇了。[①] 西南旅行记的撰者既有政治家、社会活动家，也有自然科学家、人文学者和作家。结集出版的有冯至的《山水》、罗常培的《蜀道难》、黄炎培的《蜀南三种》、吴瀛的《蜀西北纪行》等，至于散见于中国旅行社《旅行杂志》和各种报刊和文集的西南旅行记则不计其数。刘节没有专门撰写西南旅行记，但其日记中则随处

---

① 详见段美乔《试论抗战时期西南旅行记的勃兴》，《现代中国文化与文学》第7辑，巴蜀书社，2010。

可见描摹西南自然山川、叙写西南民族风情的文字，这些文字洋溢着对西南边疆山水自然的热情和挚爱，写景状物文笔生动优美，体现了中国现代士人的审美情趣，也是其表达个体生命体验和丰富心灵世界的重要组成部分。据钱穆回忆，他随北京大学辗转西迁，一路和同事饱览山川景色，到了昆明乡间后，"除晨晚散步外，尽日在楼上写《史纲》，入夜则看《清史稿》数卷，乃入睡。楼下泉声深夜愈响，每梦在苏锡乡下之水船中"，或"浓茶一壶，陶诗一册，反复朗诵，尽兴始去"。[1] 钱穆这样于阅读、写作的学术生活之余尽情地感受西南边地的风土人情、触悟审美智慧和人生情趣，这种精神轨迹在内迁的士人中具有普遍性。

与其他内迁到西南的知识分子一样，刘节对展现在眼前的广阔边疆世界充满了新奇感，这里处处可见重峦叠嶂、巨川飞瀑，山间绿树丛密，云彩变幻万千，美丽而广袤的土地上居住着诸多少数民族，族群杂处气习靡淳……这一切都让他有恍若隔世之感，更增加了体验其中的渴望。尽管此时他以孓然孤身漂泊西南，怀乡思亲心切，但这里奇崛的自然山水和绚丽的风土人情似乎也纾解了他那种强烈的忧闷，为他孤寂和刻板的生活增添了欢乐的亮彩。请看刘节1月31日日记的夫子自道：

> 山川风物，悉充满新意味，增加生活兴趣不少。尤其在战事以后，蛰居上海十余月，得此番远游，洗尽一切郁闷之情怀，甚为高兴。西南滇、黔、川各省，从前行旅所不至之地，此次均得身历其境……且边区风物如滇池、黔山、黄果树瀑布、蜀南山水，皆天下大观，颇能益人心智。（第23页）

一年来，他旅经滇、黔、川、桂四省，既饱览了沿途景色迥异的自然风光，也有生活安定之后登山临水、访古畅游的体验，鸡足山、滇池、青城山、乌江、缙云山等名胜都留下了他的足迹。西南各省中，刘节最喜四川，他归结其理由有三：气候温和、民俗简朴和山川秀丽（第122页）。每到一地，若有奇山异水，他必能游目骋怀，身心俱忘，像中国传统士人那样沉浸其中，甚至流露出一丝难得的隐逸之情。他对杜甫入川后那些抒

---

[1] 钱穆：《八十忆双亲·师友杂忆》，生活·读书·新知三联书店，2018，第226页。

写山水自然和鸟兽虫鱼的诗篇十分欣赏，认为老杜对万物有同情心，善于体物写志；在成都读到蜀中诗人彭举的山水禅诗，其中的"我友白云期，遥遥久不至。日暮依禅关，怅望寒山翠"竟让他神思恍惚、浮想联翩（第132页）。日记中的山水小品里，这种追求心物两契的庄禅境界不时出现，如6月4日记录的访客所见，大有闲逸之风。

> 新雨之后，山树苍翠欲滴，循小径下望屋舍，意趣至为质朴，至门犬声猰猰，主人知有客来，招邀而入，小屋四间，纸窗竹帘，恍然尘外矣。（第94页）

嵌在刘节日记里的山水小品虽然短小，却可独立成篇，在艺术上赓续中国古典山水游记的审美格调，借景抒情，有自觉的意境追求，结构回环曲折，措辞明白晓畅，骈散兼美，深得欧阳修、苏轼山水散文之神韵，呈示了抗战期间偏居西南一隅的中国知识分子日常生活的一种闲适的情怀和机趣。兹先录一节作者游览云南鸡足山的描写，显然是一篇优秀的美文。

> 在草湖中舟行二小时，始抵三清阁之麓。循山麓拾级而登，可四五百磴即入三清阁。山中树木葱郁，梅花盛开，冷香四溢，为斯山特色。自三清再上，可百许磴，抵龙门，龙门自数百尺悬岩上凿空而出，才可通人，凭石栏望滇池，霞光泛海，是一奇观。下三清阁，向西大道行二里许，为太华寺。寺中多花林，山茶花、玉兰花、梅花皆盛开。山茶树高可二丈，笼盖一庭，生平所未见。（第15页）

抗战时期的边疆研究聚焦于现实的生产生活、区域政治和民族关系，有关学者利用有利条件开展范围广泛的田野调查，对于西南的自然地理及社会生活进行了深入的研讨，在人类学、地质学、社会学、民族学和政治学诸领域收获颇丰，学术实绩显著。作为一个长期沉浸于先秦古代民族关系的历史学家，刘节显然对西南各民族的生活现状十分隔膜，日记中鲜见关于西南边疆民情民性的学理性思考和判断，仅仅记录一点浮光掠影式的直观感受，其中一些观点过于随意甚至武断，或许会给人留下轻视西南民族之印象。如他说：昆明一带的民众慵懒，自视甚高，极为排外，大半土人皆有烟瘾，"如此人民，与外来优秀之士相处日久，当难逃优胜劣败之原则也"（第18页），而贵州人则十之九食鸦片，人奇拙，不知稼穑，男人大半懒惰，亦西南落伍民族之一也（第21页）。这些言论当然不合时宜，也与战时的边疆政策相悖，好在只是存在于属于私密性的日记文本中。随着对西南了解的逐渐深入，刘节的看法也有所改变，如7月18日的日记是这样描写四川资阳县城的："资阳在川东为一小县，人口不及二万人，而市街井然，屋宇洁净，穆为黉舍，令人起敬。"（第115页）虽未涉及当地民情，却也自然地流露出对西南人民讲秩序、守纪律的敬意。

正如当时亲历者所言："从1939年初，物价先是以直线速度增长，继而很快地以几何曲线速度增长。"[1] 刘节日记不少地方还记载了战时物价情况。大批军民随国府内迁，物价飞涨，民生维艰，尤其是从1939年开始物价更是扶摇直上，公教人员苦不堪言，日记对此也有详细的反映，这些记录为抗战社会经济史提供最原始的佐证。有些涉及日常生活细节的文字充满情趣，令人粲然一笑。兹录两则作者在重庆中央大学时的记录：

> 在城内购买杂物数种，洋钉一毛钱一两，牛皮纸三毛钱一张，皆超出旧时数倍以上。至"白玫瑰"饮茶一杯，枣糕两片。然后至老街候工校汽车，五时十分开行，至小龙坑，车机坏，乃步行回校。已过六点钟，在厨房买得蛋炒饭一碗，花洋三毛。（第26页）
>
> 晚至新新餐馆用膳，西米莲子一碗，花卷三方，国币一元二角七分，可谓贵矣。（第135页）

对于抗战时期许多内迁的士人而言，刘节的人生经验无疑具有典型意义。他与其他知识分子一样怀抱保存民族文化血脉的使命，远离故土，别妇抛雏，随高校不断地颠沛转徙于西南。他以发覆民族学术为职志，扬其所长，学以致用，从中国历史经验中洞察到支撑这场民族解放战争的文化根脉，并给予民族必胜的乐观期许，这种中国现代士人的精神特质在钱

---

[1] 汤佩松：《为接朝霞顾夕阳——一个生理学科学家的回忆录》，科学出版社，1998，第101页。

穆、唐君毅、冯友兰乃至沈从文等无数经历了这种迁徙的士人身上也得以显现。刘节走出了书斋，在大西南的山水和风俗世界中感受、体验和证悟，从中提举出与当年的都市生活迥然有异的精神境界，他和他的同行者这些关于自然、历史、社会和人生的情趣和理趣大大丰富了战时中国文化的思想内容，也给民族文化的复兴提供了新生命。

第六章　乡土社会与人生体验：废名在故乡的精神之旅

随着大片国土沦丧，流离转徙已成为战时中国士人的生活常态。对于那些在高等教育机构营职的知识分子而言，因学校不断迁徙而造成的动荡流离无疑是一种基本的生存状态和生活方式。抗战爆发初期，中国一百多所高校有些遭到严重破坏而陷入停顿，更多的则是转迁内地坚持办学，在战火中弦歌不辍。1937年至1939年是高校内迁的关键时期。1937年8月28日，国民政府教育部授函南开大学校长张伯苓、清华大学校长梅贻琦和北京大学校长蒋梦麟，指定三人分任长沙临时大学筹备委员会委员，三校在长沙合并组成长沙临时大学，并于当年11月1日正式上课，1938年2月中旬，长沙临大开始迁徙昆明，5月4日国立西南联合大学正式开课。其他包括国立中央大学、国立山东大学等高校也迁往西南。在艰苦卓绝的环境中，中国知识分子以保全民族文脉为己任，铸就了中国教育史上的奇迹。

大批作家也漂泊到西南，有些寄身于高校体制（如沈从文、冯至），有些在抗战文化机构任职（如老舍、田汉），有些则以创办文学刊物为业（如胡风、张恨水）。这场中国作家群体空前的大迁徙显然不但造成了中国文学格局的骤然陡变，而且改写和丰富了中国作家的生活历程和生命体验。对于战时中国作家因地理空间置换而产生的精神蜕变，学界已有不少论述。范智红在《世变缘常——四十年代小说论》一书里写道："这种迁徙不只意味着生活空间的置换，由这空间置换引起的，首先可能是有关时代、民族、政治的激情，但同时也许会经由都市/乡村的错综经验而发现自然与生命原有的乐趣和庄严。"① 孔范今先生也从20世纪中国文学史的宏观视角考察战时中国作家的精神历程,他认为这些在烽火中流徙不居的作家不满足于社会现实的单面叙述,"而是沉入人生深处,寻求生命博大深邃的丰富性"。② 事实上,战时因地理空间置换而产生的这种精神变化并不单发生于那些跟随政治文化机构内迁至大后方的中国作家身上,某些游离于体制外的作家个体也充分展现了这种鲜明的特质,究其原因在于这些"脱轨"的作家个体同样经历了罗荪所言的"从他们的书房、亭子间、沙龙、咖啡店中解放出来,从他们生活习惯的都市,走向了农村城镇,走向了人民所在的场所"的生命体验旅程。③ 而且更重要的是,这些独行侠般的个体由于疏离大后方的作家社会,独自突进于另一种乡野之间,因而有可能趋避大后方那种相较而言更为整一的作家生活情态,而从自己特立独行的人生经验中升华出别样的生命形态。废名显然是这类独行侠作家中一个独特而鲜明的存在。废名这位来自湖北黄梅的作家,性格十分内向,天性桀骜不驯,他1922年以小学教师的身份考上北京大学预科英文班,初步显露出文学的才华。在北大期间,他广泛汲取西方文艺营养,大量阅读塞万提斯、莎士比亚、乔治·艾略特的作品,同时结识了周作人、梁遇春、冯至等作家,逐渐形成了自己的审美理想和艺术趣味,并开始文学创作,在战前陆续出版了《竹林的故事》《桃园》等小说集。1929年废名从北京大学英国文学系毕业后,因学术与创作兼善,遂被聘为北京大学中国文学系讲师,讲授"散文习作"和"现代文艺"等课程。废名一生虽与北京大学有着不解之缘,但两者之间的分合离聚也耐人寻味,这其中的缘由既有时运也关性格。除了1952年因全国院校调整,废名被分调到东北人民大学(现吉林大学)外,他与北大还有两次的分道扬镳。第一次是从北大退学。1927年6月,张作霖在北京就任北洋军政府陆海军大元帅,组成北洋军阀统治时期最后一届内阁,随后解散北京大学,改组京师大学堂,未续聘周作人,时在北大英国文学系念本科的废名因之愤而退学,卜居西山,虽有莎翁和塞万提斯作品为伴,生活却十分困顿,待周氏

---

① 范智红:《世变缘常——四十年代小说论》,人民文学出版社,2002,第11页。
② 孔范今主编《二十世纪中国文学史》,山东文艺出版社,1997,第855页。
③ 罗荪:《抗战文艺运动鸟瞰》,1940年1月《文学月报》第1卷第1期。

再受聘后乃复学。第二次则发生在1937年抗战爆发时。当时北京大学决议分西北、西南两路内迁,副教授以上人员可随校迁徙,讲师以下人员则发给补助,自谋出路。废名当时是讲师,因此失业。此次被北大遣送离弃直接导致了废名脱出原有的学术圈子和体制的轨道,使之无缘加入内迁的知识分子群体,最终也把他推向漫漫的返乡之旅。废名去职后先暂住雍和宫,1937年11月母亲亡故,他奔丧返黄梅故里,此时京津已陷落,上海经过历时三个月的淞沪会战后也被日军占领,北京至湖北的交通大乱,废名一路风尘颠沛,历尽艰辛回到黄梅。

与那些内迁到大后方的知识分子不同的是,废名不但失去了充满人文底蕴的大学学术氛围,不能再与同道们静心论学,而且与这些内迁知识分子在生活轨迹上可谓背道而驰了,然而这种分途一方面既使废名无缘于广袤大后方的人生经验,另一方面也让他在故乡亲历了异乎寻常的生命旅程。在国土沦丧、烽火连天的岁月,废名真正成为一个独行侠。这种独行侠身份不禁使人把他和堂吉诃德联系起来。事实上,废名对《堂吉诃德》情有独钟,当年从北大退学卜居西山读书时周作人向他推荐了这部小说,他沉浸其中并在人生态度和行为上对这位疯癫的理想主义英雄给予深切认同,后来的创作也接受了这部小说的影响,对此钱理群早在《丰富的痛苦:"堂吉诃德"与"哈姆雷特"的东移》中已有深入的论析。[①] 不过,对于返乡后废名的文化身份,如果仅仅用"吉诃德先生"进行隐喻式的指称,则未免过于简单化了。诚然,废名孤身一人返乡后,如中世纪骑士般怀揣理想主义,维护正义,同情弱者,也如堂吉诃德一样的心地善良、幽默可亲、学识渊博,然而他从没有脱离现实,也不丧失理性而盲目行动。作为一个深受西方文化和"五四"启蒙思潮熏染的现代士人,他的身上又打上乡土中国深刻的文化烙印,回到黄梅故乡后的废名实际上综合了现代知识分子、传统士绅、落魄文人及隐士等多重身份,这些身份复叠融合而形成了一种崭新的人生角色,废名正是以这种迥异于那些内迁大后方知识分子的新角色肇启他在故乡的人生体验的。1937年11月废名回到

---

① 详见钱理群《丰富的痛苦:"堂吉诃德"与"哈姆雷特"的东移》,时代文艺出版社,1993,第18页。

黄梅后不久，生活就面临诸多颠沛动荡。1938年夏，黄梅县城成为战场，废名家中洗劫一空，他携妻子儿女逃往南乡农家避难，后举家屡迁，分别担任黄梅县第二小学国文教师和黄梅县初级中学英文教师共达六年之久，并在乡间静心写成《阿赖耶识论》。日本投降后，他1946年春从山里返回黄梅县城，当年8月在俞平伯的举荐下受聘为北京大学国文系副教授，废名终于结束长达九年的故乡岁月。

1939年，废名39岁。这年夏天，日寇因飞机失事而大规模骚袭黄梅，身处山区的废名一家也不得安宁，时刻处于"跑反"[①]的惊恐状态之中。时局稍缓后，先是寄居东乡多云山距离五祖寺不远的程家新屋姑母家，并与友人同游五祖寺，这年中秋节后携妻儿赴西北乡金家寨，任黄梅县第二小学教员，月薪20元，先至蜡树窠，后借居停前龙锡桥一户农舍，开始潜心教学。除夕到紫云阁陪伴老父过年。因缺乏适合的小学教材，废名拟自写，总题目为"父亲做小孩子的时候"，后因工作量过大，仅撰毕《五祖寺》一文，改用教材编选的方式用以教学。[②]废名后来把这些经历详细地反映在他的自传体长篇小说《莫须有先生坐飞机以后》，这为研究废名的人生历程和心理变迁提供了丰富的素材和可靠的依据。

无论是从废名整个文学创作历程上看，还是从20世纪中国小说史的视域看，《莫须有先生坐飞机以后》无疑是一个极为独特而意味深长的文本。它皇皇20万言，小说绝大多数文字所记载的是废名1939年在黄梅的生活经历和思想轨迹，可以说，这部小说简直就是1939年黄梅的地方史和废名的个人心史。废名在1939年所经历的一切，举凡抗战时局、风土人情、世相伦理、家庭生活以及形而上的思索皆诉诸笔端。关于这部小说的主题动机及文体特征，学界已有的诸多论述尤其注重其对《堂吉诃德》在思想和艺术上的借鉴与移植。本文并无意探讨该小说与《堂吉诃德》的关系，而是着眼于这部自传体小说所叙述与描写的生活事相，通过对小说细节的解读、发掘和还原，力图揭示1939年废名在故乡黄梅的人生历程所体现出来的文化精神，从而为研究战时"另类"中国知识分子的生

---

① 解放前流行于苏、鄂、豫、皖一带的方言，指敌人来临之前先逃离居住地到别处躲藏，待安定后再返回。笔者注。
② 陈建军编著《废名年谱》，华中师范大学出版社，2003，第218页。

命形态和思想旨趣提供典型的样本。由于散文《五祖寺》是废名1939年仅见的文学作品，在思想内容上与《莫须有先生坐飞机以后》同出心源，因此也将之作为一个重要的文本加以阐释和讨论。

第一节 战争与乡野社会的"小历史"

与20世纪上半叶兴起的法国年鉴学派之建构"大历史"新体系不同的是，金兹堡等人倡导的微观史学极为重视和突出"小历史"书写，正如史家赵世瑜所言，所谓的"小历史"指的是："那些局部的历史，比如个人性的、地方性的历史；也是那些常态的历史，日常的、生活经历的历史，喜怒哀乐的历史，社会惯制的历史。"① "小历史"书写有助于弥补官方或学者"大历史"的不足，能凸显历史小个体的主体性，体现人民创造历史的唯物史观。学者认为小历史书写要坚持大众史学观，"一个人有自己的历史，一个家族有自己的历史，一个村落有自己的历史。确立大众史观，写平民，写普通人，是基本导向所在"。② 废名的《莫须有先生坐飞机以后》正是抗战时期"小历史"书写的杰作。这部作品与大多具有自传色彩的小说（如郁达夫的《沉沦》、巴金的《家》）明显不同，它不是把作者的故事投射到人物身上，不是在虚构的情节中隐藏或寄寓自己的人生经验，而是对发生在个人、家庭、社会和国家的历史真相的"实录"，其在时空、人物、事件的真实性和客观性，其对历史脉络和经纬的阐释，正符合梁启超关于历史的定义："史者何？记述人类社会赓续活动之体相，校其总成绩，求得其因果关系，以为现代一般人活动之资鉴也。"③ 莫须有先生者，废名本人也。小说其他人物和事件也都按照历史的书写方法照实录来，王夫之说："身之所历，目之所见，是铁门限。"④ 对于这部小说的历史真实性，废名在小说的"开场白"就开宗明义地写

---

① 赵世瑜:《小历史与大历史：区域社会史的理念、方法与实践》，生活·读书·新知三联书店，2006，第10页。
② 钱茂伟:《小历史书写理论与方法的研究》，《学术研究》2013年第11期。
③ 梁启超:《中国历史研究法》，上海世纪出版集团，2006，第8页。
④ 王夫之:《姜斋诗话》，丁福保编《清诗话》上册，上海古籍出版社，1978，第9页。

道，"若就事实说，则《莫须有先生坐飞机以后》完全是事实，其中五伦俱全""它可以说是历史"。① 只不过《莫须有先生坐飞机以后》写的是"小历史"，是关于战时黄梅民众的苦难、乡野社会的人际伦理、家庭日常生活等微小历史事相的"稗言"。以小说形式写成的小历史尤为难能可贵，在一定意义上它起着战时黄梅抗战史、风俗志和现代士人心态史的历史叙述功能，也因其不拘体例和叙事、抒情、议论融合的文本存在而使得这种小历史的书写显得摇曳多姿。

《莫须有先生坐飞机以后》以主人公的亲历经验讲述了1939年湖北黄梅民众遭受的战争灾难：兵燹交迫，日寇肆虐，当地人民流离失所，许多人被凌辱杀害。1938年日军以四个师团沿大别山麓进犯信阳，伺机切断平汉铁路，中国军队展开了历时四个多月的武汉保卫战。这一年7月26日，鄂东黄梅县小池口沦陷，8月4日黄梅县失守，日军得以侵入湖北，10月底武汉三镇陷落。1939年5月，日军为了消除鄂北、豫南方面中国军队对武汉的威胁，向湖北随州和枣阳地区发动进攻，"随枣会战"结束后又对黄梅县城乡进行了大规模的侵扰。"跑反"成为黄梅民众的家常便饭，他们在敌人来临之前，扶老拖幼，牵牛赶羊，向深山逃难。黄梅县城陷落后，废名即开始携妻子岳瑞仁、女儿止慈和儿子思纯加入艰辛颠沛的"跑反"队伍，他一路上耳闻目睹了许多黎民流离的情状，在小说的第十二章有如下记述：

> 跑反时，人尚在其次，畜居第一位，即是一头牛，其次是一头猪，老头儿则留在家里看守房子，要杀死便杀死。若城里居民，城里富商，尤其是读书人家，每每破家了，破产了。（第260页）

如果日军进据黄梅县城，就引起更大的恐慌，"跑反"就更剧烈："十五里以外都惶恐了，都跑反了，由十五里波动到二十里，离城二十里以内是必跑的。"（第259页）废名经过劫后的黄梅县城，看到那里一片

---

① 废名：《莫须有先生传》，广西师范大学出版社，2003，第114页。下文对这部小说的引用均出自该版书，不再一一说明。本章因小说原文引用较多，不再另作脚注，只在正文中标注所引页码。

残垣断壁，一些城里人在饥寒、瓦砾、恐惧之中侥幸活了下来，他不禁喟叹"中国民族的悲哀"（第265页）。在逃难中，有一个六十岁的老妪因缠足行动不便，被日本人强奸了（第128页）。小说对于三舅母惨遭日军凌辱的叙写最为触目惊心。废名的外家岳家湾遭到日军的袭扰，年轻的女人都已"跑反"，留下来的中老年妇女成为日本兵发泄兽性的对象，日军把三舅母和其他妇女驱赶到一个房间，在严寒中强迫他们脱光衣服，并施以凌辱，三舅母被一个日本兵用刺刀戳伤倒地。小说写到，当听完三舅母受辱的故事后，"莫须有先生觉得他应该学司马光作《资治通鉴》，把三舅母受伤的经过记下来的"（第267页）。在废名看来，采取历史纪实的方式揭露日军的暴行是自己的良知和责任，正是这种对历史负责的态度使得《莫须有先生坐飞机以后》拥有了关于黄梅抗战史的"真切知识"，成为湖北抗战史料的一个重要佐证。据湖北省档案馆藏《关于在湖北省日籍战犯罪证调查的总结报告》一文，日寇在鄂各地犯下的烧杀、奸淫、掳掠等罪行罄竹难书，其中发泄变态兽欲的就包括"强迫农民裸体跳舞""逼使父女母子公媳性交以取乐""强迫农民在山上集体乱配"等令人发指的行径。[①] 这部小说里关于三舅母遭遇的叙述与上述抗战史料可以相互参照，以诗证史，以史证诗，日军的暴行就更加铁证如山了。

废名回到阔别15年之久的黄梅老家，绝非像中国古代士大夫光宗耀祖之后的那种告老还乡而悠游于山水田园之间，也不是居于柴门岩穴的隐士野老，他显然怀着"君子用世、全力赴之"的崇高抱负——"莫须有先生现在正是深入民间，想寻求一个救国之道，哪里还有诗人避世的意思呢？"（第208页）确实的，此时的废名并不是以隐逸之心遁迹于乡野，而是如浮士德一般走出北平书斋，积极踏入黄梅的乡土社会，进而展开其生动而丰富的生命体验和人生追求。莫须有先生有如重返凡尘，尝尽世间冷暖，历经艰辛苦楚，见证了战时中国传统乡土社会的稳定与变迁，最终获得了新的认识和启悟。事实上，废名对乡土社会的态度充满了复杂性，时而因其温情的人伦而加以感念体认，时而对其虚伪顽执的根性施以鞭挞批判，有时也会悄然沉醉其中，这种复杂性一方面是由于乡土社会本身正

---

① 柯黎等选编《湖北抗战史料一组》，《湖北档案》1995年第3期。

经历着剧烈的时代变迁，其价值系统正处于新与旧、传统与现代的撞击与交融之中；另一方面则源于废名返乡之后身份认同的多重性和模糊性，其在身份上作为拥有西学根基和启蒙思想的现代知识分子与作为乡土的文人、士绅和逸民之间存在着错综的含混。《莫须有先生坐飞机以后》展现了一个充满悖论性的、丰赡而繁复的乡土世界。

费孝通对中国乡土社会的研究成果已成不刊之论，其关于乡土交往伦理思想博大而精微，有学者将之概括为"血缘认同的家族伦理""地缘本位的熟人信任""自我中心的差序格局""乡土交往的道德特质"等四个特征。① 与费孝通运用来自西方的人类学、社会学的系统知识阐释乡土中国有所不同，废名是采取"入乎其内"的方式去体验感悟中国乡土社会的，他们之间在许多看法上却殊途同归。若考虑到《莫须有先生坐飞机以后》(1947)发表早于中文版《乡土中国》(1948)，则前者的社会思想史意义也就不可忽视了。作为一个京派作家，废名在战争爆发前所发表的《竹林的故事》《桥》等小说就着力歌颂传统乡土社会的自然美和人情美，杨义索性把废名的这些小说比成"小市镇不远的郊外竹丛柳荫下三五个牧童倚着牛背悠悠然吹响的牧笛"。② 也许是由于废名京派时期与黄梅故乡所保持着的审美距离已不复存在，这种美化乡土社会的倾向在《莫须有先生坐飞机以后》有所减弱，然而其体认乡土社会的轨迹仍然清楚可见。颠沛辗转的莫须有先生一家正是在乡土社会伦理秩序的庇护和帮助下得以衣食无忧、生活安顿的，小说讲述的主人公"卜居"故事无疑是一个活生生的乡土伦理样本，莫须有先生在这里经历了完整而典型的乡土交往伦理实践过程。费孝通的《乡土中国》指出："血缘关系，不仅是农民生产、生活的纽带，也是人际关系的基本格局。"③ 乡土社会遵循"差序格局"的原则，以血缘宗族为核心建立起亲疏远近有序的人际关系，亲缘关系在帮工、互助等领域发挥着主要作用。小说中莫须有先生一家"跑反"投靠山里蜡树窠的石老爹，他是莫须有太太伯母的娘家，石

---

① 匡艳：《费孝通乡土交往伦理思想研究》，硕士学位论文，南华大学社会学院，2014，第20～34页。
② 杨义：《京派文学与海派文学》，上海三联书店，2007，第67页。
③ 费孝通：《乡土中国》，上海人民出版社，2009，第74页。

老爹热情接纳他们，腾出房子让他们住；莫须有先生要租住一间大房，石老爹就带他们去找同村叫作"顺"的冯姓宗族，石老爹和顺把他们的生活起居安排得井井有条，帮助砌灶、买石灰、借锅，石老太太还大方地把秋谷卖给他们，使他们得以安居。在传统乡土社会中，石老爹和顺都是莫须有先生一家的亲缘宗族，他们自然成为后者最可信赖的依靠。通过这场"卜居"经历，废名对以宗法为本位的乡土社会之温情脉脉有了深切的认同，他写道："顺陪了石老爹同莫须有先生去访龙锡桥，男的女的昨天都是路人，今天乃有感情了，莫须有先生认为很难得。中国的家族主义原来根深蒂固。"（第145页）值得一提的是，废名不但看到了乡土社会温柔敦厚的一面，而且对它所拥有的历史和人生智慧也深有感触。石老爹尽管文化程度不高，却能坚信日本必败，而且神奇地预言民国三十五年才能天下太平；"跑反"的乡民总是神情自若，处乱不惊，他们相信日本佬日子长不了。这些深藏于民间的睿智以及乡土社会的亲缘伦理关怀使废名对中国农民有了新的认识。

> 中国的复兴向来是农民复兴的，因为他们的社会始终没有动摇，他们始终是在那里做他们的农民的，他们始终是在那里过家族生活的。中国古代的圣人都是农民的代表，故陶诗曰："舜既躬耕，禹既稼穑。"（第297页）

然而，废名毕竟在北京大学接受过西方文学教育，他与鲁迅、周作人等这些五四启蒙思想家交往很深。"废名与鲁迅最为频繁的交往当在1925年至1926年间，这时的废名已经被鲁迅的魅力吸引，成为鲁迅的追随者之一。"① 在这种文化语境下，尽管废名对宗法农村有所偏爱，但他依然能够秉持一种理性的启蒙价值观对黄梅乡土社会的流弊进行反思和批评。此时的莫须有先生从乡土社会的受益者转变成一个具有强烈批判意识的现代知识分子了。小说中的石老爹虽然顾及亲情，给予莫须有先生一家热情帮助，但同时也暴露出谄上骄下、虚伪卑俗的劣根性：他自恃有见识，对乡民颐指气使；以复古自居，却默许儿子作国民党党部书记长，并借儿子

---

① 郭济访：《梦的真实与美——废名》，花山文艺出版社，1992，第157页。

的影响扩充势力；他控告恩师，与盗牛贼同流合污。废名对石老爹这个乡土伦理维护者的低劣行为嗤之以鼻，用反讽的笔墨给予无情的嘲弄。小说关于"三记征兵"一事的叙述更是把宗法社会伦理的虚伪和卑劣进行了淋漓尽致的揭露。花子、竹老、三记三兄弟貌合神离、钩心斗角，他们为征兵的事不讲亲情，反而相互伤害。被抽兵的三记跑了，花子被捉进去，竹老逃之夭夭，嫌隙妯娌的竹老之妻则幸灾乐祸，花子媳妇伙同姘夫偷了竹老的牛。而三记一被抽兵，媳妇就跟人跑了（第221页）。这简直就是一幅乡土社会道德沦丧图！

族权与政权相结合的宗法制度是传统乡土社会的基本结构，封建政权往往同时借助宗族自身的力量和保甲制度来实现对乡村社会的控制①，因此对族权的批判必然意味着同时也是对政权的批判。当废名了解"抽兵"的真相后，他对这种政权勾结族权来强迫兵役的壮丁制度深恶痛绝："莫须有先生一听到'抽兵'两个字，很动了一番公愤，这公愤在他胸中蓄积已久，至少与北洋军阀时期是一样的长久了。"（第223页）他认为西方实行的是征兵制，因此没有内战，而中国采取的是可以出钱出粮代替兵役的募兵制，结果贻害无穷。废名于是把矛头对准官府，指出政治的黑暗是乡土社会自私堕落的根源，官府逼迫民众为奴："苛政猛于虎是他们当前的现实……保甲不合法，政治不合理"（第130页）"秉国者不能使人民信，即是不能大公无私，于是人民自私其家了。"（第229页）值得重视的是，此时废名对宗法社会的士绅阶层有了深刻的认识。士绅是一个统治中国乡土社会的特权阶层，主要由科举士子、当地有文化的中小地主、退休回乡或长期赋闲居乡养病的中小官吏、宗族元老等一批在乡村社会有知识、有影响的人物构成。许纪霖说："士绅的特殊身份使得其在官家面前代表民间，在民间面前又代表官家，因此也同时具有了国家与地方的双重意识。"② 士绅本质上是乡土社会介入政治的读书人，他们游走于政权与族权之间，在民间的社会管理、公益活动、排解纠纷等事务中发挥了重

---

① 张金俊：《宗族制度控制与社会秩序——以清代徽州宗族社会为中心的考察》，《天府新论》2010年第5期。
② 许纪霖："土豪"与"游士"——清末民初地方与国家之间的士大夫精英》，《华东师范大学学报》2015年第4期。

要作用。废名一方面批判了乡土社会士绅的腐败堕落，另一方面又推崇传统士人的道德理想。在他看来，"士绅早已不在中国的国土了"（第261页），因为这些读书人始终在君权下求荣，颠顶贪吝，已经不能负起社会责任。小说有一喜剧性情节令人忍俊不禁：返回乡里的莫须有先生由于曾在大都市大学校当过教师，就被推选为冯姓户长，冯姓本家花子因其弟三记抽壮丁的事求助于莫须有先生，后者给乡长写了一封情真意切的"陈情表"，然而这封信最终石沉大海，三记还是被抽兵了。在这里，废名有如一个堂吉诃德式的骑士，扮演了匡困济人的士绅角色，却落得啼笑皆非的结局，这足以表明士绅文化在乡土社会中业已彻底式微了。另外，废名对中国士人传统给予充分肯定，他以屈原、陶渊明为例，认为"真正的读书人是以天下为己任"，"齐家治国平天下都是分内的事"（第319页），借此表达自己对于真正士人精神的崇尚和期许。

废名返回黄梅乡土的"到此一游"是值得的，他以文学书写的形式贡献了一份关于中国乡土社会的真实、生动和丰富的"小历史"。

第二节 咏而归：活泼泼的儿童教育

从《莫须有先生坐飞机以后》的叙事内容看，废名无疑是一名杰出的儿童教育家。他在黄梅的子女教育和中小学教学实践可以成为20世纪中国现代教育的活生生的成功案例而不断给人以意味深长的启示。

中国古代的儿童教育主要依赖于私塾，它在历史上逐渐形成了包括识字教育、常识教育、伦理思想教育、诗文教育及礼仪训练在内的比较完整的一套系统。私塾教育在提高民众的知识水平和培养人才等方面发挥过重要的历史作用，其作为科举制的核心环节促进了中国古代文化的繁荣与传承。然而，私塾教育不但因教学内容上恪守僵化的儒家教条，而且也由于其严苛的管理纪律而扼杀了儿童的天性，窒息了他们的创造力，因此它历来被学童视为畏途。废名在《莫须有先生坐飞机以后》一提及他小时候就读的私塾时就义愤填膺："莫须有先生每每想起他小时读书的那个私塾，那真是一座地狱了。"（第162页）可见传统私塾教育罪愆之可怖。19世纪中叶以后，在西学东渐以及西方坚船利炮的冲击下，绵亘数千年的中国教育体系被迫走上近代化道路,在中西文化碰撞交融过程中,儿童教育最终走向了现代化转型的历史方向。1902年,清政府颁布《钦定学堂章程》(即壬寅学制),仿效西方教育体制设立小学堂,是为近代新式儿童教育之嚆矢,翌年颁布了重新修订的学堂章程(即癸卯学制),确立了五年小学义务教育体制,并于1905年废除了延续1300多年的科举制度,中国的儿童教育从此进入了新的历史时期。中华民国成立后,国民政府废止小学读经,教育部1912年颁布《小学校令》,提出小学校教育以"留意儿童身心之发育,培养国民道德之基础,并授以生活所必须之知识技能为宗旨"。[①] 五四新文化运动是近代中国一次伟大的思想启蒙运动,它对中国现代教育产生了重大而深远的影响,使教育理念、教学内容、人才培养、师资队伍、教学方法、教学媒介等诸方面都发生了革命性的巨变,真正现代意义的儿童教育应运而生。五四启蒙思想家所宣扬的个性主义、自由平等及科学理性精神直接催生了崭新的儿童教育理念和教学方法,其中鲁迅、周作人兄弟先进的儿童观对20世纪二三十年代中国儿童教育的影响最为深远。

日本汉学家汤山土美子认为,五四时期周氏兄弟都提出"儿童本位"的主张,但两者有所区别:鲁迅的儿童观特别重视儿童的历史性和社会性,而周作人则注重儿童的精神世界。[②] 他们的这些看法至今仍有启发意义。确实的,鲁迅把儿童看作担负人类进化、发展的历史任务的主体,主张儿童的社会解放,而周作人则抱持"人本主义"的立场,极力倡导尊重"儿童之本相",推举儿童的自然天性。关于周氏兄弟尤其是周作人儿童观的内容和特点,学界已有不少论述。有学者对周作人的儿童观进行了概括:"周作人在五四道德革命中发现了儿童,主张儿童有其不同于成人的独特生理和心理特点,反对把儿童看作是成人缩影的'小大人',反对把成人的意志强加给儿童,反对摧残儿童的天真,反对剥夺儿童期应享的权利,从而确立了'以儿童为本位'的新儿童观,努力建设'以儿童为

---

① 陈青之:《中国教育史》下册,福建教育出版社,2009,第705页。
② 〔日〕汤山土美子:《我对鲁迅、周作人儿童观的几点看法》,《鲁迅研究动态》1988年第1期。

本位'的'儿童的文学',并希望儿童文学保障儿童能有健全完整的生活。"① 然而,学界对于周作人儿童观之影响20世纪上半叶中国儿童教育的研究尚比较薄弱,事实上,在废名、冰心、叶绍钧、郁达夫、丰子恺等许多人身上不难窥见周氏兄弟尤其是周作人儿童观不同程度的影响。对于长期在北京亲炙周作人的废名而言,他一系列关于儿童教育的观念必然打上周作人儿童观深刻的烙印,本书在此并无意探讨废名与周作人在儿童观上的深层联系,只想强调的是废名关于儿童教育的理念从周作人那里获益甚多。

返回黄梅故乡后,废名充满个性的儿童教育得到了生动实践,他一方面从幼小的儿女身上观察和体悟儿童世界的本相,不断地感受和思索儿童教育的真义;另一方面通过他在黄梅县第二小学担任"国文""自然"课教师的亲历见闻和教学实验,从而提炼和升华了儿童教育的新境界。1939年,是年女儿止慈10岁,儿子思纯4岁,废名夫妇携这一对儿女历尽艰辛地漂泊转迁,但其乐融融的天伦之情缓解了生活的痛楚,儿女纯真的童稚世界更是引发了废名对儿童教育的体味和思考。而黄梅县第二小学的教学经历尤其是国文教学则充分展现了废名的儿童教育理想,国文教学的自由天地给他无穷无尽的驰骋空间。五四新文化运动之后,中小学国文教育在新型儿童观的指导下,进行了具有历史转折意义的重大改革。钱理群在《五四新文化运动与中小学国文教育改革》一文中详细考察了五四以后的中小学国文教育在胡适、周作人的语言观、儿童观的深刻影响下对白话文教科书编写、国文教育理论建设,以及语法教学等方面所作的变革,② 该文揭示的现代中小学国文教育诸多新观念新方法也被废名接受并得以成功实践。结合废名《莫须有先生坐飞机以后》的儿童观和国文教育经验,他的儿童教育及国文教育理念和实践可分述如下。

一 顺应儿童天性

在废名看来,私塾教育之所以有如地狱在于它扼杀了儿童自由的天

---

① 应玲素:《周作人儿童观的现代性品格》,《社会科学战线》2007年第2期。
② 钱理群:《五四新文化运动与中小学国文教育改革》,《中国现代文学研究丛刊》2003年第3期。

性，违逆了儿童心智发展的规律。废名认为自由是儿童天性的本质，《莫须有先生坐飞机以后》第六章"旧时代的教育"开篇就引用"不自由，毋宁死"的西方格言，宣示捍卫自由的儿童天性。废名对与儿童自然天性背道而驰的旧教育深恶痛绝，也反对大人强迫孩子读私塾，他通过莫须有先生表达了许多抨击私塾的言论，如"小孩子本来有他的世界，而大人要把他拘在监狱里了"（第165页）。"没有自由的地方，那我们永远是一个囚徒了。"（162页）当莫须有先生在蜡树窠听到从私塾里传来儿童的诵读声时，他顿时心里很沉重，同时又怒不可遏，"简直是一个革命的情绪，革命不应该从这里革起吗？"（第170页）相形之下，儿子思纯天真烂漫，尽情享受自由快乐的儿童生活，莫须有先生为他感到十分庆幸，"这个小孩子已经得救了，他的爸爸绝不让他走进监狱了"（172页）。尊重顺应儿童的自然本性，还是扼杀孩子的天性，这两种截然不同的儿童教育方式高下立判。小说描写了这样一个细节，莫须有先生带着儿子思纯参观私塾，里面的大人低声问思纯一些问题，他天真自然的回答引起私塾里那些小朋友的"惊诧"和"喜悦"。

> 小朋友们听了这个声音，一齐大为惊诧而且喜悦，因为他们没有一个人敢于这样大声说话了，其实是说话的自然的声音，正如水里自然有鱼，以钓者不自然的眼光去看鱼，看见鱼乃惊奇了，而且喜悦了。（第172页）

即使是在黄梅的新学堂，这种如私塾般违背儿童天性的教育方式也随处可见，而且出自新派知识分子。黄梅县第二小学余校长是武昌高等师范英文科出身，却对韩愈顶礼膜拜，他故意出一些超过学生能力所及的算术课文字题为难学生，并变态地以此取乐。废名对此痛心疾首，他呼吁不要伤害孩子"自由的种子"，只有放任天性，才能让儿童有"光明的解脱"。

周作人在《阿丽丝漫游奇境记》中说："世界上太多的大人虽然都亲自做过小孩子，却早失了'赤子之心'，好像'毛毛虫'变成了蝴蝶，前后完全是两种情状：这是很不幸的。他们忘却了自己儿童时代的心情，对于正在儿童时代的儿童的心情不独不能理解，予以相当的保育调护，而且反而要加以妨害。"① 废名在《莫须有先生坐飞机以后》的看法与周氏的观点如出一辙："做父母的送小孩子上学，要小孩子受教育，其为善意是绝对的。然而他们是把自己的小孩子送到黑暗的监狱里去。"（第162页）"大人们将小孩子的世界隔离，不但隔离，且从而障蔽之，不但障蔽之，且从而残害之……"（第165页）足见他们在儿童观上的一致性以及师承关系。

二　立诚写实的国文读写

五四时期胡适的《文学改良刍议》提出改革文学的"八事"，其中的"须言之有物""不摹仿古人""不作无病之呻吟"以及陈独秀《文学革命论》的"建设鲜明的立诚的写实文学"等主张不但重塑了中国文学的品格，而且对国文教育也产生了深远的影响。废名在黄梅县第二小学的国文教学实践显然与五四一代思想家的主张一脉相承。

废名对小学国文教材相当不满，决定自己编写教材，他道出了缘由："民国二十八年秋季我在黄梅县小学教国语，那时交通隔绝，没有教科书，深感教材困难，同时社会上还是《古文观止》有势力，我个人简直奈他不何。于是我想自己写些文章给小孩们看，总题目为《父亲做小孩子的时候〈五祖寺〉》。"② 其实，废名并非对古诗文一味否定，如他就很喜欢司马迁、庾信，其取舍的根本标准为是否"写实"。废名所谓的"写实"呼应了胡适的"八事"，主要是指文章要言之有物、真诚感人，有如王国维《人间词话》所言的"豁入耳目""语语都在目前"，倡导"写实"事实上是对八股文的否定。他甚至不无偏激地认为，"若唐以后的中国文章，一言以蔽之曰，是不能够写实了"（第194页）。

《莫须有先生坐飞机以后》关于儿童教育方面的叙写最为精彩之处是生动活泼的国文写作教学实践。废名有感于儿童国文写作之流弊，因而对小学生的国文写作训练极为重视，他甚至将之和国家兴亡联系在一起，

---

① 周作人：《阿丽丝漫游奇境记》，刊《晨报副镌》1922年3月12日，见《周作人散文全集》第2卷，广西师范大学出版社，2009，第529页。
② 废名：《父亲做小孩子的时候〈五祖寺〉》，《废名集》第3卷，北京大学出版社，2009，第1406页。

"中国的语言文字陷溺久矣,教小孩子知道写什么,中国始有希望!"(第192页)小说中莫须有先生推崇李笠翁咏物小品的平易真切,激赏汉乐府民歌《江南可采莲》活脱脱的清新自然,"我现在教你们作文,便同以前作诗是一样。一切的事情都可以写"(第195页)。他相继布置了"荷花""蟋蟀""枫树"等与小学生日常生活切近的题目,引导学生"我手写我口","最要紧的是写得自然"(第198页),要以写实为主脑,言之有物,具体地写自己的事情,写出真情实感,力避模仿和无病呻吟。这种以立诚写实为本的国文读写训练法至今仍有启发意义。

三 规范的汉语文法启蒙

胡适提出的文学改良"八事"包括了"须讲求文法"。中国语法学肇始于1898年《马氏文通》的出版,第一部完备的白话文语法著作则是1924年黎锦熙的《新著国语文法》,然而尽管五四以来多有提倡国文语法教学,但由于师资训练不足及学生长期因诵读而养成的不求甚解的方法,民国中小学国文教育中的文法教学明显不足,这不但影响了文章的正确读解和写作,也不利于科学思想的传播。

在解决"写什么"之后,废名又因势利导,循循善诱,分别以学生最熟悉的《三字经》"人之初"和《诗经》"关关雎鸠"为例,细心地讲解词语和句子的区别,讲解汉语句子的构造,使他们茅塞顿开。这种讲法虽然受到当地秀才的冷嘲热讽,却取得显著的效果。

四 讲求趣味性

周作人早就对儿童教育的趣味性提出了明确的看法,他说:"小儿生活半为游戏,教育之事亦当寓其中,此则余所以主张趣味之教育也。"[①]民国时期的国文教材在趣味性方面也做了一些努力(叶圣陶编纂、丰子恺绘画的《开明国语课本》),但国文教学过程的趣味性则取决于教师的心理主动性。小说提供了两个生动有趣的案例,借此表明国文教学中讲究

---

① 周作人:《游戏与教育》,《周作人散文全集》第1卷,广西师范大学出版社,2009,第282页。

趣味性的良效。一是宋代邵雍的《山村咏怀》将数字嵌入诗里，这使莫须有先生顿感"换了一个读书的境界""懂得数字的有趣"（第169页）；二是莫须有先生小时候读《四书》时充满乐趣的"发明"，他总是喜欢从圣人语录联想到日常生活趣事，使读书变成兴味无穷的乐事了，如："读'鸟之将死'觉得喜悦，因为我们捉着鸟总是死了。""读'小子鸣鼓而攻之'觉得喜悦，那时我们的学校是设在一个庙里，庙里常常打鼓。"（第164页）诸如此类。尽管两个案例是莫须有先生过去接受蒙学的心得，却也生趣盎然，显然他在教学中也是同样会一以贯之了。

对于废名在黄梅县第二小学的国文教学效果，其当年的学生李文俊说："先生教国语，和别的老师显著不同有两点：一是限读白话文，限写白话文，每星期作文一篇。他命题很新颖，讲解深入浅出，学生很容易接受；二是作文重写实际，写自己最熟悉的生活实际材料，不主张要小学生写议论文。原来我们最害怕写作文，自先生教我们写实后，我们都感到有话可说，后来乐于写实，不以作文为苦事了。"①

废名在《莫须有先生坐飞机以后》所叙写的儿童教育、国文教育的见解和实践，并非卑之无甚高论。这是1939年废名故乡精神之旅中一片难忘的文化风景，他走出高踞的大学殿堂，潜遁于乡野山间小学，这近乎归隐的人生选择何尝不是战时中国士人主体性的自觉发挥呢？他有时也自嘲这种"近隐"的生活状态："历史上的隐士没有一个人像我取这样的方式！人家或者耕田，或者做工，或者出家，我则在这里误人子弟！"有时又乐在其中，"知道自己的伟大"（第320页）。其孜孜矻矻的儿童教育必然在战时中国地方教育史留下鲜明的印迹。

第三节 回忆与梦想的诗学

法国著名哲学家加斯东·巴什拉的《梦想的诗学》运用现象学和荣格的分析心理学探求了梦想童年的诗性存在。对童年的梦想作为"我们"

---

① 李文俊：《怀念我的恩师冯文炳先生》，《废名先生》，载黄梅县政协教文卫文史资料委员会编《黄梅文史资料》第11辑，2003，第120页。

的一种持续性的童年哲学本体论，它联结着过去与未来，成为救赎性的世界意义之源。加斯东·巴什拉写道："当我们更多的是在梦想中而不是在现实中重寻童年时，我们再次体验到它的可能性。我们梦想着这一童年本可以成为的一切，我们梦想着历史及传说的极限。"① 对童年的梦想一直都是文学创作的基本动机，它超越现实的物理世界和功利世界，通过梦想的营造或者童年的回忆获得心灵自由。周作人说："对于'现在'，大家总有点不满足，而且此身在情景之中，总是有点迷惘似的，没有玩味的余暇。所以人多有逃世的倾向，觉得只有梦想或是回忆是最甜美的世界。讲乌托邦的是在做满愿的昼梦，老年人记起少时的生活也觉得愉快……"② 显然中西在关于梦想诗学的看法上所见略同。

学者普遍认为废名"文学即梦"的文学观是在周作人影响下形成的。1927年废名发表了随笔《说梦》，将自己五年来的创作经验归结为写梦，他说："《竹林的故事》，《河上柳》，《去乡》，是我过去生命的结晶，现在我还时常回顾他一下，简直是一个梦，我不知这梦是如何做起，我感到不可思议！"③ 周作人在《竹林的故事·序》中也认为废名的小说不是"醒生活的复写"，因为"文学不是实录，而是一个梦"。④ 确实的，抗战爆发之前废名的小说常常以童年视角抒写理想化的乡土社会，着力营建来自童年乡村记忆的梦想世界，这也许是他作为京派作家表达乡愁的一种特殊方式吧，那么战时回到黄梅故乡"现场"的废名是否还能够延续这种"梦想的诗学"呢？

1939年对于废名而言确是充满艰辛的，他携家带口躲往山区"跑反"，一路奔波流浪、生活拮据，最终得以在山区小学任教，过去在北京那种想象故乡的"美的距离"业已消失，然而环境的恶劣和生存的艰难并没有使他丧失对美和梦想的求索，反而让他在自己熟谙的乡土社会中进入了诗美的梦想天地。《莫须有先生坐飞机以后》和1939年为编写教材

---

① 〔法〕加斯东·巴什拉：《梦想的诗学》，刘自强译，生活·读书·新知三联书店，1996，第126页。
② 周作人：《陶庵梦忆·序》，《周作人散文全集》第4卷，广西师范大学出版社，2009，第831页。
③ 废名：《说梦》，《废名集》第3卷，北京大学出版社，2009，第1152页。
④ 周作人：《竹林的故事·序》，《废名集》第6卷，北京大学出版社，2009，第3404页。

而写的散文《五祖寺》使我们直接触摸到此时期废名追寻梦想的美的历程。

《莫须有先生坐飞机以后》主要的表现内容是现实的乡土社会的人和事，包括战争给人们造成的动荡生活、日常伦理等，废名早期小说的那种抒写恬静的自然风物和美好人性的文字已不多见。然而，废名对童年的梦想又每每在流徙的旅程中不断被触动和唤起，黄梅乡野的山水人文再次将他带到了审美世界。

自然山水依然是废名寻求心灵自适的精神来源，正如他在《莫须有先生坐飞机以后》中所言："人在自然之中一切都不过是'鼹鼠饮河不过满腹'，即是说自然之中足以忘怀。"（第156页）战争造成的生活苦难始终未能妨碍他与大自然的默契。小说里的莫须有先生常常因境生情，从童年的回忆中感悟山水之乐。他带着儿女徘徊在棕榈树下，"这两株棕榈树真是长得茂盛，叶绿如翼，本是树上的叶子，人在其下但觉得美丽是树上的天空。莫须有先生对之，自己的童心都萌发了，因为他小时最喜欢棕榈树"（第155页）。黄昏时他望着收割后的稻田，想起小时候站在稻田里苍茫四顾的情景，天上的飞雁、田里的稻草使他顿生无尽秋思（第243页）。桥是废名童年时寄托梦想的所在，他曾用六年时间精心创作小说《桥》，"桥"也成了他表达童年幻梦的核心意象。在《莫须有先生坐飞机以后》里，桥的倩影又再一次重现了，废名带着孩子们见到了自己小时候魂牵梦萦的两座桥时，他神迷心醉地写下这段美丽隽永的文字：

> 那些桥都有灵魂，有一木桥，有一石桥，有一石桥而现在无有而有沙滩而有桥的记忆。石桥是沉默，是图画，对于它是一个路人，而且临渊羡鱼，水最深，桥影见鱼。木桥是密友，是音乐，常在上面跑来跑去，是跑得好玩的，并不是行路，桥下常无水，桥头有姨家在焉……（第119页）

他对五祖寺附近的花桥也耿耿难忘，故地重游时见浅草之幽、明月之清，感觉桥洞是最美丽的建筑。瑞士思想家艾米尔曾指出："一片自然的风景就是一个心灵的世界。"① 桥是此岸和彼岸的联结，是现实和心灵的联结，是过去和未来的连接，废名小说反复出现的"桥"意象是童年梦想的启示，是他"梦想的诗学"中最纯美的艺术领地。

散文《五祖寺》体现了废名"梦想的诗学"的神秘与深邃。这篇本来是写给孩子们当教材的文章，结构看似很散漫，语言也比较拖沓，但它细致地捕捉到废名童年对存在奥秘的惊奇和憧憬，闪现着生命神遇的灵光，以心击物，离言说相，敞开了心灵世界之无限性。

五祖寺，原名东山寺，位于湖北省黄梅县的五祖镇东山之上，地处大别山主脉东端南沿，与九江隔江而望。建于唐永徽五年（654 年），是中国禅宗第五代祖师弘忍大师的道场，也是六祖慧能大师得法受衣钵之圣地，宋英宗御赐为"天下祖庭"。禅宗五祖弘忍，俗姓周，湖北黄梅县濯港人，生于隋代仁寿元年，传说他少有异秉、道根早熟，于唐永徽二年得四祖道信付法传衣，成为第五代祖师。弘忍在道信门下近三十年，潜心禅修，对达摩以降的禅学进行了理论和实践的重大变革。② 学界普遍认为中国禅完成于弘忍，洪修平说："自弘忍以后，历代祖师以心传心、不随言教、自心觉悟便成为禅宗特别是惠能南宗的主要旗帜了。"③ 因此五祖寺历代蜚声内外、香火兴盛，成为湖北黄梅一大圣境。

1939 年，返乡后废名曾带着孩子与朋友游览五祖寺，寺院不久即遭日机轰炸，也许是触景生情，他写了这篇回忆性散文，借此追思童年旧梦，在自己对五祖寺的冥奥之思中找寻到生命的安顿。这篇散文讲述的是废名六岁时与五祖寺的因缘。那年六岁的废名大病初愈，外祖母带着他和家人到五祖寺进香祈福，到了一天门后，大人们将他绑系在椅车上，让他自己一人在茶铺等候。废名从小常常看到大人从寺院带来的喇叭、木鱼，对五祖寺早已心向往之，"天气晴朗站在城上可以望得见那个庙那个山了"，④ 而如今到了山脚却过门不入。他静静地等待，没有哭闹没有怅惘，

---

① 宗白华：《美学散步》，上海人民出版社，1981，第 59 页。
② 薛振梅：《中国禅宗祖庭四祖寺与五祖寺》，《湖北文史资料》1997 年第 3 期。
③ 洪修平：《略论禅宗东土五祖禅法之沿革》，《佛学研究》2000 年刊。
④ 废名：《父亲做小孩子的时候〈五祖寺〉》，《废名集》第 3 卷，北京大学出版社，2009，第 1406 页。

直到大人们好像从天上下山来了。他在等候中始终沉浸着喜悦，感到过门不入是一种圆满，感到忍耐也是一种涵养。童年的梦想就在这种享受孤独中敞开，这些描写其实映射了成人世界里废名的孤独，其情形正如加斯东·巴什拉所言"为达到对我们的孤独的回忆，我们使我们在其中曾是孤独孩子的世界理想化"。①

《莫须有先生坐飞机以后》也写了五祖寺，其"第十五章 五祖寺"可以和散文《五祖寺》互文对照。小说跳跃式地叙写童年那次游寺经历，大多篇幅则放在莫须有先生带孩子重游五祖寺的经过，阐释议论较多，但正是此次五祖寺之游勾起他对童年梦想的追忆。散文《五祖寺》仿佛笼罩着一层轻纱，充满幽玄的感怀，实乃废名散文的上乘之作，它的叙事和情绪高潮有两处：一是五祖寺于一个小孩子有"夜之神秘"；二是五祖寺的归途。当时废名之所以能独自忍耐地等待大人回来，原来是他正沉醉于对山上寺院梦幻般的想象，在这种想象中体悟了天地之神秘："现在我总觉得到五祖寺进香是一个奇迹，仿佛昼与夜似的完全，一天门以上乃是我的夜之神秘了。这个夜真是给了我一个很好的记忆。"黄昏、陌生的人群，可望不可即的山上寺院，这些如氤氲般的环境、意绪相互交织，酝酿成铭刻于废名童心的丰富美感。五祖寺的归途所映现的种种情景也同样触动了童年废名敏锐的审美感官，使他在天地大美面前喑哑无言——

> 到现在我也总是记得五祖寺的归途，其实并没有记住什么，仿佛记得天气，记得路上有许多桥，记得沙子的路。一个小孩子，坐在车上，我记得他同大人们没有说话，他那么沉默着，喜欢过着木桥，这个木桥后来乃像一个影子的桥，它那么的没有缺点，永远在一个路上。②

1939年，废名在颠沛劳碌的旅程中苦中作乐，在纷繁的日常生活中发现诗意，在童年的梦想中找寻抵抗凡俗的美的力量。

---

① 〔法〕加斯东·巴什拉：《梦想的诗学》，刘自强译，生活·读书·新知三联书店，1996，第126页。
② 废名：《父亲做小孩子的时候〈五祖寺〉》，《废名集》第3卷，北京大学出版社，2009，第1406页。

第四节 哲学与宗教之思

从废名一生的文化历程看,他显然是有哲学和宗教学抱负的,这不但在于他与佛学有不解之缘,曾用四年时间写作佛学专著《阿赖耶识论》,而且事实上他从20世纪20年代在北京大学念书期间关注过当时"科玄论战"的哲学论争,并于1928年和他的湖北黄冈同乡、著名哲学家熊十力开始了长达二十年的交谊。废名的文学创作充满哲学宗教意味,这是毋庸置疑的。如果说他战前在《桥》等小说里是通过山水、人情来点染一些哲学宗教情调,那么后期则在作品中直接言说哲学和宗教了。吴晓东说:"废名的玄想并非指向具体而明晰的观念形态,他执迷的更是一种观念的氛围和思考的意向。试图从中探寻废名所思考的系统化的观念形态是徒劳的。"① 诚然,除《阿赖耶识论》《说种子》等涉及佛学思想外,废名鲜有其他哲学专论,但"系统化的观念形态"并非仅可以存在于哲学著述中,文学作品同样也能很系统地表现哲学的内容,有如萨特、加缪成功运用他们的小说来传达存在主义哲学所做的那样。《莫须有先生坐飞机以后》就是这样一部用小说的形式"同时"来表现"系统化的观念形态"的作品。

《莫须有先生坐飞机以后》开宗明义宣示了进行哲学运思的雄心:"它可以说是历史,它简直还是一部哲学。"(第114页)在这部小说里,废名一方面"入乎其内",以"沉重的肉身"去亲历领会战时黄梅乡野的人伦悲欢,在乡土社会、儿童教育和大自然中体味丰富的日常生活;另一方面又"出乎其外",在纷繁世相中思索和领悟着历史、现实与人生所深蕴的超越性意义,并将之诉诸"观念形态"的思辨性表述。"废名《莫须有先生坐飞机以后》一书问世以来,学界向称难解。"② 这种难以索解显然与小说里的理性思辨有关。小说的哲学宗教意蕴确实十分驳杂,有些感

---

① 吴晓东:《"破天荒的作品"——论废名的小说》,《莫须有先生传》,广西师范大学出版社,2003,第7页。
② 张一帆:《新文学家的儒教乌托邦理想——论废名〈莫须有先生坐飞机以后〉的主题》,《文艺争鸣》2017年第7期。

悟性的表述也过于零碎，甚至在思想上也似是而非，但其知性思维理路清晰而明确，对中国哲学（包括佛学）的看法有些可谓真知灼见。本文以这部小说叙述的1939年废名的思想动态为依据，提纲挈领地揭橥其抱持的哲学与宗教的运思。

五四新文化运动至抗战爆发之前的二十年间，尽管经历了"学衡派""玄学派"和现代新儒家以创新儒学为旨归的思想进程，也积累了1935年中国文化论战之儒家创造性转化的思想成果，然而毫无疑问的是：儒家思想受到强烈的冲击，对孔孟之道的批判成为当时中国现代思想主潮的基本态度。抗战爆发后，儒家思想重新被提举为中华民族抗侮图强的精神力量。学者马勇指出："一百多年来为中国落后承担'原罪'的儒家也通过这场战争获得了'新开展'，中国人从思想上、学术上找到了应有的自信。"他以哲学家贺麟《新道德的动向》（1938年）和《儒学的新开展》（1941年）为中心，考察分析了抗战时期儒学复兴的趋向。① 废名的《莫须有先生坐飞机以后》对儒家哲学的肯定和赞赏因而使其具有鲜明的时代特征和典型意义。

在小说的开场白，废名把研究中国哲学的重要性和抗战救国联系起来，这就为儒家哲学的现实性确立了落实的根基："我们先要认识我们的民族精神，我们的圣人又正是我们民族精神的代表，我们救国先要自觉，把我们自己的哲学先研究一番才是。"（第115页）废名服膺孔子、崇拜孔子，他不无夸张地声称自己从民国二十四年闻道以来就以孔子为榜样，身体力行，其用功处连颜回也叹有所不及（第251页）。他认为孔子是掌握真理的圣人，能立足于现实人生，及时反省和不断革新，"莫须有先生从感情上爱好孔子，崇拜孔子，因为他确实懂得孔子的为人。孔子是日日新的，总是进步的"（第249页）。废名对于五四新文化运动以来的西方思想尤其是科学主义和进化论给予抨击，认为战争和动乱的根源在于儒家信仰的式微，"今日天下大乱，人欲横流，一言以蔽之曰是不信圣人了"（第276页）。这种思想取向显然与"学衡派""玄学派"和现代新儒家一

---

① 马勇：《抗战与"儒家思想新开展"：以贺麟为中心的讨论》，《北京科技大学学报》（社会科学版）2015年第4期。

脉相承，一方面昭示了废名在文化立场上的保守主义倾向；另一方面也是显示了他为重振中华民族精神所作的努力，这其实是废名发扬中国士人精神的写照。在民困邦危的历史境遇下，应该如何重建儒家信仰呢？在他看来，重拾儒家信仰就必须恢复世道人心，也就是大力推行德行教育，克己复礼，行中庸之德。废名主张从历史获得教益，小说中他引用了《论语》"吾犹及史之阙文也，有马者借人乘之，今亡矣夫！"和"齐景公有马千驷，死之日，民无德而称焉。伯夷、叔齐饿于首阳之下，民到于今称之"两段文字，推崇谨笃服善的社会道德和爱民为民的德政。他当然明知德政之不可行，如此强调德政实乃针对当时的不讲德行的政府。废名读《左传》得知春秋时期"是近乎儒家道德的社会"，由于政府讲"信"，因而民之"忠孝"生焉（第228页），这样他自然就将复兴儒家的主张转化成社会政治批判了。

《莫须有先生坐飞机以后》佛学的意味很浓，"原来莫须有先生虽然佩服孔子，同时也是一个佛教徒"（第248页）。众所周知，佛教对废名的思想产生了重要影响，因此小说里的种种玄思自然与佛学相关。从学理上看，废名涉猎的佛理领域十分广泛，大乘佛教的空宗、有宗，唯识论，禅学，都能有所摄取。废名置身于一个动荡的年代，返乡后经历了颠沛流离的苦旅，同时他又能够亲睹孩子们的身心成长，因此他常常能从日常生活中领会和感悟佛理禅思。由于小说中这些佛学玄思源自废名自身的人生经验和生活现场，是他自己对世界和人生本质的体悟和阐发，其细致入微、生动可感的特点尤为突出，也充满震撼人心的力量。小说是如此阐明佛理所言的人生"苦谛"的——清晨大雪纷飞，莫须有先生遇见一个重担压肩、汗流浃背的挑柴人，他顿感人生即苦，自己竟然也满额大汗，他有感而发了一首白话诗："我在路上看见额上流汗，/我仿佛看见人生在哭。/我看见人生在哭，/我额上流汗。"（第291页）对于"集谛"（苦的原因），废名在小说里强调了三毒之一的"贪"，他认为贪不是从经验来的，是与生俱来的恶业。他从两件小事证悟了"贪"：一是儿子思纯从前没有使用金钱的经验却喜欢钱；二是自己到市场买鱼只挑最大的两条鱼，这是人性的"贪"。废名的反躬自省是一种深刻的佛教彻悟："也正因为两条鱼的缘故，莫须有先生走到寂寞的路上忽然有一个很大的忧愁，也正是乐极生悲，人生在世总是贪着了，难怪佛教以出家为第一义了。"（第295页）小说对"心""种子""空与有""前世"等佛学问题也都结合日常场景给予讨论和辨析，既有佛理的睿智，也有鲜活灵动的感兴，如对思纯的"雪是什么时候上去的"问题的阐释而参悟到"前世"的存在。小说里对于佛学的解脱之道语焉不详，也许这表明此时的废名还在追寻真理的路上吧？

难能可贵的是，废名在小说里还呈现了一些超越儒释思想的哲学洞见，这些思想闪光不是来自经典或教义，而是从历史、现实和人生中提炼和独悟出来的，具有思想史价值。如小说里关于王祠堂之成与毁的哲思就是典型一例。被战火毁掉的王祠堂又建起来了，李老头说"王祠堂建不起来的"，莫须有先生愕然不解，李老头回答："它建起来天下就要大乱，就要跑反，它就要毁掉的。"这纠杂着迷信、谶语、预言的悖论性当头棒喝让废名心迷意乱，他苦思冥想后终于憬然有悟。

> 一个人的经验是无法告诉别人的，世间的理智每每是靠不住的了。王祠堂将来还是要建立起来的，将来还是有战争的，王祠堂简直是世间的命运了。莫须有先生今天知有此事，正如我们知有明日。莫须有先生又记起一个思想家的话，人的痛苦不能传给人，我们在战争中所受的苦不能告诉我们的子孙，所以我们的子孙还是要打仗，正如小学生要打球一样。（第265页）

在这里，历史轮回观、宿命论、人生本然的孤独、理性的局限性等西方现代哲学的基本命题不断涌现出来，它似乎包含存在主义、解构主义和新历史主义的某些精神气质，这一直觉的顿悟没有辜负废名成为一个哲学家的自许。

周宪在《超越文学——文学的文化哲学思考》一书中写下了这样的一段话：

> 有两类艺术家，一类是非体验的艺术家，一类是体验的艺术家。前者往往将自己置于局外来观察和描写现实，并未在自己的强烈而深刻体验中构筑艺术世界；后者相反，他总是从自己所处的具体历史情

境出发,从自身的内心困惑和焦虑出发,把艺术世界的构造过程当作是经由体验而追寻人类命运之谜的升华过程。前者把艺术当作手段,后者则看作目的本身;前者滞留于一般日常经验的水平上,后者则孜孜不倦地追求,以期达到形而上学的终极层次。我们不无理由地认为,从一定意义上说,体验的艺术家比非体验的艺术家更深刻,更富有哲学意识。[①]

废名显然属于后者。1939年,作为一个"另类"中国知识分子,废名拥有了如此丰富的生命形态。这个独行侠行走于大地,又翱翔于天空,尽情地领略了属于他自己的精神历程。

---

① 周宪:《超越文学——文学的文化哲学思考》,上海三联书店,1997,第330页。

第七章　潜行与苦战：于伶在上海"孤岛"的戏剧创作

于伶（1907~1997），原名任锡圭，字禹成，江苏宜兴人。早年在江苏省立二中求学期间，深受五四新文化思潮影响，喜欢新诗，并初步接触街头戏剧。1926年他赴苏州第一师范念书，同年加入中国共产主义青年团，迷恋田汉戏剧，组织成立"太阳剧社"。1930年考上北平大学法学院俄文政治经济系，九一八事变后积极投身进步的演剧文艺活动，并于1932年成为中国左翼戏剧家联盟北平分盟的负责人，同年加入中国共产党。1933年初于伶受组织派遣赴上海，担任左翼戏剧家联盟总盟组织部部长，开始了在上海长达八年的"黑暗潜行"。在白色恐怖下，上海的共产党组织遭到严重破坏，左翼戏剧团体被迫解散，他组织成立上海业余剧人协会，展演中外名著，提高舞台艺术，扩大了话剧影响，使左翼戏剧运动完成了战略转移。此期间，于伶在从事繁重组织领导工作的同时创作了《夏夜曲》《汉奸的子孙》等独幕剧，参与"国防戏剧"运动，宣传抗日救亡。

抗战全面爆发后，于伶参加《保卫卢沟桥》的集体创作，并组织动员上海广大戏剧电影工作者迅速组成13支救亡演剧队，赴全国各地开展抗战宣传工作。1937年11月7日，在淞沪会战中浴血奋战的中国军队弃守上海，英美法等租界沦为四面被日伪包围的孤岛。在极为困难的环境下，于伶坚持与敌伪和租界当局进行了不折不挠的"苦斗"，成为上海"孤岛"时期的英勇的戏剧战士。他团结留在沪上的欧阳予倩、阿英等组成青鸟社，演出曹禺的《雷雨》《日出》等作品，并通过合法斗争成立了"上海剧艺社"，演出中外进步戏剧，培养戏剧编导和舞台艺术工作者。

"孤岛"时期于伶笔耕不辍，自1937年至1941年的四年多时间里，他创作了近20部多幕剧和独幕剧。1941年"皖南事变"后，于伶奉命转移到香港，组织旅港剧人协会，在党的领导下继续从事抗战戏剧运动。

1939年，也就是上海沦为孤岛的第三年，于伶的工作极度忙碌。他除了组织领导"上海剧艺社"筹演大型话剧外，还为业余演剧积极奔走，创办了专门演出小剧的群众性团体"戏剧交谊社"，同时挤出时间创作戏剧作品。1939年6月，孤岛史诗剧《夜上海》出版，这部描写上海"孤岛"的戏剧是于伶创作生涯中的重大收获，也是他在"孤岛"利用戏剧进行战斗的代表作品。

作为一名潜伏于上海"孤岛"的中共文艺战士，如何立足于"孤岛"的社会现实，充分利用租界相对自由的写作环境，宣传中共抗日民族统一战线的主张，巧妙地同敌伪进行周旋和斗争，唤起人们的抗战救国意识，增强人们的抗战决心和信念，是于伶首先要面对的重大挑战。

上海成为"孤岛"后，娱乐业畸形发展。一方面是舞厅、歌厅蜂拥而起，租界内笙歌达旦，呈现出纸醉金迷的"魔都"景象；另一方面是《貂蝉》《一代尤物》等恶俗电影充斥其间。与此同时，日伪势力加紧对"孤岛"的渗透和进逼，租界当局的对日立场也逐渐转向绥靖和妥协。有鉴于此，中共江苏省委负责人沙文汉、上海文委书记孙冶方以及于伶、梅益等文委文员，面对新的形势做出了"文化工作必须改变方式"的决议，并提出具体主张：在租界的特殊环境里必须采取灵活多变的战术，以储集社会上各种力量，并尽量用公开的方式来发动群众，进行合法斗争，诸如在报纸、出版、群众业余补校以及演剧等战线均可依此展开。[①] 因此，当时"孤岛"出现了打着"洋旗报"名义的诸如《文汇报》《译报》周刊、《华美周刊》等抗日报刊，出版了《鲁迅全集》及《资本论》中译本和埃德加·斯诺《西行漫记》，也涌现出如新怡和纱厂夜校等工人业余学校，而最能对广大"孤岛"市民产生积极影响的文化工作方式则主要是演剧。学者孔海珠在论及中共地下党的"孤岛"文艺政策时写道：

---

① 孔海珠：《于伶传论》，上海人民出版社，2014，第169页。

> 租界的畸形发展，使地下党文委考虑如何教育这几百万人民。他们在租界要娱乐，要有东西看，话剧是很好的形式，党指示要继续搞好剧团……如果不能演明显影射抗战或写上海现实生活的戏，至少要演不屈服、不投降，不变节要有正气的戏。①

1938年以后，"孤岛"的电影厂纷纷关门。一些拍摄娱乐片的公司因缺少电影剧本而难以为继，从20世纪20年代开始即涌入上海的美国好莱坞电影拷贝也因战时交通管制而停止输入，许多电影院处于完全闲置状态，这就给演剧活动提供了前所未有的空间。同时，由于电影和戏剧这两种艺术表演门类最具有相似性，在电影业一蹶不振之际，长期以来沉浸于电影世界的上海"孤岛"市民转而向演剧寻求精神慰藉。大力推动"孤岛"的演剧活动因而成为中共文艺工作的必然选择。

在此环境下，于伶领导和组织的"上海剧艺社""戏剧交谊社"等进步戏剧团体承担了大量的演剧任务。他们排演《雷雨》《爱与死的搏斗》等中外经典剧目，吸引了一些观众，但由于这些剧目与"孤岛"文艺斗争方向存在较大的疏离，并不能适应中共关于"孤岛"文艺运动的需要，排演一些具有抗日倾向的剧作无疑是当务之急。然而，由于大批左翼戏剧家已经内迁，能立足于"孤岛"社会现实的剧作家已寥寥无几，创作剧本的任务自然就落在于伶身上。

1939年于伶创作的剧本《夜上海》显然是"听将令"的"孤岛"文学杰作，它集中地体现了中共的文艺方针，揭露了日本侵略而造成的社会苦难，唤醒"孤岛"市民抗战的觉悟，鞭挞不法商人和汉奸，表现了中国人不做亡国奴的家国情怀。这部作品成为"孤岛"复杂政治环境中战斗的利器，其成功对于当时抗日剧本严重缺乏的中国剧坛也有激励性作用。它出版两个月后，《大晚报》发表了燕华的文章《〈夜上海〉评》，该文指出"《夜上海》作者，为剧本荒的中国剧坛，铺上了一条平坦的大道，它指示出中国剧作者新的路向"。② 确实的，一年后，曹禺的《蜕

---

① 孔海珠：《于伶传论》，上海人民出版社，2014，第180页。
② 燕华：《〈夜上海〉评》，《大晚报》1939年8月14日，转引自孔海珠编《于伶研究专集》，学林出版社，1995，第403页。

变》、夏衍的《心防》等抗战题材戏剧不断出现即是明证。

五幕话剧《夜上海》主要以梅岭春和周云姑一家在"八·一三"沪战爆发后逃入"孤岛"两年来的活动为明线，反映了当时上海社会各阶层的动态、人民的苦难和抗日意识的增长。开明士绅梅岭春带领一家人逃难到上海，大儿子和大媳妇被日寇打死，女儿梅萼辉所嫁非人。梅岭春尽管处于走投无路的境地，但仍保持着民族气节，不受敌人威胁利诱，并萌生了抗日的决心。而周云姑则为了拯救患重病的母亲而被迫卖身。剧本同时还讲述了梅家的仆人李妈一家的故事，着重设置了李大龙参加游击队的叙事暗线，以此凸显抗战的思想意蕴。

由于"孤岛"政治环境和文化环境的特殊性和复杂性，《夜上海》在抗战主题的书写上有"隐而不发""藏而不露"的特点。这部戏剧的成功在于，它既能揭露日本侵略，唤醒民众的抗日意识，又能抓住时局变化的热点，同时抓住舆论关注的社会热点，顺应上海"孤岛"市民的生活情态，叙写他们身边的悲欢故事，从而最大限度地激发其强烈的共鸣，以达到对他们进行抗战教育的目的。本文以《夜上海》的戏剧叙事为论述主线，并与淞沪会战及上海"孤岛"的史实相互印证，力图揭示1939年于伶在戏剧战线上落实中共关于"孤岛"的文艺方针、对民众开展抗战宣传教育的精神轨迹。

第一节　战争与生民之多难

"八·一三"淞沪会战爆发之际，号称"十里洋场"的上海顿时被战争分割成截然不同的地理区域。苏州河北岸的闸北、虹口地区战火连天，国民党驻军第九集团军在总司令张治中的指挥下向日本侵略军驻沪陆战队发动进攻，日军在舰炮和飞机的掩护下疯狂反扑，日机狂轰滥炸，建筑物化为灰烬，中国军民横遭虐杀，生灵涂炭。与此同时，英、美、法等国出于地缘政治的战略考虑，苏州河南岸的公共租界和法租界当局立即宣布"中立"，居住在闸北、虹口地区的外侨和中国殷实之家及许多难民潮涌而入，深受战火波及的沪宁、沪杭铁路沿线的地主、乡绅也成群结队到租界的"中立"区避难。这样，上海以苏州河为界，形成了泾渭分明的两种地域：兵火弥漫的闸北、虹口战区和相对平静的租界。这两种区域之间有严格的边界，正如《夜上海》第一幕开篇所言："上海，这东方的大都市，大得叫我们这些生活在它的底层的每天劳碌着的人摸不着它的边。它是有边的，有华丽热闹的边，也有荒凉冷落的边。"① 这是隐喻，也是战争的现实写照。淞沪会战期间，从"荒凉冷落的边"涌入"华丽热闹的边"的难民不计其数。据学者统计，淞沪会战爆发后，单是8月13日当天，"涌入租界的难民就有6万余人，直接暴露在炮火下的闸北、虹口、杨树浦、南市和近郊一带居民避至租界总数在20万以上，各收容所顿患人满，后至者竟露宿街头。随着战区向江浙蔓延，江浙难民也大量涌入上海，最高峰时达70万"。② 著名报人、现代史家陶菊隐在《大上海的孤岛岁月》一书中描述了当时的具体情形："租界当局对于这些无家可归的难民，本拟拒之门外，曾将租界边沿的几扇大铁门紧紧关闭，但因人多势大，租界当局无法阻挡，只得将租界内若干学校、庙宇和公共场所腾出来，辟为临时难民收容所。"③

《夜上海》第一幕开场就将这种人间惨剧置于观众面前。戏剧布景里夜幕将临，远处是仓库之类的大建筑物在炮火中焚烧，在枪炮声和人群的叫声哭声混杂中，从安徽荆溪来逃难的梅岭春一家蜷伏在租界的铁丝网前。租界铁门紧闭，数不清的声音向租界里的人们哀求。梅岭春是富裕的地主乡绅，如今落难至此，因为"家乡全完了，处处家破人亡，家家流离失所"（第206页）④，沿途逃难中他的大儿子、儿媳音讯全无。梅岭春一家如丧家之犬，不断向出现于租界内的同乡钱恺之哀告乞求，终于在其帮助下得以成功进入租界，然而此时租界巡捕驱逐人群，梅岭春和小儿子梅珠失散了。于伶之所以设置这种呼天抢地、惊心动魄的戏剧开场，一方面固然是为了重现那场引起世界舆论关注的租界大逃亡（当时英国人创办的《字林西报》和美国人创办的《密勒氏评论报》《大美晚报》等都

---

① 于伶：《夜上海》，《于伶剧作选》，人民文学出版社，1979，第200页。
② 高红霞：《从申报看同乡组织在淞沪抗战中的难民救助》，上海市政协文史资料编《上海纪念抗日战争胜利60周年研讨会论文》，上海人民出版社，2005，第190页。
③ 陶菊隐：《大上海的孤岛岁月》，中华书局，2005，第4页。
④ 于伶：《夜上海》，《于伶剧作选》，人民文学出版社，1979，第206页。

刊发了大量的图文报道），借此表达对日军残暴行径的控诉；另一方面也通过地主乡绅梅岭春的落难凸显战争给江南广大农村所造成的灾难。梅岭春在家乡富裕有名望，曾在前清得过功名，民国初年当过议员，开办实业，创建学校，"太平时候在乡下只有人家跪在地上央求他"，而此时故乡已罹遭浩劫，祠堂、学校化为灰烬，为了进入租界他同全家人在铁丝网前等了一天一夜，并向钱恺之、孙焕君等人双膝下跪，其低三下四、卑躬屈膝的情景令人痛心疾首。《夜上海》由此将戏剧叙事延伸到乡村世界，采取虚写手法展开乡村的灾难叙事，从而拓展了剧本反映社会现实的广度和深度。更重要的是，《夜上海》开场用如此激烈的方式讲述一个地主乡绅遭受的屈辱，必然使"孤岛"民众产生强烈的共鸣和同情，让他们感受到敌人的残酷和国土之危脆，从而起到警醒和教育之实效。燕华当时评论道："由上海四处乡村逃避到上海来的华胄儿女们，他们身上都染着羞辱，一生心血所创造的田舍，都给已吞没在赤焰火舌中了，聪明的剧作者如能把他们记录下来，无疑的它会是一个震动每一个上海人心灵的成功的剧本。"①

尽管租界是相对安全和平的避难之地，但它绝不是真正的安身之所。《夜上海》第一幕名为"何处桃源"，实含反讽之意，在神州陆沉的战争岁月里，何处可寻桃源仙境。且不说战争初期租界屡次遭受敌机轰炸，市民中流弹死伤数千人，单是难民涌入后"孤岛"日益严重的住房问题就足以让民众苦不堪言。起初租界当局曾颁布了一些优待新房客的措施，但在人口直线上升而一房难求的情势下，所有政策宣告失效，代之而起的是租房的"顶费"。所谓"顶费"就是二房东出租房屋时向房客收取的一笔费用，当二房东把自己的租屋分出部分房间租与他人，住客必须预先拿出一笔钱交给二房东，才能租住。由于房子供不应求，二房东勒索或撵走住户、催逼房租的情况时常发生，造成许多人间悲剧。这是上海"孤岛"极为突出的社会问题，当时引起中外舆论的关注，对此《夜上海》也给予充分的揭示。梅岭春一家在"孤岛"租住的房子才住了两个月，就付

---

① 燕华：《〈夜上海〉评》，《大晚报》1939年8月14日，转引自孔海珠编《于伶研究专集》，学林出版社，1995，第404页。

了三个月的房租，而且还加了两次房钱，因生活陷入困顿，梅妻赵贞只得当起了二房东，她仿效"孤岛"房东的做法，要求住户必须遵守如此严苛的规定："没有保人不租，没有职业的不租，没有家眷的也不租。有小孩的不租，有病人的不租，有老太婆的也不租。电灯只许点到十一点钟，要不，就自己装火表……"① 这种规定简直把流落"孤岛"的许多难民逼近绝境，难怪她的儿子梅珠说这是"发国难财"。《夜上海》最震撼人心的戏剧情节是周云姑一家的悲剧故事，这个逼良为娼的社会现实是导致周云姑人生惨剧的直接动因。周云姑的父亲在战火中失散，她和母亲、弟弟流浪到上海"孤岛"，母亲病重，生活无着，正在念书的弟弟只得到街头卖报，而二房东陈太太每天催逼房租，不但强迫他们交出母亲的救命钱，还限令他们若交不出三个月的房租立即走人。周云姑为了挽救母亲的生命，只得到处谋职，先是差点被人送去当日军的"慰安妇"，逃脱出来后万般无奈之下只能去街头当了暗娼。于伶通过这个戏剧情节反映了"孤岛"沉痛的社会现实，也对落井下石的二房东给予严厉谴责。

除了高昂的房租，飞涨的物价也是导致"孤岛"市民生活困境的重要原因。由于日伪对产米区及粮食运输的统制，加上投机商囤积米粮、暗盘操纵、哄抬价格，人口迅速膨胀的"孤岛"民生愈加艰难。据学者李巧芸的研究，相对于1926年，上海"孤岛"的米价上涨了75%，而一般物价指数涨幅多达2.7倍。② 而上海工人的生活费指数也成倍增长，详见表7-1。

表7-1 1936~1941年上海工人生活费指数与批发物价指数比较

年份	批发物价指数	工人生活费指数	百分比（物价指数=100）
1936	108.50	105.04	96.8
1937	118.60	119.08	100.4
1938	142.60	150.62	105.6

---

① 于伶：《夜上海》，《于伶剧作选》，人民文学出版社，1979，第246页。
② 李巧芸：《"孤岛"时期上海米价研究》，硕士学位论文，华中师范大学历史文化学院，2016，第35页。

续表

年份	批发物价指数	工人生活费指数	百分比（物价指数 = 100）
1939	232.00	197.52	85.1
1940	505.70	428.35	84.7
1941	1099.30	826.84	75.2

注：该统计以1936年为基期。上海社会科学院经济研究所编《上海解放前后物价资料汇编，1921~1957年》，上海人民出版社，1958，第84页。

民众无力承担如此高昂的物价，罢工此起彼伏，抢米风潮不断发生。1939年8月20日，由于米价紊乱，杂粮交易所停止出售粮食，有500多人冲进沪西昌平路某米店，抢走面粉一百袋。同年12月抢米风潮愈加剧烈，单是15日、16日两天就发生抢米案54起，被抢去大米2100担。[①]《夜上海》对于物价问题给"孤岛"民众造成的苦痛也有深入的描写。戏剧第二幕"劫后灰"写到梅家的仆人李妈买米的情形：米店门口人山人海，尽管米价高涨，但每人只能买一升半；民众争先恐后手持钞票抢米，有人趁火打劫，把一妇人耳朵上的金耳环连皮带肉摘走了。李妈手上的买米钱也遭到抢劫。为了维持生计，梅妻赵贞热衷于打牌，希望赢钱补贴家用。而周云姑一家更是陷入绝境，弟弟周小云从报贩借来准备给母亲买药的一块钱也被二房东抢夺而去，一家人三顿无着，仅靠半碗粥度日，母亲病重，房租又催逼得紧，周云姑最终被迫卖淫。

《夜上海》显然涉及了当时"风俗戏"中常见的妓女题材。1938年描写"八·一三"事变后上海"孤岛"逼良为娼的电影《胭脂泪》上映，其塑造的妓女金援形象引起很大的反响，第二年改编成沪剧在"孤岛"天宫剧场成功演出。于伶充分利用"孤岛"观众的期待视野，讲述小人物周云姑的悲剧人生，从而再次触动了观众的内心深处，使他们产生同情和怜悯，从而让他们的精神境界得到洗礼和升华。正如当时的观众沈仪所言："主题扣住这些可怜的渺小的生命，唯其这些生命过于渺小，一种无

---

① 转引自李巧芸《"孤岛"时期上海米价研究》，硕士学位论文，华中师范大学历史文化学院，2016，第47页。

力的悲哀擒住我这看了两次的中小产观众。"①

于伶在戏剧中反映"孤岛"民众苦难生活的同时，始终不忘强调日本的侵略是导致生民多难的根本原因。他在《夜上海》中多次通过赵贞的口说出了这个道理。赵贞有点自私、爱慕虚荣，但她明白苦难的根源是"日本兵害的"。以一个思想较为落后的"中间人物"来揭示戏剧的主题，这样的情景设置更有助于唤起广大"孤岛"市民潜在的抗战意识。

第二节　上海"孤岛"的舞女叙事

20世纪二三十年代是上海都市现代化发展的"黄金时代"。建立在资本主义经济基础之上的现代都市不但拥有汽车、摩天大楼、咖啡馆、舞厅、电影院和跑马场等机械物质形态，而且有商品生产与消费、证券交易和印刷出版等软性的流通形态，同时前所未有地拓展了都市的文化想象。一种与乡土中国的古典美学传统截然不同的现代都市美学也随之产生，并最终形成了上海三四十年代极为独特的文化及文学景观。② 随着1927年上海第一家营业性舞厅巴黎舞厅的开业，上海的舞业获得迅速发展，尤其是1933年被称为"远东第一乐府"的百乐门舞厅的正式开张更是把上海舞业推至巅峰。除了大舞场之外，大华饭店、月宫饭店及大新、永安等游艺场和一些咖啡馆也纷纷开设舞场，极一时之盛。据战前1937年的统计，上海全市舞场已超过50家。③ 当时的西藏路被人称为"舞厅路"，其盛景可见一斑。应该说，30年代的上海市民普遍接受了跳舞这种新兴的娱乐

---

① 沈仪：《我怎么看〈夜上海〉》，《剧场艺术》第10期1939年8月，转引自董海珠编《于伶研究专集》，学林出版社，1995，第402页。
② 陈旋波：《时与光——20世纪中国文学史格局中的徐訏》，百花洲文艺出版社，2004，第50页。关于上海现代都市社会生态及文化形态的论述已相当丰富，本文不再赘述。详见下列著作：忻平：《从上海发现历史——现代化进程中的上海人及其社会生活1927—1937》，上海人民出版社，1996；〔法〕白吉尔：《中国资产阶级的黄金时代（1911—1937）》，张富强等译，上海人民出版社，1994；〔美〕罗兹·墨菲：《上海——现代中国的钥匙》，章克生译，上海人民出版社，1986；吴福辉：《都市漩流中的海派小说》，湖南教育出版社，1995；李今：《海派小说与现代都市文化》，安徽教育出版社，2000；〔美〕李欧梵：《上海摩登——一种新都市文化在中国（1930—1945）》，毛尖译，北京大学出版社，2001。
③ 马军：《1948年：上海舞潮案》，上海古籍出版社，2005，第3页。

活动，而且将其视为"摩登"的表现。1933年《夜报》上发表了一篇署名为"义务律师"的文章，专门为跳舞辩护。该文把跳舞和洗热水浴、打高尔夫球等"摩登"运动作比较，认为这些运动中以跳舞最有益，因为"跳舞怎样锻炼身体，怎样助长消化，怎样柔软运动，凡是加入跳舞以后，都能加以承认的"。① 这种观点尽管只把跳舞视为一种运动，有意忽视了其作为一种男女社会交往行为而可能带来的诸多问题，但它在上海市民中确实具有普遍性。

舞厅作为上海都市文化的重要公共空间，一方面它是上海受西方商业文化和消费文化影响的产物，在某种意义上它是现代都市文明的表征，体现了一种新型的运动及娱乐方式，也为追求独立的女性提供职业的选择；另一方面由于舞厅是男女公开社交场所，它既能演出男欢女爱的喜剧，也可能酿成女性沦落风尘的悲剧。事实上，舞厅既是交际娱乐的公共空间，也是藏污纳垢之地，它往往成为男人寻找感官刺激甚至猎艳的场所。对此，《夜上海》中的舞女吴姬深有感触："这些跑跳舞场的舞客，不是在家里玩腻了太太，就是碰了相好的钉子，才到舞场里来找点刺激刺激的。他们所讲的刺激，就是换换口味。所以舞客的眼睛呀，比猎狗的鼻子还尖还厉害。他们就像猎狗一样专寻找特别的口味。"② 1938年的一篇文章甚至把舞厅视为"变相的高等妓馆"，说卖淫成为"舞场的副业"。③ 李欧梵在考察20世纪30年代上海的都市文化空间时特别论及舞厅，他说"上海之夜的动人之处与卡巴莱和舞厅的魅力是同义词"，同时也指出了舞厅这种声名不佳的都市欢场特性："到30年代，舞厅成了上海城市环境的另一个著名，或说不名誉的标记。"④ 正因为舞厅的这种复杂情形，社会对舞女的关注点也大相径庭：既有同情舞女不幸的生活处境，也有谴责她们用花招和伎俩骗钱和破坏别人家庭的；既有肯定她们的情爱欲求，也有聚焦她们扭曲变态的心理。20世纪30年代的中国文学，无论是左翼小

---

① 《义务律师为舞辩护》，《夜报》1933年11月，转引自张金芹《另类的摩登：上海的舞女研究（1927—1945）》，硕士学位论文，华东师范大学历史学系，2007，第8页。
② 于伶：《夜上海》，《于伶剧作选》，人民文学出版社，1979，第286页。
③ 《舞女在中国》，《力报》1937年12月10日。
④ 〔美〕李欧梵：《上海摩登——一种新都市文化在中国（1930—1945）》，毛尖译，北京大学出版社，2001，第29页。

说还是新感觉派都以各自的立场和视角留下了不少不同情态的舞女形象，兹不赘述。

上海沦为"孤岛"后，社会呈现了一片腐朽、浮华的景象。据鲍威尔1939年初的调查，此时的"孤岛"上海"赌场、鸦片烟馆、海洛因吸食所、妓院如雨后春笋般出现，几乎遍及城市各个角落"。① 舞业因受战争的影响一度出现停滞，但随后不久由于人口急剧增长，涌入"孤岛"的富商巨贾携来大量资本，舞厅又得到迅速恢复和发展。加上日伪的压迫和租界当局的统制，一些"孤岛"民众情绪低落、意志消沉，其心里的痛苦和压抑亟须排遣。同时，许多从各地逃难来的女性因生计穷困，求职无着，被迫当上了舞女。据学者的相关统计，当时有甲、乙、丙三类舞场37所，票价普遍便宜，跳舞愈来愈趋向大众化。② 数量巨大的舞女尽管得以勉强谋生，却在灯红酒绿、纸醉金迷中沉沦，有的甚至沦为妓女。如何正确地教育引导她们并使之振作起来、走上新路，无疑是"孤岛"进步文化界的责任。"八·一三"事变后不久，许广平和钟民协助创办一所专为舞女开办的学校东旦女校，舞女在这里免费学习国文和算术，同时接受政治上的启蒙教育。于伶也于1938年底创作了描写舞女题材的五幕剧《花溅泪》并成功上演。该剧以褒贬分明的笔触直面上海舞女的现实生活状态，一方面对洋场阔少的恶行和舞女的堕落予以谴责，另一方面也为舞女指出了一条光明的新路。与爱慕虚荣的舞女曼丽形成鲜明对照，米米、丁香和顾小妹这三个被侮辱与被损害的舞女在现实的教育下终于觉醒，她们勇敢地告别过去，走向"为国担责"的新生之路。《花溅泪》的演出引起轰动，当时有人分析道："舞场在'孤岛'蓬勃产生。而一般穷苦家庭的少女，也认为当一个舞女是比做妓女是略胜一筹，做舞女的多了，而给舞场抛一个《花溅泪》的炸弹，我认为这是很有意义的。"③ 该剧公演后，许广平领导的"上海妇女互助会"曾召开一次舞女座谈会，许广平亲临讲话，一些著名的舞女也谈了自己的观剧体会。当时出席会议的陈望道归

---

① 魏宏运：《抗战时期孤岛的社会动态》，《学术研究》1998年第5期。
② 张金芹：《另类的摩登：上海的舞女研究（1927—1945）》，硕士学位论文，华东师范大学，2007，第10页。
③ 钟望阳：《祝上海剧艺社周年》，载上海剧艺社公演《夜上海》特刊1939年8月。

纳了会议内容，其中写道："凡是新女性在这个时候都应该起来了。不但要谋求私人问题的解决，也应该谋求国家民族问题的解决。"①

"孤岛"为数众多的舞女的生活问题确实是于伶无法回避的。他有了创作《花溅泪》舞女题材的经验，而且臧否分明的主题指向也十分明确。《夜上海》赓续了舞女形象的塑造，并在思想倾向上呈现出与《花溅泪》不同的特点。于伶在《夜上海》中明显弱化了舞女寻求光明新路的主题，而更突出了舞女在现实环境下被动异化的生活状态。这个中原因既有"孤岛"舞女生活现实的变化，也有戏剧艺术表现的需要，同时也是剧本主题构思的一种缺憾，实在耐人寻味。

与《花溅泪》的舞女故事大多发生于豪华的舞厅和旅馆不同，《夜上海》将舞女吴姬和冯凤的生活空间局限于上海"孤岛"拥挤的出租房里。在戏剧布景上《花溅泪》里那种光怪陆离、灯红酒绿的舞场也被《夜上海》逼仄狭窄的弄堂房间所代替。"孤岛"舞女的生活境遇显然比战前更为艰难，大量无业女性涌入，房租奇高，物价飞涨，吴姬再不能像《花溅泪》里的曼丽、米米和丁香那样随时在旅馆开房，只能和逃难来的梅岭春一家一起挤在弄堂里，忍受着房东的盘剥。她痛恨黑心肝的房东，仗才打了几个月，"房钱倒五块、十块地加过几次了"。吴姬和梅家合住不久，就被自私的二房东赵贞撵走，搬至他处和周云姑一家住在一起。"孤岛"初期上海舞场停顿，她没有经济收入，其困境可想而知。此时于伶对吴姬的生活境遇显然是充满同情的，他承认一个女人在"孤岛"当舞女实乃生活所迫的无奈之举，因而不忍心对其所作所为予以过多的道德谴责，而是给予更多的怜悯与宽容。这实际上也是"孤岛"进步文化界团结广大舞女的一种必要的策略。《夜上海》里有一段吴姬的自白透露了于伶对于"孤岛"舞女所持的这种态度——

> 我虽然跳舞跳了三、四年了，可是我为什么跳舞？还不是为了生活！当初，要是有别的路让我走，有别的职业给我做，我是绝不会偶然地把跳舞当作我的出路的！可是，说老实话，近来我倒觉得跳舞是

---

① 陈望道：《因〈花溅泪〉的演出说到新女性》，《鲁迅风》第8期，1939年3月8日。

我最方便的职业,最容易生活的路了。①

这里可以看出吴姬当年是因为走投无路才当上舞女的,其境遇在"孤岛"时期更加困难,这类舞女的人数也很多,自然值得同情。当然,吴姬身上带有典型的舞女职业特性,沾染了舞女阶层常见的许多不良习性,如风流妖冶、玩世不恭。她拥有周旋于舞场的交际手腕,擅长用花招和伎俩吸引舞客,也会玩弄"龙头"与"拖车"的情爱游戏。在戏剧中吴姬为了私利,不顾钱恺之已娶梅萼辉为妻而与之私通。于伶无疑对其这种不良习性和行为予以谴责和否定。剧本同时也写了吴姬善良的一面。当周云姑无路可走之时,吴姬和冯凤一起鼓励她加入舞女行列,并不厌其烦地教她练习跳舞。

舞女冯凤的形象比较模糊。她是美术专门学校的学生,因家庭经济困难下海当了舞女。冯凤虽是刚入舞场的新手,却已成为安乐宫舞场里的红舞女,其照片登上晚报广告,求跳舞的人络绎不绝。她在吴姬的调教下,迅速成为舞场的红人。冯凤有一套属于自己的生活哲学:"生"和"活"应该分开,人之求"生"很难,但吃饭、睡觉的"活"容易;有些人"活"在世上却不一定"生"着,而有些人死了几千年了却仍"生"在我们脑子里。这种生活哲学表明冯凤还是有精神追求的,令人自然想起臧克家的"有的人活着他已经死了;有的人死了他还活着"的名言。对于冯凤沦为舞女的原因,于伶也表现出同情和宽容。根据戏剧中冯凤的自述,她有五个兄弟姐妹,父亲从抗战一开始就失业了,有人劝她父亲"跳浜""过桥"去做出卖灵魂的勾当。冯凤接着道出了自己当舞女的原因:

  你们想,一个出卖了灵魂的人,自然是可以活着,活下去,而且活得比别人好。可是我们能说这没有了灵魂的活人是"生"着吗?所以我,我们兄弟姊妹劝他,阻止他,不让我父亲"跳浜""过桥"去出卖灵魂。但是一家人的生活问题怎么办呢?为了这件事情,我苦

---

① 于伶:《夜上海》,《于伶剧作选》,人民文学出版社,1979,第 292 页。

苦想了两个礼拜了。想不出好法子。我狠了狠心，跳下海，当舞女！①

在冯凤看来，当舞女是一种职业，它不仅不是"出卖灵魂"，反而是担起家庭责任、避免父亲出卖灵魂的有效方式。这样就消解了长期以来加诸舞女身上的污名化印象，使舞女职业获得了某种道德上的合法性，也从侧面表明当时在上海"孤岛"有着同样遭遇的舞女数量巨大，不能轻易给予道德上的谴责。

吴姬和冯凤两个舞女形象在《夜上海》中的戏份不多，更关键的是与《花溅泪》里那些追求光明的舞女相比，她们显得浑浑噩噩甚至鄙俗不堪。那么此时于伶为何不充分利用戏剧人物关系的契机而延续《花溅泪》之为舞女指明新路、表现她们觉醒的主题呢？笔者认为，这确是《夜上海》的一大缺陷。"孤岛"时期舞女的生活处境确实更加艰难，剧作者对其同情也更为深切，然而作为一部"国民孤愤进出的夜的上海之讴歌"，②《夜上海》对舞女形象的叙写仅仅停留在庸俗的生活层面，不能像《花溅泪》那样表现她们的振作以及"为国担责"的决心，这未免不引为憾事。事实上，在这部戏剧演出后不久，一些评论家就指出其在题材、人物关系等方面存在的缺陷，如有人说它"过分迁就观众而放弃了提高观众的后果"，③如夏衍说剧作者尚不能做到"对于成趣的题材的无情的割爱"。④这些观点确实切中肯綮。不过，《夜上海》塑造这两个舞女形象既是于伶直面"孤岛"社会现实的创作动机使然，在编剧法上也是为了烘托周云姑学跳舞不成而最终被迫卖淫的情节，在顾此失彼之间忽视了对舞女形象的主题提炼。由于这部戏剧能够表现抗战主题的人物关系较多，对这两个舞女形象的塑造也就不应过于苛求了。

---

① 于伶：《夜上海》，《于伶剧作选》，人民文学出版社，1979，第293页。
② 于伶：《〈夜上海〉小序》，转引自孔海珠编《于伶研究专集》，学林出版社，1995，第62页。
③ 天佐、石灵等：《论于伶的〈夜上海〉》，《大晚报》1939年8月21日，转引自孔海珠编《于伶研究专集》，学林出版社，1995，第419页。
④ 夏衍：《于伶小论》，见《夏衍论创作》，上海文艺出版社，1982，第501页。

第三节　租界政治夹缝中的抗战主题

由于处在"孤岛"特殊的政治环境，《夜上海》的演出曾遭到租界工部局的刁难。尽管这部戏剧的抗日内容多用曲笔写出，但在剧本审查时就被删掉许多与抗战有关的对白语汇。然而，《夜上海》在璇宫剧场首演时舞台上下共鸣默契，观众对其抗日主题依然心领神会，取得了良好的教育宣传效果。《夜上海》公演数天后，"孤岛"的进步文艺界曾组织召开了座谈会，参加者有翻译家蒋天佐、林淡秋，电影演员石灵，左翼作家戴平万以及当时在上海戏剧交谊社工作的王元化等九人。他们充分肯定了《夜上海》取得的成绩，同时也指出了剧本在题材选择、主题提炼及编剧艺术等方面存在的问题。对于这部戏剧的主题，与会者的意见是高度一致的："拉法格曾经把'金银'当作左拉小说的大主题。如果要我们也指出《夜上海》的大主题是什么？那么我们认为应该是'抗战'了。"① 这确实是毫无疑义的。然而最值得关注的是于伶是如何在"孤岛"错综复杂的政治环境下巧妙地利用戏剧艺术的特性来实现这个主题的，换言之，《夜上海》的抗战主题是如何通过戏剧叙事得以呈现并在"孤岛"的政治夹缝中获得生存和发挥戏剧的教化功能的。

作为一名在"孤岛"奋战的中共地下文艺工作者，于伶当然肩负着唤醒民众抗战觉悟、反对汉奸和宣传中共领导的"孤岛"文艺运动及江南游击战争的任务。而这些抗战内容有些可以明示，有些则只能通过曲折幽微的手法来表达。1937 年 11 月国民党军队因淞沪会战失利而退出上海，尤其是南京和杭州陷落后，"孤岛"民众普遍感到困顿和消沉。时任国民党浙江省主席的黄绍竑说："如果一国的首都或一省的省会沦陷了，在旧的眼光看起来，好似这一个国或这一省就算完了。所以当南京和杭州相继失守之后，有些人就感觉到亡省亡国之恐慌！有些人则继续他醉生梦死的生活而一切不理。"② 这种悲观沉沦的社会意识在上海"孤岛"民众

---

① 天佐、石灵等：《论于伶的〈夜上海〉》，《大晚报》1939 年 8 月 21 日，转引自孔海珠编《于伶研究专集》，学林出版社，1995，第 414 页。
② 黄绍竑：《五十回忆》，云风出版社，1945，第 405 页。

中普遍存在，甚至有过之而无不及。引导"孤岛"民众从困顿和消沉中摆脱出来，使之正确认识抗战形势，帮助他们了解中共领导的"孤岛"文艺运动及游击战争，唤醒他们的抗日意识，增强其抗战信心，无疑是《夜上海》的创作主旨，而于伶运用何种表现手法来揭示这些抗战主题则显然必须考虑到租界的政治环境因素。租界工部局一方面对于抗战言论采取了相对宽容的态度，使"孤岛"文化界"争得了抗战言论的公开性与合法性"[1]；另一方面它又对一些所谓"过激"的抗日言论加以限制乃至取缔。与此同时，日伪特务也加紧对租界抗战言论的缉探和剿杀（如1939年8月特务杀害了《大美晚报》华文版副刊编辑朱惺公）。在这种政治夹缝中，于伶充分发挥戏剧艺术的叙事特性，对《夜上海》的抗战内容进行了巧妙的线索安排，从而使戏剧主题得以顺利呈现。

　　狄德罗说："布局就是按照戏剧体裁的规则而分布在剧中的一段令人惊奇的历史。"[2] 从西方戏剧结构论观之，《夜上海》兼有锁闭式和人像展览式两种结构的特点，它一方面截取了梅岭春一家逃难"孤岛"的生活情节；另一方面多角度地展示"孤岛"的芸芸众生，在结构上继承了西方从古希腊悲剧到契诃夫的戏剧艺术传统。在创作构思上，《夜上海》采取了"幕前戏"与"幕后戏"相结合、明线与暗线交相并用的戏剧叙事手法来表现抗战主题。这部戏剧的抗战内容共分成三条线索：一是梅岭春一家逃难到"孤岛"并逐渐觉醒的过程，此为明线；二是李大龙领导的游击队在家乡的抗日活动，此为暗线；三是中共在上海"孤岛"开展的地下抗日斗争，此亦为暗线。应该说，西方戏剧艺术的这种明暗结合的锁闭式叙事结构为于伶在"孤岛"特殊政治环境中"适当"地展现抗战主题提供了有利的艺术空间。于伶之巧妙利用戏剧艺术的特性来揭示主题，这点往往为论者所忽视。

　　先来说《夜上海》的两条叙事暗线，它们构成了戏剧抗战主题的主脉。

　　关于李大龙领导的游击队在家乡的抗日活动，剧本采取"先抑后扬"

---

[1] 白屋：《一年来上海文化界的总检讨》，《译报周刊》第12期，1939年1月1日。
[2] 〔法〕狄德罗：《论戏剧艺术》第10章，陆达成、徐继曾译，《文艺理论译丛》1958年第1期。

"欲擒故纵"的写法。戏剧一开场就制造悬念,梅家仆人李妈的儿子李大龙在战乱中失散了,李妈四处打听,痛不欲生。到了第三幕郑根发从乡下来到上海,把日本占领家乡的情况告知梅岭春后,李妈得知儿子李大龙有了下落:他和许多年轻人上山打游击去了。这条线索的高潮在第五幕,是通过"回顾"的戏剧手法呈现出来的。梅岭春被钱恺之、孙焕君等人哄骗胁迫回到家乡,日军抓了他并强迫其担任维持会长。他坚决反抗,日军抢掠了他家的财物并放火烧了房子,最后是李大龙带领的队伍把他救了出来。"是大龙救我回来的!不遇见他,要是没有大龙他们的军队,我,我怕是不会回来了。"[1] 梅岭春最后点明了大龙他们的军队手臂上有一个符号"N4A"(新四军),至此中共领导的新四军江南游击战已跃然纸上。根据剧本提示,梅岭春的家乡是在安徽宣城郎溪县的荆溪梅渚,揆之于史实正是当年新四军抗日活动的重地,如今尚存有新四军一支队后方医院和第四兵站的旧址。1937年10月12日,国民政府军事委员会宣布,南方8省14个地区(不含琼崖)的红军和游击队,改编为国民革命军陆军新编第四军,第二年春江南各游击队奉命到皖南歙县岩寺集结整编,距离梅岭春故乡宣城郎溪县仅有一百多公里。尽管《夜上海》里的新四军语言符号在公演时被租界工部局明令禁止使用,但"孤岛"观众自然心领神会,这样戏剧就达到了宣传中共抗日游击战争的艺术效果。

《夜上海》的另一条叙事暗线是关于中共在上海"孤岛"开展的地下抗日斗争,这条线索由于直接触及"孤岛"的政治生态,因而表现得更为隐晦。中共领导的"孤岛"抗日活动以文化斗争为主,这方面已取得许多研究成果。这些文化斗争包括:成立领导"孤岛"文化斗争的中共江苏省委"文化运动委员会"即"文委";翻译《资本论》《西行漫记》,出版《鲁迅全集》,传播马克思主义和进步思想;创办《译报》《上海周报》等报刊,宣传抗日思想;以工厂、学校为阵地,在进步青年中传播革命理论和爱国主义思想,组织师生开展抗战募捐;推动杂文创作,领导

---

[1] 于伶:《夜上海》,《于伶剧作选》,人民文学出版社,1979,第320页。

戏剧运动。① 于伶娴熟地运用戏剧叙事手法透露了"孤岛"这些进步文艺活动的"个中消息",从而传递出一条或隐或现的"孤岛"文艺斗争线索。《夜上海》的第二幕"劫后灰"写到了梅萼辉因亲人失散而精神苦闷的情节,她想以读书自遣,但能看得下去的唯有"新出的一份《译报》,时常有些翻译的好文章"。② 剧中提及的《译报》当然不是于伶随意拈来的报刊,而是中共在"孤岛"形成初期创办的一份十分重要的报纸。《译报》创刊于1937年底,夏衍为发行人,梅益、林淡秋担任编辑,它有对战事的报道和分析,有对国际局势的评论,有介绍外国媒体对抗日的声援,有对日军弱点的暴露,"是当时上海唯一的宣传抗战的中文报纸"。③ 由于其鲜明的抗日立场,在它出至第十二期时,日军通过租界当局把它查封了。它停刊后,"文委"以英国人的名义创办了《每日译报》和《译报周刊》,继续开展抗敌斗争。《夜上海》将这份已被日军取缔的抗战报纸嵌入剧中,有心的观众当然能够心领意会。戏剧中这条抗战线索的关键人物是梅岭春的小儿子梅珠。他随家庭逃难到"孤岛"后,在学校接受了进步思想的教育,是梅家最早具有抗战觉悟的人。梅珠经常在家中提及的何老师显然是中共在"孤岛"的地下工作者,在何老师的影响教育下,梅珠看清了抗战形势,认清了汉奸的面目,他引用何老师的话表明了收复失地、抗战必胜的信念:"北定中原不够,要就痛饮鸭绿江水!"他不断地鼓励家人为抗战捐款,促进了李妈和母亲赵贞的抗战觉悟,同时对父亲梅岭春起着重要的推动作用。这条线索看似随心,其实是于伶在"孤岛"开展文艺斗争的自我写照,流荡着一个中共地下文艺工作者的满腔的激情和崇高的情怀,可谓于伶的夫子自道。

《夜上海》的叙事明线是梅岭春及其家人逐渐觉醒的过程,随着剧情的展开,梅萼辉、赵贞、李妈的思想认识都有所转变,其中以对梅岭春本

---

① 详见杨幼生、陈青生《上海孤岛文学》(上海书店,1994)、王鹏飞《"孤岛"时期文学期刊研究》(华东师范大学2006年博士学位论文)和胡叠《上海孤岛话剧研究》(文化艺术出版社,2009)等。
② 于伶:《夜上海》,《于伶剧作选》,人民文学出版社,1979,第227页。
③ 戴知贤:《中国共产党领导的"孤岛"文艺斗争》,《中共党史研究》1996年第4期。

人思想转变的描写最为突出。先来分析梅萼辉的变化。梅萼辉天生丽质，温柔娇弱，既有中国传统女性的矜持自守，又具有新女性的自主意识。她随家人进入租界后，由于感念钱恺之的救助之恩而嫁给了他，当她发现钱恺之和汉奸孙焕君同流合污、和舞女吴姬勾搭成奸之后，愤然与他分手。梅萼辉虽然仍念念不忘钱氏的爱，但在她心目中男人最重要的是不能做"对不起国家民族的坏事"。最后她以民族大义正告钱恺之："劝告你，这个时代，青年人应该做的事情多得很！走一个中国人应该走的路，别落个孙焕君这样的下场！"① 梅萼辉面对个人感情创伤和民族大义，终于挣脱了"情"与"恩"的羁缚而获得觉醒和成长，这种思想转变是令人信服的。至于在剧中有些喜剧色彩的赵贞、李妈的思想转变，着墨不多，逻辑也较为牵强。于伶写出了赵贞自私的性格，当她获知周小云等报童纷纷为抗战捐款后，从训斥儿子梅珠转而支持他省下菜金捐出钱款。李妈也从一个寻亲者转变成一个为儿子骄傲的母亲。

对于《夜上海》主人公梅岭春的思想转变，在当时"孤岛"进步文艺界的座谈会上，天佐、石灵等人就运用马克思主义的阶级观点和阶级分析方法进行了深入的剖析。他们认为，《夜上海》成功地塑造了梅岭春形象，从抗战统一战线的理论看来，乡绅阶级具有参加抗日的可能性，但战时的文学作品却从未表现此类形象，在这意义上于伶开创了这一题材。在这篇由落蚀文（王元化）执笔的座谈会记录中，他们深入分析道——

> 于伶正确地写出这个清高气傲的老乡绅随着客观浪潮的冲击，经济基础的摧毁发生各种变化，他首先感到抗战对他的压迫，发生了厌恶，随后跟着因为经济基础的摧毁，对抗战又发生了动摇，甚至准备回乡去"为虎作伥"，但到了乡间碰见真正中国大众斗争的情形，使他不得不放弃了动摇的态度，否定了过去的基本观念。梅岭春从自在的路走到自觉的路上来是非常自然的，作者巧妙地把客观的影响对于

---

① 于伶：《夜上海》，《于伶剧作选》，人民文学出版社，1979，第817页。

人物发展过程的关系联系起来。①

此说强调了人物转变的客观因素，至今仍不失为至论，然而也忽视了梅岭春作为一个深受中国传统文化影响的进步乡绅所具有的主观能动性。梅岭春的思想转变固然是在"孤岛"受困、经济剥夺等诸多客观因素的激发下发生的，但正如笔者在"乡土社会与人生体验：废名在故乡的精神之旅"一章中揭示的，乡绅阶层体现了传统统治结构在乡村社会组织中的有效运作机制，在政治上充当贯通官与民的桥梁，在经济上一方面拥有较大的财富；另一方面通过开办实业、捐款救灾来维系与乡民、官府的经济关系，更重要的是他们在乡土文化上的主导地位。乡绅阶层大多来自科举体制，在他们身上有深厚的家国情怀和儒家"士可杀不可辱"的不屈精神，在民困邦危之际奋袂而起也就顺理成章了。梅岭春就是这类深受儒家文化浸染的乡绅，他清末以科举仕进，民国初年当过议员，而后在家乡开办实业，创建学校，其乡绅身份的自我认同使他在亲身经历了日军的暴行后最终觉悟。大儿子和儿媳被杀、家园丧失，这些惨痛的事实使梅岭春认识到日军的罪恶，唤醒他这一传统士大夫身上潜藏的反抗力量，戏剧中他始终以士人精神自许，不断用南宋诗人陆游的《剑南诗稿》自励。在戏剧最后一幕"星移斗转"中，梅岭春积极鼓励周云姑姊弟和梅珠回乡去"锻炼，磨炼"，跟随大龙他们去抗战。至此，《夜上海》的抗战主题得到了升华，在富商乡绅云集的"孤岛"，于伶通过剧作让一个曾经狭隘自利、明哲保身的乡绅主动走上了支持抗日的道路，这也许是于伶创作这部戏剧最大的动力吧。于伶以这些人物的觉醒，给予"孤岛"民众抗战必胜的信念："在星移斗转之中，茫茫长夜毕竟度过了。接着星移斗转之后到来的天明，还会远吗？"②

于伶面对的是1939年上海"孤岛"特殊的政治环境和市民观众的生活情态，既不能像抗战初期的话剧那样表达昂然亢奋的抗日激情，也不能

---

① 天佐、石灵等：《论于伶的〈夜上海〉》，《大晚报》1939年8月21日，转引自孔海珠编《于伶研究专集》，学林出版社，1995，第416页。
② 于伶：《〈夜上海〉小序》，转引自孔海珠编《于伶研究专集》，学林出版社，1995，第62页。

像大后方戏剧那样灵活自如地选择各种不同的抗战题材,他不得不"潜行"于"孤岛"文艺战线上,"合法化"地利用戏剧这一富有表现力的艺术形式和演出舞台,吸引广大观众,寓教于戏,以戏言志,这也是一场看不见硝烟的"苦斗",其勇敢及艰危处应为论者细心体会。

第八章　侠义与隐喻：王度庐在沦陷区的武侠小说修辞

　　王度庐是一位长期被文学史忽视的武侠大家。20世纪七八十年代台湾叶洪生批校的"近代中国武侠小说大系"，收录了王度庐作品7部，其中包括"鹤—铁五部曲"，是为王度庐小说的第一个权威版本。90年代初王度庐的作品在中国大陆陆续出版，其小说成就在张赣生的《民国通俗小说论稿》（1991）略有描述。迄至90年代中期，尤其是2000年李安根据王度庐同名小说改编的电影《卧虎藏龙》获得奥斯卡金像奖最佳外语片后，这位武侠小说家才逐渐被人们认知。学者徐斯年经过多年的钩沉稽古、爬梳剔抉，对王度庐的生平及创作情况有了较详细的了解，终于撰写成《王度庐评传》，该书于2005年由苏州大学出版社出版，代表了王度庐研究的最新成果。近年来关于王度庐的研究论文逐渐增多，其武侠小说也进入文学史叙述，如苏光文、胡国强主编的《20世纪中国文学发展史》2008年修订版就将王度庐等武侠小说家列入专门章节加以论述。① 随着现代通俗文学及沦陷区文学研究的推进，在沦陷区成名的王度庐越来越受到史家的关注。

　　王度庐，原名葆祥，字霄羽，1909年生于北京下层旗人家庭，幼时失怙，依靠母亲为人缝补度日。1924年高小毕业后，他因家境困难而放弃继续深造的机会，刻苦自学，一年后开始在宋心灯创办的《小小日报》发表文学作品。由于深受鸳鸯蝴蝶派影响，王度庐的创作多为言情、侦探

---

①　详见韩云波、宋文婕《生命力的突进：王度庐研究三十年》，《西南农业大学学报》（社会科学版）2011年第6期。

第八章 侠义与隐喻：王度庐在沦陷区的武侠小说修辞

和社会小说，后专注于写作武侠小说，偶有散文发表。1931 年，他应邀担任《小小日报》编辑，三年后随恋人李丹荃离开北平赴西安，先后任陕西省教育厅编审室校对员和《民意报》编辑。王度庐婚后不久即携妻返回北平，1937 年春他们应李丹荃二伯父之召同赴青岛。1938 年 1 月青岛沦陷，王度庐因生活所迫，遂接受时在《青岛新民报》任副刊编辑的关松海之邀向该报投稿，其武侠小说陆续在该报连载。其间曾任《青岛新民报》编辑。至抗战胜利之际，王度庐在《青岛新民报》（包括合并后的《青岛大新民报》）及南京《京报》上连载武侠、言情及社会小说共 18 部，其中享有盛誉的是五部互有联系，又各自独立的武侠小说"鹤—铁五部曲"（《鹤惊昆仑》《宝剑金钗》《剑气珠光》《卧虎藏龙》《铁骑银瓶》）。战后他仍在青岛报刊连载各类小说。新中国成立后，王度庐曾先后在旅大行政公署教育厅、沈阳东北实验学校任职，1977 年病逝于铁岭[①]。

1939 年，王度庐是在青岛沦陷区度过的。1937 年 12 月济南陷落，月底青岛国民党驻军不战而撤，翌年 1 月青岛全市被日军占领。1939 年 1 月，伪华北临时政府批准设立青岛特别市公署，青岛市伪政权正式成立。日军在山东沦陷区推行"治安强化运动"，建立情报系统和特务组织，设立集中营，对人民的抗日言行进行严厉钳制和残酷镇压，罪恶累累。[②] 在文化思想方面，日军以"新民会"等反动组织为阵地，对沦陷区人民实行奴化宣传教育。1937 年 12 月成立于北平的"新民会"是日军参谋部和特务机关炮制的汉奸文化组织，宣扬"圣战""王道乐土""兴亚灭共"。1938 年山东新民会成立，伪省长唐仰杜任会长，设立新民教育馆、新民学校，创办反动刊物，对沦陷区群众推行奴化教育、欺骗宣传和思想统治。日军占领青岛后，扶植成立新民会青岛特别市总会，由伪市长赵琪任会长兼委员长，日本人担任副会长。创刊于 1938 年 1 月的《青岛新民报》是新民会青岛特别市总会的机关报，由日本军方控制，借汉奸对外伪装成民办报纸，成为日军在青岛开展奴化宣传的主要工具。该报 1938

[①] 关于王度庐的生平及创作概况，可参见徐斯年《王度庐评传》（苏州大学出版社，2005）及《民国言情武侠小说家王度庐年表》（《西南大学学报》2014 年第 6 期）。

[②] 详见吕伟俊、宋振春《山东沦陷区研究》，《抗日战争研究》1998 年第 1 期。

年 6 月正式改版，调整版面结构，扩大报道面，丰富副刊内容，邀请一些作家创作连载小说，以麻痹消磨民众的抗日意志。王度庐携妻到青岛一年后，青岛陷落，妻子李丹荃伯父的住宅被日军侵占，财产丧失殆尽，王氏夫妇被迫赁屋而居，生活无着，王度庐只得重操旧业，接受《青岛新民报》副刊编辑关松海之邀撰写武侠小说。时在天津沦陷区的另一位武侠小说家宫白羽也遭受同样际遇，其子后来在分析父亲当时的创作心态时如是说，此可作为追寻王度庐创作心迹的参考。

> （父亲）只剩下一种谋生手段——写小说；又被报社文艺编辑套了一个小小的紧箍——只准写不要历史背景的纯武侠小说。为了吃饭，先父只得束手就擒，开始从事不愿做而又只得做的武侠小说写作生涯。这总比当汉奸强。①

在这种情况下，王度庐于 1938 年 6 月首次以"度庐"②的笔名开始在刚改版的《青岛新民报》连载长篇武侠小说《河岳游侠传》。该小说于同年 11 月连载完毕。与此同时，另一部长篇武侠小说《宝剑金钗》接着在《青岛新民报》连载，至 1939 年 7 月底载毕。《宝剑金钗》的小说主体创作于 1939 年，是王度庐的成名作，在"鹤—铁五部曲"中举足轻重。

王度庐在日伪报纸《青岛新民报》连载武侠小说，其直接创作动机乃谋生度日，本意也绝非配合敌人粉饰太平、消磨民众反抗意志。事实上，王度庐很早就具有民族救亡意识，他 20 世纪 30 年代初曾以"柳今"的笔名在北平《小小日报》上发表许多杂文，其中有些篇什涉及反帝抗日，如《恶五月》把 1919 年袁世凯签订"二十一条"、1925 年五卅惨案和 1928 年日军在济南屠杀无辜平民等发生在 5 月的历史事件联系起来，控诉帝国主义的侵略，"死难同胞们的血迹还兀自如新"，国耻何时得雪？如在《团圆月照破碎国家》一文中对长白山虎狼群踞、沈阳同胞屈服在

---

① 宫以仁：《谈白羽传记小说〈泪洒金钱镖〉》，香港《明报周刊》1986 年第 244 期。
② 据李丹荃的说法，笔名"度庐"有特殊含义，"度"就是"渡"，希望能够"混一混"，"度"过这段艰辛，"渡"向"辽远的水平线"的彼岸。这也是王度庐被迫写小说谋生的佐证。详见徐斯年《王度庐评传》，苏州大学出版社，2005，第 18 页。

第八章　侠义与隐喻：王度庐在沦陷区的武侠小说修辞

异族铁蹄之下的民族危难痛心疾首。写于1930年的《烛边思绪》则从朝鲜亡国的惨痛和安重根刺杀伊藤博文的壮举想到祖国的沉沦窳败而不禁怆慨。① 这些抗日救亡倾向鲜明的文章表明王度庐具有强烈的家国情怀和忧患意识。然而，面对日伪在占领区的恐怖政策，王度庐不可能像战前那样以文章来表达抗日思想，更何况其作品是发表在日伪的主流报纸《青岛新民报》上，彰明较著的抗战内容无疑难以存身。

那么，王度庐在《青岛新民报》上连载并被该报用以吸引读者的诸多武侠小说是否仅仅当作沦陷区民众娱乐和排遣内心苦闷之用？民众是否因之消磨了抵抗意志？抑或是作者别有怀抱，在武侠小说中隐伏着某些与抗战有关的意绪？

哲学家傅伟勋曾就经典解读提出了"创造的解释学"的新范式，他认为这种解释学分为循序渐进的五个步骤或程序：（1）"作者实际上说了什么"，即"实谓"；（2）"作者真正意谓什么"，即"意谓"；（3）"作者可能说什么"，即"蕴谓"；（4）"作者本来应该说什么"，即"当谓"；（5）"作为创造的阐释家，我应该说什么"，即"创谓"。② 这种文本解读方法无疑有助于我们对王度庐的武侠小说进行由表及里、由显及隐的发掘与阐释。袁一丹的《隐微修辞：北平沦陷时期文人学者的表达策略》一文以沦陷时期滞留北平的文人学者为对象，通过对其作品修辞层面的条分缕析，并从这些"隐微修辞"和表达策略中揭示出他们"难以言明的心事"。③ 该文的研究方法为探讨王度庐武侠小说的隐秘意蕴提供了有益的启示。笔者认为，王度庐于青岛沦陷区创作的武侠小说在敌伪的政治压力下，利用武侠小说这一中国文学传统，通过人物塑造和主题寄寓了匡扶正义的中华游侠精神，隐曲地表达了对日军的邪恶行径和汉奸助纣为虐的反抗心态，同时借助一些怀旧叙事来言说黍离之悲，并在文本细节描写的内容取舍和隐微修辞中曲折地寄托幽愤和怀抱。本书以王度庐1939年在《青岛新民报》连载并获得强烈反响的武侠小说《宝剑金钗》为中心，运

---

① 徐斯年：《王度庐的早期杂文》，《苏州教育学院学报》2010年第1期。
② 傅伟勋：《从西方哲学到禅佛教》，生活·读书·新知三联书店，1992，第51页。
③ 袁一丹：《隐微修辞：北平沦陷时期文人学者的表达策略》，《中国现代文学研究丛刊》2014年第1期。

用历史与美学相结合的方法，着重对这部小说的主题和人物发微抉隐，同时辅以修辞学阐释，力图从中寻绎1939年王度庐身处沦陷区的隐现心迹。

《宝剑金钗》连载结束后，于1939年9月由《青岛新民报》报社推出单行本，"不及一月，即已告罄。乃决定重印五千部"，不久又即告罄，于是一印再印，共售出数万册。① 该书以李慕白的行侠经历及与俞秀莲、谢翠纤的感情纠葛为主要线索，展现了清末江湖世界和现实社会的复杂景象。侠士李慕白在比武中爱上了镖师之女俞秀莲，而后得知秀莲已许配给孟思昭，他在护送镖师一家逃脱仇敌追杀的旅途中与俞秀莲相互爱慕，最终却义斩情丝。李慕白在北京与隐姓埋名的"小俞"（即孟思昭）结为生死之交；孟思昭对李慕白和俞秀莲的爱情已有察知，他在对抗恶霸黄骥北的战斗中壮烈身死。李、俞两人为孟思昭的高义所感动，遂终身不论婚嫁。小说穿插了李慕白与妓女谢翠纤的爱情故事，同时凸显了其与满洲旗人德啸峰、小贝勒铁二爷以及史健的知己之交。小说情节跌宕起伏、扣人心弦，叙述张弛有度、收放自如，人物形象个性鲜明、生动可感，不愧是王度庐武侠系列的代表作。在沦陷区的特殊政治环境里，这部小说是如何在人们习以为常的武侠叙事中通过隐微修辞而隐曲地传达出某些与抗战有关的意绪呢？

第一节　《青岛新民报》与王度庐的写作处境

1937年日军占领华北之后，敌伪就针对新闻出版建立起一套具有殖民性质的监管系统，对新闻出版进行严厉统制。在舆论宣传方面，日本中国派遣军总司令部纠合各地日军特务机关负责制定政策和具体实施，汪伪政权也设立相应的机制配合日军开展舆论宣传及新闻统制。日本华北方面军强调，对违反临时政府政策的设施、言行、出版物等，严加取缔。② 1938年2月10日，伪中华民国临时政府颁布了《危害民国紧急治罪法》，规定"以文字图画或演说为叛国之宣传者"，视情节轻重可分别判处死

---

① 徐斯年：《王度庐评传》，苏州大学出版社，2005，第25页。
② 郭贵儒：《日伪在华北沦陷区新闻统制述论》，《河北师范大学学报》2003年第3期。

刑、无期徒刑或十年以上有限徒刑。同年，通过了《出版法》和《治安警察法》，加强对人民言论的限制。日伪对新闻出版、电影戏剧等的审查、登记、运营和处罚规定了严格的制度，一经发现有违禁物品即给予取缔和诉究。1939年4月伪天津特别市公署情报处和新闻事业管理所在日军的直接干预下宣布对天津《国强报》等予以"废刊"。日军为了美化其殖民统治、欺骗沦陷区民众，在沦陷区各地自办或指使新民会等汉奸组织创办了许多鼓噪"大东亚圣战""中日亲善"等陈词滥调的报刊，《青岛新民报》就是其中之一。

关于《青岛新民报》，学界已有专论。① 《青岛新民报》创刊于1938年1月，社长张传基、尾池义雄，总编辑山田春三、桥川俊、郑寿康。该报表面上是汉奸伪装成的民办报纸，实际其主要报务完全由日本情报处操控。日方社长尾池义雄学者出身，长期充当日本侵华的文化间谍，是一个中国通，著有《日本近代社会史研究》《从战术看拿破仑》《孙子》《中国文学讲话》等作品，在华北沦陷期间担任日本《报知新闻》的驻华记者，也是《青岛新民报》的实际控制人。该报于1938年6月进行改版，由原来的日出半张两版扩为对开两大张四版，并增设有关妇女、儿童、家庭及娱乐、文学副刊，以吸引读者，它有记录的日销量达到四万份，"成为当时青岛地区发行量最大的一份中文报纸"。② 《青岛新民报》在扩容之际，发表了《本报革新与文化使命》的改版词，该文除了吹嘘日军的战绩和攻击国共两党外，重点突出报纸改版革新的使命是"本东亚和平素志，中日提携信心，发扬东亚文化，加强反攻战线"云云，由此可见，《青岛新民报》作为新民会青岛特别市总会的机关报，它是日军进行文化侵略、控制新闻舆论和灌输奴化思想的工具。

《青岛新民报》的时事报道美化战争，为汪伪卖国行径张目，诋毁中国抗日力量，宣传法西斯国家战果，其社会新闻则突出"治安强化运动"，宣扬奴化政治。为了粉饰太平，该报的副刊除了原有的"新声"

---

① 详见禚迎春《〈青岛新民报〉研究》，硕士学位论文，中国海洋大学，2009；王磊《日本第二次占领青岛期间日办中文报纸研究》，硕士学位论文，山东大学历史文化学院，2014。

② 青岛市志办公室编《青岛市志·新闻出版志》，新华出版社，1997，第22页。

外，还增设了"文学""妇女""家庭""社会服务""娱乐"等刊，其中的"文学"副刊显然是早已有所筹谋的，而且列为报纸改版的重头戏。《本报革新与文化使命》改版词中有言："特约海内文豪担任撰述，提高文化体格"①，当指邀请王度庐、陈慎言等小说家为"文学"副刊撰稿之事。于是，《青岛新民报》在改版前两天刊出了连载王度庐武侠小说的预告。

> 本报自六月一日起扩大篇幅（改为两大张），材料力求充实，对副刊内容，尤力加刷新！兹已征得名小说家王度庐先生之精心杰作长篇武侠小说《河岳游侠传》，由六月一日起逐日在第八版刊登，并聘专家绘制插图。该说部立意深远，情节玄妙，穿插紧凑，趣味浓厚。特此预告，敬希读者诸君注意是幸。②

在此之前，"新声"副刊也登载一些文学作品，内容多为色情享乐，虽能麻痹民众意志，但由于艺术水平欠佳而应者寥寥，难以吸引大量读者。日伪控制下的《青岛新民报》之所以特辟出武侠小说专栏，并邀王度庐担纲撰稿，无疑是有其充分考虑的。一是武侠小说的特性。陈平原说："武侠小说作为一种通俗艺术，主要是满足城市公众消遣和娱乐的需要。"③ 发端于19世纪末包括武侠小说在内的鸳鸯蝴蝶派小说胸无大志、自甘庸俗，如羽白在《小说旬报》撰文称小说是为了"聊遣斋房寂寞，免教岁月蹉跎"，④ 正因为如此，五四新文学采取与之决裂的态度，一些新文学家不断对之痛斥。如沈雁冰说它是小市民的"迷魂汤"⑤；郑振铎说它"悬盼着有一类'超人'的侠客出来"，以此"宽慰了自己无希望的反抗的心理"；⑥ 瞿秋白则索性以诗嘲弄之："济贫自有飞仙剑，尔且安心做奴才。"⑦ 武侠小说这种重在娱乐消遣、无关家国忧患的特性正投合了

---

① 《青岛新民报》1938年6月1日，第1版。
② 转引自徐斯年《王度庐评传》，苏州大学出版社，2005，第20页。
③ 陈平原：《千古文人侠客梦》，北京大学出版社，2018，第68页。
④ 羽白：《〈小说旬报〉宣言》，《小说旬报》1914年第1期。
⑤ 沈雁冰：《封建的小市民文艺》，《东方杂志》第30卷第3号。
⑥ 郑振铎：《论武侠小说》，《郑振铎文集》第6卷，人民文学出版社，1988，第336页。
⑦ 瞿秋白：《吉诃德的时代》，《北斗》第1卷第3期。

日伪消磨民众抗战意识、转移民众不满心理的政治需要。二是武侠小说的读者影响力。无论是清代的《七侠五义》还是20世纪20年代平江不肖生的《江湖奇侠传》、赵焕亭的《奇侠精忠传》都拥有为数众多的读者。在1937年天津沦陷区，《庸报》因连载武侠小说《十二金钱镖》而一时洛阳纸贵，由于吸引了大量读者，作者宫白羽的稿酬也从每万字4元飞涨到10元以上。因此，《青岛新民报》之大力推出王度庐的武侠小说当然也是为了招引读者，从而达致扩大报纸影响、加强奴化宣传的目的。三是王度庐本身作为武侠小说家的知名度。王度庐来到青岛之前已是北平著名的通俗小说家，他19岁时就发表武侠小说《侠义夫妻》，后又创作了《黄河游侠传》《燕赵悲歌传》等武侠作品，还有大量社会小说、言情小说问世，在艺术上日臻成熟。这样的作家正是《青岛新民报》改版词所谓的"海内文豪"，自然符合该报的要求，势必能产生与天津《庸报》签约作者宫白羽同样的效应。

王度庐初到青岛曾享受了海滨避暑的悠游生活，但战争很快就把他推向艰难的处境。他在一篇题为《海滨忆写》的散文中写道："命运，不久便发生时局的变化。把避暑变成了避难，快乐休养变成了忧患战亡，度了半载多的恐怖生活。"① 这片言只语透露出其在青岛沦陷之际所遭受的战乱之苦。王度庐受邀为《青岛新民报》副刊撰写武侠小说，既是因生活困顿所迫，也有排遣自身精神苦闷、转移心理压力的因素，当然同时也发挥了其小说创作的特长。他明知《青岛新民报》是在日军操控下汉奸组织青岛新民会的机关报，青岛日本总领事大鹰正二次郎、伪青岛市市长赵琪等日伪头目都曾为该报极力鼓吹，在这样的报纸上连载小说难避与敌伪同流合污之嫌疑，这种痛苦和焦虑对于写过抗日杂文的王度庐来说确实难以形容。从心理学角度看，身处青岛沦陷区的王度庐有明显的焦虑症倾向，这无疑和他的写作处境和复杂心境密切相关。这种焦虑征候，从其妻李丹荃的回忆中可见一二。王度庐出名后，许多人上门拜访，不少人企图借他的名声而达到某种目的，想拉他出去"做事"，李丹荃描述道：

---

① 王度庐：《海滨忆写》，《青岛新民报》1938年6月2日。

> 他厌烦应酬，更不想做什么事情，便借病婉辞。又怕得罪人，在家中听见敲门声，便急忙卧床，表示病重。海边是不去了，就是街上，也非必要不肯去。这几年可以说他过的是闭门不出，"自我囚禁"的生活。①

这完全符合焦虑神经症的医学特征，是典型的焦虑病状。弗洛伊德把焦虑分为"现实性或客观性焦虑"、"神经性焦虑"和"道德性焦虑"三种："现实性焦虑"产生于对外界危险的知觉；"神经性焦虑"是人意识到自己本能所可能招致的危险而产生的焦虑，往往体现为强迫症、恐惧症等类型；"道德性焦虑"是自我对羞耻感和罪恶感的体验，其产生的原因是自我意识到了来自良心的危险。② 这三种焦虑类型，王度庐兼而有之。在现实性焦虑方面，他所担心的一方面是日伪对他小说创作的监检、审查与压制，其发表连载小说的机会有可能被剥夺；另一方面则是自己的作品是否起了为日伪粉饰太平的作用，对当汉奸的焦虑伴随始终。在神经性焦虑方面，他明显罹患了社交恐惧症，这是现实性危险投射到潜意识而导致的神经病征，闭门不出、"自我囚禁"等社会隔离实乃恐惧症的典型表征。在道德性焦虑方面，他对自己在《青岛新民报》这一汉奸报纸上登载连篇累册的武侠小说并产生巨大反响的行为心存道德伦理上的焦灼，内心深感不安，这种情绪持续了数十年，以至于到了20世纪70年代他还对自己曾经创作武侠小说的历史三缄其口。在青岛沦陷区的汉奸报纸上连载武侠小说，对于王度庐而言不啻是一场危机四伏的精神考验。

显然，王度庐的写作处境最关键的问题在于如何处理武侠小说所关涉的政治。一般来说，武侠小说尽管着重描述江湖故事，但并非与政治绝缘，反而总是体现出忠奸是非的政治倾向。鲁迅以《忠烈侠义传》为例，概括了武侠小说的核心旨归："大旨在揄扬勇侠，赞美粗豪，然又必不背于忠义。"③ 在《水浒传》以降的武侠或英雄传奇中，单是有"义"还不够，重要的是这种"义"必须最后落实于"忠"。这种"政治正确"在

---

① 转引自徐斯年《王度庐评传》，苏州大学出版社，2005，第206页。
② 〔奥〕弗洛伊德：《精神分析引论》，高觉敷译，商务印书馆，1984，第321～324页。
③ 鲁迅：《中国小说史略》，《鲁迅全集》第9卷，人民文学出版社，1981，第278页。

清代武侠小说表现得淋漓尽致。陈平原指出："英雄要想不落魄江湖，就得投靠明主；要想位极人臣，就得既忠且义——这一古老中国的'国情'，已为甚多英雄传奇所再三诠释，清代侠义小说家不过接过来略加发挥而已。"① 到了民国时期，虽说武侠小说重返江湖世界，传统武侠小说所强调的"忠"已随清朝的灭亡而失去存在的根基，然而近代以来因抗击西方列强入侵而兴起的民族国家意识又赋予了"忠"一种崭新的意蕴，武侠小说的政治性往往指向了对异族的反抗和斗争。平江不肖生（向恺然）1922年应世界书局之约开始创作武侠小说，当时正值反帝浪潮，其《近代侠义英雄传》满足了民众反抗异族侵略的心理需求，这部小说演绎大刀王五抗击八国联军和神拳霍元甲"三打外国大力士"的英雄传奇，甚是大快人心。他的处女作《江湖奇侠传》也对近代语境下的忠义关系给予新的阐释，小说中铜脚道人是如此教训少年侠客欧阳后成的：

  一个道士杀了你的母亲，你拼死拼活地跟人学法，回家乡报仇。有异种人残杀了你无数的祖宗，你倒也不把这事放在心上……有人告我说欧阳后成是个神童，谁知乃是一个这么没志气的小子。②

毫无疑问，平江不肖生这种鲜明的反抗异族的意识在王度庐青岛沦陷区时期的武侠小说中根本不可能出现。王度庐之克服焦虑的唯一方式是疏离政治，尤其是消解从夷夏之辨到近代反抗侵略的一切国族政治。毋庸讳言，在这个意义上说，王度庐武侠小说的民族政治大大倒退了。《宝剑金钗》虽然把故事背景设置在清末，但有意地淡化了时代氛围，遮蔽了鸦片战争以来的民族矛盾，小说中全然不见中国人反抗列强入侵的历史痕迹，即使是清廷的身影也极为模糊，留下来的仅是旗人德啸峰、小贝勒铁二爷等个体知己，主人公李慕白因而失去了"忠"的对象，他已绝不可能做一个具有崇高民族气节的忠烈之臣了。鉴于王度庐当时艰难的写作处境，对此我们应该要有一种钱穆所言的"同情之理解"。此外，王度庐对"忠君"政治的有意遮蔽同时也切断了小说向敌伪表达政治效忠的路径，

---

① 陈平原：《千古文人侠客梦》，北京大学出版社，2018，第56页。
② 平江不肖生：《江湖奇侠传》第三十四回，岳麓书社，1988。

使《青岛新民报》很难对其提出汉奸的政治要求，这不能不说是一种良好的写作策略。

在传统武侠小说的"忠义"两者中，《宝剑金钗》一方面因政治生态而遏抑了"忠"的价值实现；另一方面则最大限度地凸显了"义"的价值意义，通过对"义"这种武侠小说内在规定性的深入审视，设定了意味深长的侠义小说修辞，在义薄云天的武侠伦理境界中隐曲地传达出王度庐萦绕心头、挥之不去的反抗意绪。

第二节　以侠义销胸中块垒

1939年9月青岛新民报社推出的《宝剑金钗》单行本上，有一篇王度庐的自序。王度庐在这篇序言中简述《宝剑金钗》的创作过程："自京来青岛，闲居无俚，遂日写一二千言，刊于《青岛新民报》，藉遣海滨风月，而销胸中块垒。"① 那么，此时身处青岛沦陷区的王度庐有何种"胸中块垒"呢？这篇序言对于《宝剑金钗》的创作动机现身说法，尽管在某些重要关捩处婉转隐晦、欲言又止，但透过其篇章的修辞话语，我们对王度庐的幽微心绪也许能略窥一二。兹引录如下：

> 昔人不愿得千金，惟愿得季布一诺，侠者感人之力可谓大矣。春秋战国秦汉之际，一时豪俊，如重交之管鲍，仗义之杵臼程婴，好客之四公子，纾人急难之郭解朱家，莫不烈烈有侠士风范，为世人之所倾慕。迨于后世，古道渐衰，人情险诈，奸猾并起，才智之士又争赴仕途，遂使一脉侠风荡然寡存，惟于江湖闾里之间，有时尚可求到，然亦微矣！余谓任侠为中国旧有之精神，正如日本之武士道，欧洲中世纪之骑士。倘能拾撷旧闻，不涉神怪，不诲盗淫，著成一书，虽未必便挽颓风，然寒窗苦寂，持卷快谈，亦足以浮一大白也。频年饥驱远游，秦楚燕赵之间，跋涉殆遍，屡经坎坷，备尝世味，益感人间侠士之不可无。兼以情场爱迹，所见亦多，大都财色相欺，优柔自误。

---

① 王度庐：《宝剑金钗》，北岳文艺出版社，2015，第1页。

因是，又拟以任侠与爱情相并言之，庶使英雄肝胆亦有旖旎之思，儿女痴情不尽娇柔之态，此《宝剑金钗》之所由作也。①

王度庐这篇为《宝剑金钗》撰写的序言深意存焉。他诉说自己在战争岁月里颠沛流离、历经困苦、备尝世味的境况，进而"益感人间侠士之不可无"。他在文中从饥驱远游、屡经坎坷的个体经验突然跳跃到对"人间侠士"的呼唤，这其中必然蕴含许多令人义愤填膺的人间不平事，这种修辞方式上的急收和跳脱显然是意在言外。日本发动的不义战争滥杀无辜、生灵涂炭，文章仿佛要召唤英雄义士替天行道、铲平人间不平事，此乃王度庐序言之"意谓"也，也就是他不能明示的"胸中块垒"。该文以春秋战国秦汉之际的侠义英雄发兴，历数公孙杵臼、程婴等豪俊的侠气高义，指出这种古代侠风于今已荡然，作此小说旨在将留存于"江湖间里之间"的游侠精神重新发扬。与此同时，该文对武侠小说中任侠与爱情的关系进行了阐析，为创作"侠情小说"张本。

该文最值得重视的是此句："余谓任侠为中国旧有之精神，正如日本之武士道，欧洲中世纪之骑士。"看似信手拈来，实乃含蕴幽深。王度庐把"中国旧有之精神"的任侠和日本武士道、欧洲中世纪骑士相提并论，表面上看有点与日伪报纸之政治倾向"套近乎"的意味，但其深层意蕴上却别有所指。从语法逻辑上而言，这句话是省略句，在语义上完整的句子应是："余谓任侠为中国旧有之精神，正如日本之武士道精神，欧洲中世纪之骑士精神。"进而言之，王度庐在这里谈论的不是"任侠""武士道""骑士"的行为本身，而是"侠义精神""武士道精神""骑士精神"。武士道是古代日本随着武士阶层兴起而形成的一种道德规范及哲学，经平安时代、镰仓时代和室町时代的产生和发展，到江户时代趋于成熟和完善，它以"义勇奉公"为最高原则，在日本走上军国主义穷兵黩武的道路之后经历了畸变，成为日本军国主义侵略扩张的工具。真正的武士道精神讲究义、忍、勇、礼、诚、名誉、忠等德目，以义为上，轻死尚侠，反对滥杀无辜，也反对无原则的愚忠，新渡户稻造说："那些迎合主

---

① 徐斯年：《王度庐评传》，苏州大学出版社，2005，第25页。

君妄念的人，以及那些违背自己的良心侍奉主君的人，在武士道中是被鄙弃的。"① 尽管武士道后来为虎作伥，但作为一种道德规范的真正武士道精神曾为日本的立国维新做出贡献。梁启超曾撰有《中国之武士道》一文，强调以中国古代的侠义和日本武士道精神来激发民气，他认为公孙杵臼、程婴的义举就是中国古代的武士道精神："程婴、杵臼之义，古今称之，吾赞盖赘焉。独婴大功既成，宜可不死。顾必死者，不负初志也。当时武士道信条则然也。"② 没有证据表明王度庐读过梁启超的《中国之武士道》，但有一点是确实的，王度庐和梁启超一样尊崇的是标举"义"之"原教旨"武士道精神，绝非那种在战争中烧杀抢掠的日本"军人道"。王度庐同时还把"骑士精神"与"侠义精神""武士道精神"并举，进一步昭明了其推崇的是高扬公义的道德精神。骑士是中世纪欧洲保卫教会利益和社会秩序的卫士，在漫长的历史进程中形成了"八德"（谦卑、荣誉、牺牲、英勇、怜悯、诚实、精神、公正）。骑士精神的核心准则包括不伤害老弱妇孺、不伤害俘虏、为公义而战以对抗不平与邪恶等，它是对个人的人格的爱护和尊重，为被压迫者牺牲全部力量乃至生命的慷慨勇敢精神。这种为正义而反抗邪恶、不滥杀无辜的骑士精神正是王度庐所孜孜追寻的侠义精神的真髓，也是真正的武士道精神应有之义。

王度庐对侠义精神的辨正可谓用心良苦。《宝剑金钗》正是在这种"以义为上"的侠义精神导引下书写一个义薄云天的武侠伦理世界，力图借助小说修辞话语来对抗不义与邪恶，王度庐诉诸内心反抗的幽微心绪得以充分呈现。

无疑，《宝剑金钗》把"义"神圣化了。先秦时期，"义"就成为宗法社会下社会生活的基本准则，孔子主张君子喻于义，墨子说万事莫贵于义，唐代李德裕则确立了侠义相连的法则，"义非侠不立，侠非义不成"。侠客之义，不但在于匡正扶弱、诛奸除暴，还在于报恩、复仇和救急济难。为国死难是尽忠的"大义"，而安良除暴、快意恩仇也是人伦中的"大义"。《宝剑金钗》虽由于政治原因不能如平江不肖生的小说那样去表

---

① 〔日〕新渡户稻造：《武士道：影响日本最深的精神文化》，傅松洁译，企业管理出版社，2003，第63页。
② 梁启超：《中国之武士道》，《梁启超全集》第5卷，北京出版社，1999，第1397页。

现抗击异族的"忠义",却把人伦中的"大义"演绎得淋漓尽致。以李慕白为中心,小说营建了一个大义如天的人伦世界,以此对抗黑暗和邪恶。无论是高居庙堂的德啸峰、小贝勒铁二爷,身处江湖的李慕白、俞秀莲、孟思昭、史健,还是沦落风尘的翠纤,都是侠肝义胆、高义薄云。李慕白在比武时爱上了俞秀莲,在得知她已许配他人后仍一路护送俞老镖头一家脱险,后又千里迢迢把俞秀莲母女送到宣化府;俞秀莲出于大义远赴京城拯救李慕白;任职于内务府的旗人德啸峰急公好义,对李慕白慷慨相助,为之入狱而在所不辞;八旗王爷小贝勒铁二爷多次救李慕白于危难之中;孟思昭得知李慕白和未婚妻俞秀莲相爱而甘愿成人之美,最后因与李慕白的仇敌拼命而以身殉义;与李慕白素昧平生的爬山蛇史健向风慕义,一路无私地追随李慕白;出身悲惨的侠妓翠纤挚爱李慕白,并为之壮烈身死。这些人的行侠作义丝毫没有沾染任何功利算计,一切均以大义为准则。值得重视的是,《宝剑金钗》的侠义书写颠覆了一种传统武侠小说的人物关系模式。鲁迅认为晚清侠义小说虽意在叙写勇侠之士除暴安良,但"必以一名臣大吏为中枢,以总领一切豪俊",[①]侠客甘当"名臣大吏"的鹰犬,为之保驾护航。而《宝剑金钗》则反其意而用之,德啸峰、小贝勒铁二爷这两位京城里的"名臣大吏"不但没有让李慕白效犬马之劳,使之成为徒供驱策的工具,反而他们自己也变成了推重高义的侠客,总是使身陷绝境的李慕白转危为安,他们有时甚至无视王法,和李慕白"同流合污"。这种新型的官侠人物关系模式表明,王度庐的小说所推崇的不是有严格等级分野的"忠"与"礼",而是具有近代人格平等之特质的"侠义"。《宝剑金钗》里的侠客人物之行事做人不是以社会地位而是以"义"为准绳的:李慕白与德啸峰、小贝勒铁二爷之间如此,其他人的关系也如是,即使是如翠纤这般社会地位低贱的人也能得到李慕白的真诚相待。小说写到李慕白因耗费了德啸峰的钱款而心怀不安时,德啸峰说道:

> 我德五向来交朋友是剖肝输胆,何况对你!兄弟你虽暂去,将来我们见面的机会尚多。只盼望你把心地放宽大些,无论什么事都不要

---

① 鲁迅:《中国小说史略》,《鲁迅全集》第9卷,人民文学出版社,1981,第216页。

发愁失意，遇有难办的事可以找我，我必能帮你的忙。①

德啸峰这个内务府官员，在这里俨然成为一名侠士。他与李慕白建立了真诚平等的关系，将之引为知己，给予无私的帮助，并为其坐牢发配新疆。德啸峰和李慕白两人之间的交谊完全是以义为上。身为王爷的小贝勒铁二爷也景仰李慕白的高义，不惜自己荣誉受损，为李慕白排忧解难。这种披肝沥胆的豪侠气概消解了传统武侠小说官侠之间的功利性和不平等关系，"义"被提举为一种崇高、庄严而不可亵渎的神圣伦理法则。

《宝剑金钗》之"义"的神圣性突出表现在其对侠义与爱情之间关系的处理上。在王度庐的价值天平上，侠义远远重于爱情，两者取其一，则侠义至上。这也是小说在情节设置上的鲜明特色，其中透视出王度庐捍卫侠义价值的深沉动意。

在中外文学史上，描写爱情和理性冲突的作品比比皆是。17世纪法国戏剧家高乃依的《熙德》表现了贵族荣誉战胜男女之情的古典主义主题，鸳鸯蝴蝶派作家徐枕亚创作于20世纪初的《玉梨魂》展示了封建礼教对爱情的摧残，而《宝剑金钗》则重点凸显了侠义战胜爱情的小说要旨。学界对这部小说的主题普遍存在着不同程度的误读，有学者认为李慕白与俞秀莲的爱情产生了"惊心动魄的悲剧效果""谁都知道这样太惨了"，②有学者则指出李慕白拘于江湖礼教的束缚而陷入两难伦理困境，他因挣扎于情义之间而痛不欲生，③这种观点无疑忽视了李慕白人生选择的自主性，更对王度庐之尊崇侠义的真正用意茫然不解。事实上，在李慕白的价值世界里侠义至上，"以义制情"是他自主的人生决断。李慕白听信俞老镖头要替女儿比武招亲，在与俞秀莲交手后就对这色艺双全的女子顿生爱意，当他得知秀莲已经许配孟思昭，虽也感到怅然若失、寝食难安，但江湖侠义很快就占了上风，他在护送俞老镖头一家脱险过程中更坚定了不再作非分之想的信念，把俞秀莲送到她的宣化府夫家。当德啸峰说

---

① 王度庐：《宝剑金钗》，群众出版社，2000，第431页。
② 张赣生：《民国通俗小说论稿》，重庆出版社，1991，第297页。
③ 蒋语萱：《王度庐"鹤—铁"五部曲的伦理叙事》，硕士学位论文，西南大学文学院，2017，第32页。

要帮助他成全好事,李慕白的态度十分坚决:"即使确实知道俞姑娘所许配的人已死,俞姑娘也情愿嫁我,但是我也绝不能娶她;否则我李慕白就成了一个贪色忘义的小人了。"① 难怪德啸峰称之为"奇侠"。李慕白积极帮助俞秀莲寻找孟思昭,"看他二人成了美满的姻缘,自己才算心安,才不愧一个磊磊落落的英雄"。② 而隐姓埋名的孟思昭也是义薄云天,他为了"酬谢知己",使自己的未婚妻和李慕白有情人终成眷属,竟孤剑出击,不敌而死,此种侠义何等壮烈!孟思昭死后,尽管德啸峰和小贝勒铁二爷百般规劝李慕白与俞秀莲结合,李慕白仍然无动于衷,坚守与俞秀莲的道义之交。

《宝剑金钗》虽然也写了李慕白对俞秀莲不时流露出来的眷恋深情,但在崇高庄严的侠义面前,这种情感显得有些苍白。王度庐在小说构思上并不想让侠义和爱情之间获致平衡,也不激化两者之间的矛盾冲突,而是高扬义勇的旗帜,以此对抗不义的世界。天下遍布奸人恶霸、魑魅魍魉,岂能顾及儿女情长?宝剑在前,金钗在后,王度庐通过李慕白之行侠启悟的叙事完成了一次关于正义的修辞行动。这部武侠小说在阐释学上的"蕴谓"和"当谓"也只能由读者去揣摩和体味了。

第三节 怀旧与幽微的讽喻

学者赵静蓉认为:怀旧作为一种重构历史性事件的人类意识行为,不但体现为历史感,还是一种价值论;怀旧必定是在特定情境中才能发生的,其主体具有特殊性。③ 自20世纪初现代中国文学发端以来,怀旧主题绵亘不绝,这一方面源于中国现代社会剧烈变迁导致了传统乡土世界的解体;另一方面也与作家地理空间的不断置换密切相关,城乡对照及由此产生的文学怀旧倾向尤为突出。在沦陷区的"特定情境"中,文学怀旧再度被激发——异族入侵的政治压迫使作家难以在现实生活中投射苦闷与不满,国土沦丧的创痛也使得他们对自己的故乡产生了某种疏离感,于是

---

① 王度庐:《宝剑金钗》,群众出版社,2000,第137页。
② 王度庐:《宝剑金钗》,群众出版社,2000,第265页。
③ 赵静蓉:《怀旧文化事件的社会学分析》,《社会学研究》2005年第3期。

怀旧就成了这些作家精神慰藉的一种有效方式。

对于王度庐武侠小说的北平怀旧叙事，徐斯年的《王度庐评传》已有论及。该书在"故都沧桑、京华风习"中对"鹤—铁五部曲"所关涉的北京地理风物进行了与历史相比照的发微考辨，如揭示了《宝剑金钗》中李慕白之行走路线之符合清朝帝京的城市布局，如考证了小说的一些民俗风尚与满族文化的关系，这些论析甚详，兹不赘述。需要着重指出的是，王度庐武侠小说基于北平回忆之上的怀旧叙事是在沦陷区敌伪政治压抑下的一种文学修辞策略，它一定程度地映现出作家潜在的中华民族价值认同，而其在审美想象中所呈现的某些能指符号则又极为耐人寻味，令人浮想联翩，可以被阐释为幽微的隐喻，是作者难以明说的"蕴谓"和"当谓"。

王度庐在青岛生活了12年，其小说鲜见关于青岛风物人情的描写，而对于北平却始终萦怀于心、念兹在兹。在他笔下，北京故都尽管并非理想的黄金世界，也有残暴和不义，然而千百年来在这片古老而美丽的土地上生活着伟大的人民，他们是这片土地真正的主人。王度庐怀着一种发自内心的温情和自豪展开他的怀旧叙事，借此表达对"吾国与吾民"的挚爱。这是一种精神上的原乡，其深蕴的民族尊严和中华文化认同意识不言而喻。兹引录《宝剑金钗》气势磅礴的开篇。

> 河北省（昔称直隶），南控黄河，北依燕山；东面是汪洋的渤海，西面是绵亘数百里的太行山，山上有伟大历史遗迹的长城，当中是一片广大的平原。沙河、滹沱河、永定河等几条大川，就在这广大平原的胸膛上流动着。由于地理形势，可知古代燕、赵等国何以能在此称霸争雄，而北京又为什么能作数百年的国都了。此地人民生性质朴，讲忠孝，尚义侠，重诺言，善武技，唐代的韩文公曾说："燕赵古称多慷慨悲歌之士。"而屠沽市井之中，也有肝胆相照的美谈，这完全是历史传统和地理环境所造成的一种民风。①

这段文字礼赞华北的山川形势、历史胜迹，歌颂此地人民的忠勇侠

---

① 王度庐：《宝剑金钗》，群众出版社，2000，第1页。

义，确立了整部小说之中华民族价值认同的主基调。华北已沦入敌手，王度庐以这种特殊的怀旧方式表达了对故土的眷念和心灵守望。

《宝剑金钗》写到李慕白护送俞秀莲母女到达宣化府后，即刻孤身向北京进发，他来到了居庸关长城脚下："李慕白看了山势的雄险，长城的伟大，不禁想到当年修造长城的艰难劳苦。"① 长城是中华民族伟大意志和力量的象征，自1935年电影《风云儿女》的主题歌《义勇军进行曲》成为流行极广的抗战歌曲后，歌词中的"把我们的血肉筑成我们新的长城"重新赋予了"长城"一种崭新的含义。抗战初期，《义勇军进行曲》被国民党军校定为军歌，张学良于西北练兵时特别强调了士兵齐唱《义勇军进行曲》的重大意义，淞沪会战爆发后它成了"八百壮士"鼓舞士气的战歌，这首歌把古老的长城符号提升为民族抗战的坚强意志和精神力量。对此王度庐当然心知肚明，但仍然采取急收和跳脱的修辞手法，只提及"当年修造长城的艰难劳苦"，显然是意在言外。小说描写了李慕白铲除盘踞在居庸关长城的恶霸魏凤翔，可为王度庐隐曲的长城情结提供一个小小的注脚。李慕白闻知魏凤翔的恶行后义愤填膺："这居庸关乃是由北京往口外去的要道，岂容有像魏凤翔这样的强悍匪人在此盘踞？"② 这充满义愤的反问句有点像双关修辞，言在此而意在彼，其隐晦话语的细微婉曲处有赖于读者去细心体会了。李慕白进入北京城后跟随德啸峰亲历了故都的自然美景和人文习俗，这些叙述处处显示了王度庐对于这片土地的无比深情。兹不烦举，仅引李慕白和德啸峰同游护城河的一处描写。

    小船在满浮着绿藻的河水上，悠悠地向南走去，两岸密森的垂柳，碧绿得可爱，拖着千万条长丝，在暖风和烟尘里摇荡着，一脉巍峨的城墙，绵延不绝。③

王度庐的《宝剑金钗》还有一些思致微渺的暗示修辞需要进一步探寻。小说之扬魏碑抑赵体的书法话语显然大有深意。李慕白"自幼读书，

---

① 王度庐:《宝剑金钗》，群众出版社，2000，第91页。
② 王度庐:《宝剑金钗》，群众出版社，2000，第93页。
③ 王度庐:《宝剑金钗》，群众出版社，2000，第132页。

十三岁时就应乡试,中了秀才",①按照清朝科举对书体的要求,他修习的应该是赵孟頫的赵体才对,然而小说却写他对魏碑情有独钟。这难道只是王度庐信手拈来、随意为之?或者是他有意托此言志、别有怀抱?笔者认为,《宝剑金钗》对李慕白书体偏好的描写是王度庐有意味的修辞设置,小说极力地表现出"扬魏碑弃赵体"的鲜明倾向性,这是一种用笔曲折而意含褒贬的春秋笔法,其微言大义需联系中国书法文化史加以阐发。小说写到李慕白之嗜爱魏碑有两处。一是李慕白表叔祁主事对其书体的评论。祁主事深谙仕进之道,他对李慕白的魏碑小楷字体极为不满,望其改弦易辙转学赵体。从小说中祁主事的一段话可略窥李慕白对魏碑体的执着和坚持。

> 你的字虽写的不错;可是人家只要一看,就知道你是练过魏碑的。这种字只是名士字,拿它求功名、写公事可是不行;怪不得你下了两次场都没中,大概就是你的字太不规矩。现在你看,哪一个殿试的折子和衙门里的文书告示,都是赵字!你手上有赵字帖没有?要没有,可以到琉璃厂去买一部赵子昂的龙兴寺;把那所有的草字全都挑出去,专练那规矩的字;用上两三个月工夫,也就差不多了。②

二是李慕白跟随德啸峰到平康巷见妓女谢翠纤的情节。李慕白虽早听说妓女翠纤有"侠妓"之名,但她毕竟只是一个风尘女子,最多是一睹风采而已,却料不到未见人先见物,翠纤屋里的摆设引起他的注意。

> 李慕白四周看这屋里所挂的字画和镜屏。只见当中一幅工笔的"风尘三侠图"和一副对联,最为惹人注目。那联语是"翠竹千竿思卿侠骨,纤云四卷度我良宵"。下款是"燕山小隐",笔力遒劲,摹的是魏书"张黑女志"。李慕白心说:这位侠妓倒真与一般的妓女不同。③

---

① 王度庐:《宝剑金钗》,群众出版社,2000,第24页。
② 王度庐:《宝剑金钗》,群众出版社,2000,第125页。
③ 王度庐:《宝剑金钗》,群众出版社,2000,第123页。

李慕白立即被翠纤特立独行的个性吸引，这遒劲的魏碑体对联显然成为他们两人之间一段生死情缘的触媒。

王度庐在《宝剑金钗》里特别指明李慕白扬魏碑弃赵体，这不但是为了表现李氏无心仕途、率性而为的性格，而且更重要的是试图在书体的臧否褒贬中寄托幽微的讽喻。揆之于中国书法史，我们不难发现其中的微言大义。魏碑虽说是书体的一种，但从其形成与发展的历史看却别有一种反叛的意味。魏碑书法是南北朝时期北朝的碑碣、摩崖、造像、墓志铭等石刻文字的总称，其中主要以北魏时期的作品为主，其艺术特点是质朴厚重、刚健有力、峻荡奇伟。魏碑产生于黄河流域及陇西平原地区，其兴盛的原因固然有佛教造像的推动，但最根本的是北方汉族士人对异族统治的一种文化反抗。尽管出身鲜卑族的"胡人"北魏孝文帝迁都洛阳，推行汉化政策，然而汉族士人对于中原陆沉的悲怆始终挥之不去，他们用魏碑这种魄力雄强的书体来表达内心的郁屈与刚韧，正如论者所言："即便是在鲜卑族汉化统治下，他们的内心总是不免有中原沦丧、礼仪尽失的沮丧和无奈，以至于出现一反南朝旖旎奢靡书风，开创魏碑方硬、桀骜的书写形态。魏碑书法是当时的知识分子阶层不甘屈服却又无处诉说、无地发泄的所呈现出的近乎完美的外在表现。"[①] 随着唐王朝的建立，魏碑逐渐式微，代之而起的是飘逸俊美的王羲之书风，以此迎合儒家"中和"的伦理与美学。此风延绵不绝，宋代在科举取士过程中形成了"馆阁体"，到了明清两代，这种秀润华美，正雅圆融的书风为士子争相仿效，成为科举的标准书体。以宋元时期的赵孟頫和明代董其昌为圭臬的"馆阁体"，在康熙、乾隆年间臻于极致。康熙酷爱董其昌，乾隆尊崇赵孟頫，赵、董书体遂成传统士人之惯法通则。迄至清代中叶，深受文字狱威胁的士人转向金石、文字，在阮元、包世臣等人的鼓吹下，魏碑出现了复兴的局面，清末的康有为推波助澜，终于造就一代新风。对于清中叶后魏碑的重兴，书法史家普遍将之视为士人反抗文字狱、表达内心挣扎的艺术选择，而在康有为那里则投射了"托古改制"的叛逆性特质。总之，从书法史观之，魏碑是中国传统士人"苦闷的象征"，它隐含他们对异族统治下现世的不

---

① 舒洛建：《从魏碑兴衰看社会变迁对书体演变的影响》，《中国书法》2014年第12期。

满和忧愤，也显现出"其性刚强、其行劲健"的抗争精神。赵孟頫是南宋末至元初著名书法家、画家、诗人，宋太祖赵匡胤十一世孙，也是"馆阁体"的代表人物。南宋灭亡后，他蛰居在家，后被元世祖忽必烈召见，深受宠遇，屡奉元朝庭之命撰写祝文、书写佛经，官至翰林学士承旨、荣禄大夫，为元朝一品官，位极汉族士人之最。作为一个赵宋正室后裔，赵孟頫尽管风流文采，其书画冠绝一时，但他数典忘祖，背弃道义与忠诚，不遗余力地奉事元朝，其人品气节历来受人诟病。他是典型的"贰臣"，今语曰"大汉奸"。明代书法理论家、收藏家项穆在《书法雅言·心相》中将赵孟頫的书法和人品对举，直指其人之背叛祖宗、不矜名节："若夫赵孟頫之书，温润闲雅，似接右军正脉之传，妍媚纤柔，殊乏大节不夺之气。所以天水之裔，甘心仇敌之禄也。"① 明清之际著名思想家傅山也痛斥赵孟頫及其书体："行大薄其为人，痛恶其书，浅俗如徐偃王之无骨。"② 由此可见，王度庐之扬魏碑抑赵体的小说家笔法令人产生书法思想史上的联想。在个人风骨和民族气节上，刚健、桀骜的魏碑与柔弱、妍媚之赵体判然不同，王度庐武侠小说的这种怀旧文化符号自然有皮里阳秋在焉。

正如论者所言："与波澜起伏的战争叙事相比，沦陷——军事占领的非常状态，久而久之成为生活的常态，一种'无事可叙'的常态。由于大写的历史主体的缺席，沦陷区的历史经验实际上是破碎的，很难捏合到一块。这种历史经验的表达方式也往往是个人化的，暧昧不明的，难以被组织进民族国家——'抗战'的剧情主线中。而芜杂的'修辞'正适于搜罗、打捞这些无事可叙的、零散的经验碎片。"③ 由是，对王度庐在沦陷区的武侠小说修辞的解读往往言不达意，我们也只能从《宝剑金钗》零散、暧昧的篇章话语中略窥其一点隐曲心绪了。

---

① 项穆:《书法雅言·心相》，中华书局，2016，第196页。
② 傅山:《作字示儿孙》，《霜红龛集》，山西人民出版社，1985，第91页。
③ 袁一丹:《隐微修辞：北平沦陷时期文人学者的表达策略》，《中国现代文学研究丛刊》2014年第1期。

第九章　讲述"中国故事"：林语堂在海外的抗战叙事

由于英文著作《吾国与吾民》1935年9月在美国的成功出版，林语堂在赛珍珠的鼓励下决定赴美专心从事写作。他于1936年8月10日携眷搭乘美国客轮"胡佛总统号"离开上海，开启了长达近30年的海外旅程。在纽约安顿后不久，林语堂即着手准备写作《生活的艺术》。该书于1937年作为"庄台公司丛书"（A John Day Book）由雷诺与希师阁公司（Reynal and Hitchcock）出版后，迅速产生巨大反响，被美国"每月读书会"选为1937年12月特别推荐的书籍，《纽约时报》对之好评如潮。在林语堂写作《生活的艺术》期间，国内发生了"西安事变"，随之抗日战争全面爆发，林语堂的创作轨迹因而有了显著的变化，他的写作兴趣逐渐从向西方介绍中国人的高雅风致转向抗战叙事，力图在跨文化的视域中获取中华民族抗战的力量，争取西方"他者"对中国抗战的理解、同情和支持。战时林语堂的作品包括《京华烟云》（1939）、《风声鹤唳》（1940）、《啼笑皆非》（1943）、《枕戈待旦》（1944），许多文章与抗战相关。

1938年初，林语堂为了安心著述，同时也出于节省开支的考虑，全家离美赴欧。先暂居法国南部小镇蒙顿，旋即迁往巴黎。1938年8月，林语堂在巴黎开始创作英文长篇小说《京华烟云》，该书历时整整一年，于1939年8月完稿，是年11月由赛珍珠夫妇在纽约的庄台公司出版。1939年夏天欧战即将爆发，巴黎上空战云密布，林语堂遂于当年8月携眷返回纽约。

与国内作家颠沛流徙的生活状态相比，1939年林语堂的生活无疑是平静安宁的。他先后身处巴黎、纽约双城,自是年初至8月在巴黎专心致志完成了《京华烟云》的创作,返居纽约后即投入演讲、写作等抗战宣传活动中。1939年,林语堂除了创作完成长篇小说《京华烟云》,还参加了在纽约召开的第17届国际笔会大会,并发表了题为"希特勒与魏忠贤"的演讲,同时为1939年版《吾国与吾民》增写最后一章"中日战争之我见",并将其改写成单行本《新中国的诞生》出版,他还在《纽约时报》周刊发表反法西斯文章《真正的威胁——观念,不是炸弹》,在《国家民族政坛杂志》(The Nation) 发表思想自述《我的信仰》。而在这平静安宁的生活背后是林语堂为中国抗战和世界和平鼓与呼的坚定身影。他在海外讲述"中国故事",向西方人传播中国抗战的现实内容和文化精神。

从文化传播学的角度看,林语堂是以海外中国士人的独特身份,运用英文为载体,向全世界宣传中国的抗日战争暨世界反法西斯战争的。《林语堂传:中国文化重生之道》的作者钱锁桥认为抗战时期的林语堂集合了战时记者、"中国哲学家"、后殖民批评家、"国师"和文化使者于一身,[①]确实,综观林氏战时的知与行不难发现,林语堂对中国抗战及世界反法西斯战争的政治与文化贡献正是以上诸种文化身份合力作用的结果。揆之于1939年,林语堂以英文小说《京华烟云》和一系列政论专文构建了他的抗战叙事,在多重文化身份的合力作用下,以中国传统文化哲学为导引,以抗战为依归,通过文学作品展现中国人的力量,利用世界性舆论阵地宣传中国抗日,用论说文章阐述中国必胜、呼唤世界和平,身居海外的林语堂因而在抗日救亡及世界反法西斯运动中发挥了不可替代的特殊作用。

20世纪30年代随着民族危机的不断加深,林语堂尽管仍然倾心于闲适雅致的生活趣味,但其感时忧国、抗日救亡的意识也日趋强烈。1936年8月出国前,他在《文艺界同人为团结御侮与言论自由宣言》上签字,显示对文艺界抗日统一战线的支持。1937年抗战全面爆发不久,侨居纽约的林语堂为《生活的艺术》收尾后即刻撰写政论文章《日本征服不了

---

① 钱锁桥:《文章报国:林语堂的抗战岁月》(演讲稿),《齐鲁晚报》2019年1月5日,第12版。

中国》，从政治、经济、军事、外交诸方面阐述日本必败的道理，该文发表于1937年8月29日《时代周刊》。1938年林语堂又写了《日本必败论》的长篇政论，运用大量数据全面剖析决定战局的诸种关键因素，指出由于日本的穷兵黩武、烧杀抢掠，其必然在政治、经济、军事、外交上陷入孤立困境，最后必然导致可耻的失败。值得一提的是，该文对八路军"民众组织之严密整齐"大加赞赏，认为八路军的游击战使山西、河北等敌占区的日军不能坐收军事胜利实行统治，日本大败可必。文章还预见了英美最终必定参战："英美干涉须待日本兵穷财尽，及侵略华南野心昭著，始能实现，且此时必定实现。"① 这篇文章综合了地缘政治学、经济学、军事学等多方面知识，有理有据，持论中其要，充满了预见性，这在当时中国作家的政论中是很罕见的，表明了林语堂既拥有"战时记者"的敏锐和学者的深邃睿智，也有强烈的抗日救亡意识。该文写于《京华烟云》构思之际，其关于中国抗日救亡的思想理路必然反映于这部小说的叙事框架和人物塑造之中。

对于《京华烟云》的主题意蕴，学术界已有不少论述。论者大多关注这部小说所表现的道家思想，这种观点见诸《论〈京华烟云〉中的道家思想》《道家思想在〈京华烟云〉中的建构》《〈京华烟云〉道之符码解读》等文。② 诚然，无论是小说的哲学基调还是主人公姚思安、姚木兰的人生命运都体现了道家"法天贵真""顺其自然"的思想真谛，对此林语堂在小说中已有明显交代。事实上，《京华烟云》的道家思想是林语堂向西方传播中国文化的一种符码，其有助于创造西方读者对中国文化的期待视野，以最大限度地吸引他们对于中国社会和文化的认知和接受。如果将《京华烟云》仅仅视为寄寓道家哲学的叙述文本，那么就会低估这部诞生于抗战岁月的长篇小说的社会意义。同时，也有学者聚焦于《京华烟云》对《红楼梦》的借鉴和继承，突出家族小说架构下的男欢女爱、才子佳人内容，此观点见诸《〈京华烟云〉与〈红楼梦〉比较研究》

---

① 林语堂：《日本必败论》，《宇宙风》第73期，1938年7月1日。
② 详见杨梦吟《论〈京华烟云〉中的道家思想》（《长江师范学院学报》2012年第7期）；谢辉《道家思想在〈京华烟云〉中的建构》（《时代文学》2012年第8期）；冯艺《〈京华烟云〉道之符码解读》（《大众文艺》2011年第7期）。

《〈京华烟云〉与〈红楼梦〉人物形象关联探析》《〈京华烟云〉》与〈红楼梦〉比较研究》等文。① 确实，林语堂是在放弃了翻译《红楼梦》之后开始创作《京华烟云》的，后者在家族小说模式、叙事情节与人物塑造等方面与《红楼梦》都有深刻的渊源，尤其是在人物塑造方面，如木兰脱胎于湘云、探春，莫愁脱胎于宝钗，体仁则是宝玉、薛蟠和贾琏的结合体，而其在儿女情长的故事安排上也有所依傍，难怪有论者说"《京华烟云》可谓是《红楼梦》的'近代版'"。② 然而，过于专注这部小说与《红楼梦》的渊源关系以及小说中的男女之情同样也会导致对其立意在抗日的社会功能和现实意义习焉不察。

笔者认为，《京华烟云》是以道家思想为导引、以家族小说为框架的，其核心旨趣则是表现中国人的抗战。林语堂为了避免读者对《京华烟云》主题意旨的误解，特于1939年10月将一封致郁达夫的信件公开发表于《宇宙风》杂志，信中强调了自己创作《京华烟云》之展现中国抗战的深沉动意，以免读者作他种误读。

> 计此书自去年三月计划，历五月，至八月八日起稿，今年八月八日完稿。纪念全国在前线为国牺牲之勇男儿，非无所谓而作也。诚以论著入人之深，不如小说。今日西文宣传，外国记者撰述至多，以书而论，不下十余种，而其足使读者惊魂动魄，影响深入者绝鲜。盖欲使读者如历其境，如见其人，超事理，发情感，非借道小说不可。况公开宣传，即失宣传效用，明者所易察。弟客居海外，岂真有闲情谈话才子佳人故事，以消磨岁月耶？但欲使读者因爱佳人之才，必窥其究竟，始于大战收场不忍卒读耳。③

这封信值得注意的有以下几点：1.《京华烟云》是"纪念全国在前

---

① 详见林春香《〈京华烟云〉与〈红楼梦〉比较研究》（《东北师范大学学报》2008年第1期）；惠聪俐《〈京华烟云〉与〈红楼梦〉人物形象关联探析》（延边大学2010年硕士学位论文）；闫继苗《〈京华烟云〉》与〈红楼梦〉比较研究》（《语文建设》2015年第20期）。
② 高鹤云：《论〈京华烟云〉与〈红楼梦〉的渊源关系》，《文学教育》2012年第6期。
③ 林语堂：《给郁达夫的信——关于〈瞬息京华〉》，《林语堂名著全集》第18卷，东北师范大学出版社，1994，第295页。

线为国牺牲之勇男儿",是"有为而作";2. 利用《京华烟云》这样的文学作品来进行抗战宣传较之说理性的政论文章更能"使读者惊魂动魄,影响深刻";3. 林语堂无意将小说写成描写才子佳人的鸳蝴传奇,其中的家庭、婚姻、爱情故事是为了让读者"窥其究竟",了解人物的来龙去脉,小说若从抗战写起则定会让人"不忍卒读"。显然,表现中华儿女的英勇抗战才是林语堂创作这部小说的基本动机,反映中国人的抗战历程是小说的核心主题。

《京华烟云》借鉴《红楼梦》的家族小说模式,以北平曾、姚、牛三大家族的悲欢离合为主要线索,反映了1900年义和团运动到抗日战争三十多年间中国的社会历史变迁,在其中穿插了袁世凯篡国、张勋复辟、直奉大战、军阀割据、五四运动、"三一八"惨案、抗日战争等重要历史事件,全景式展现了现代中国社会风云变幻的历史风貌。这部小说通过环境烘托、情节设置、人物塑造等方法充分展开抗战叙事,所涉及的抗战内容十分广泛,从战前亲日派的倒行逆施、日本帝国主义对中国的经济侵略到华北事变、卢沟桥事变、淞沪会战、共产党领导的游击战争以及国府西迁,不一而足。小说的抗日叙事以20世纪20年代以来日本侵略中国为经,以曾、姚、牛三大家族的人物命运际遇为纬,抨击了亲日派安福系的反动行径,揭露了日本帝国主义对中国的种种侵略及犯下的罪行,讴歌了中国人民不畏强暴、英勇抗战的民族精神,其在抗战文学史上的价值和意义尚未得到应有的重视。

与《红楼梦》不同的是,《京华烟云》穿插了大量历史文本,对于20世纪日本侵略中国的历史经纬给予清晰的交代,这一方面固然是为了便于西方读者对近代中国历史脉络的认知,另一方面也表明林语堂之在小说中凸显抗战主题的良苦用心。本书立足于《京华烟云》的抗战叙事,并结合1939年林语堂撰写或发表的政论文章,运用"文史互证"的研究方法,通过小说中人物、事件的历史还原,力图揭示这部小说的抗战与民族意识,追寻林语堂1939年在海外心系故国兴亡、努力宣传抗战的爱国心迹。

第一节　抨击安福系的反动行径

《京华烟云》的抗战叙事从亲日派的安福系开始讲述，这与近代史家考察日本全面侵华的理路是一致的。安福系与日本帝国主义勾结，长期控制北洋政权，是七七事变之前日本在华的代理人军阀，抗战爆发后其部分成员公开附逆投敌。因此，对安福系的鞭挞和批判自然成为林语堂抗战叙事的重要内容。

日本侵华始自甲午海战，清朝战败与之签订了《马关条约》，将辽东半岛、台湾割让给日本。1905年日俄战争结束后，俄国把在中国东北的铁路及附属权转让给日本。中华民国成立后，袁世凯答应给予日本满蒙五路建筑权以作为承认民国的条件。第一次世界大战爆发后，乘中国陷入军阀混战之机，日本加紧侵华步伐，派兵占领德国在中国山东的租借地胶州湾和青岛，当时中国要求日本撤兵，日本不但不理反而提出"二十一条"要求，由于袁世凯急谋称帝，接受了"二十一条"部分要求，中国因此爆发了闻名中外的五四运动。在日本全面侵华的过程中，北洋军阀为虎作伥、推波助澜：奉系的张作霖以日本为靠山，盘踞东北三省；皖系的段祺瑞在日本支持下，控制皖、浙、闽、鲁、陕等省。

以段祺瑞为首的亲日派安福系长期主掌大权。所谓的"安福系"，指的是中国北洋军阀时期依附于皖系军阀的官僚政客集团。袁世凯死后，皖系军阀首领段祺瑞出任国务总理，操纵了北洋政府。为了排斥异己，推行"武力统一"，建立皖系的独裁统治，遂指使其亲信徐树铮纠合王揖唐、王印川、光云锦等皖系政客在北京宣武门内安福胡同成立安福俱乐部，组织自己的政客集团。安福系勾结日本帝国主义，出卖国家利益，以非法手段操纵选举，长期控制和影响中国北方政坛，成为日本侵华的推手和帮凶。历史学家指出，段祺瑞"武力统一"政策的推行必须寻求来自日本的支持和援助，支持段祺瑞是日本谋取和维持其在华优势地位的必行步骤，因此段祺瑞勾结日本帝国主义是必然的。[①] 在此背景下，段祺瑞政府

---

① 莫建来：《段祺瑞的"武力统一"与日本的对华政策》，《民国档案》1988年第3期。

通过交通总长兼财政总长曹汝霖、中华汇业银行总理陆宗舆和驻日公使章宗祥向日本大幅举债，是为"西原借款"。通过这一借款，段祺瑞把中国山东和东北地区的铁路、矿产、森林等权益大量出卖给日本，日本从而进一步从政治、经济和军事方面加紧对中国的控制。亲日的安福系段祺瑞政府在日本的支持下，积极压制国内的抗日浪潮。1926年3月，冯玉祥的国民军与奉系军阀作战期间，日本军舰掩护奉军军舰驶进天津大沽口，炮击国民军，国民军坚决还击，将日舰驱逐出大沽口。日本竟联合英、美等八国于16日向段祺瑞政府发出最后通牒，提出撤除大沽口国防设施的无理要求，从而激起中国人民的愤慨。3月18日，北京群众5000余人，由李大钊主持，在天安门集会抗议，要求拒绝八国通牒。段祺瑞政府竟下令开枪，当场打死47人，伤200余人，酿成震惊中外的"三一八"惨案。

1939年中国的抗日战争进入最艰难的阶段，身处海外的林语堂对十多年前安福系段祺瑞政府勾结日帝、出卖国家、残害百姓的反动行径仍然义愤填膺，他在《京华烟云》中用大量篇幅抨击了安福系犯下的罪恶。此时林语堂对五四运动发生的历史动因尤其是其反帝性质有了崭新的认识。五四运动发生时，林语堂刚从上海圣约翰大学毕业，任教于清华学校，正如他自己所言的那时仅仅是"对这个运动的整个进步，我直觉地同情"，① 并不能真正认识到它的历史本相，而在创作《京华烟云》之际，他对五四运动的发生背景和事件因果已有透彻的了解，清楚地意识到日本帝国主义的侵略本质，这无疑体现了其高明的史识。在《京华烟云》中，林语堂对于安福系与日本的勾结深有洞悉，他写道："以西原借款方式，日本的钱好像金蚨自天外飞来，落入安福系的政府手中，日本外相要挟中国驻日公使章宗祥把山东的势力让予日本。为了日本的两千万贷款，安福系政府已经同意，中国驻日公使已经在条约上签上了'乐于同意'四个字。"② 小说详细叙述了五四运动的完整过程，并认为这场学生运动是一次反对日本帝国主义、反对安福系的政治风潮。他形容安福系政府成员是

---

① 林语堂：《从异教徒到基督教徒》，《林语堂名著全集》第10卷，东北师范大学出版社，1994，第66页。
② 林语堂：《京华烟云》下卷，《林语堂名著全集》第2卷，东北师范大学出版社，1994，第224页。

一群"贪婪诡诈、肆无忌惮"的无耻政客，他们利用贷款贪赃枉法、中饱私囊，最终遭到全国人民的反抗。《京华烟云》塑造了两个形成鲜明对比的人物形象，借此表达对亲日的安福系反动派的强烈抨击和批判。一个是反面人物牛家大少爷牛怀瑜，他蝇营狗苟、溜须拍马，为了个人私利巴结安福系官员，五四运动时他去探望被学生围攻后逃跑的财政总长曹汝霖，还随之去了天津日本租界，与日本人沆瀣一气。牛怀瑜是寡廉鲜耻之徒，他为了讨好安福系军阀，竟然无耻地将自己的情人莺莺送给吴将军玩弄。这个人物后来成为北平傀儡政权王克敏手下的要员，沦为汉奸。另一个是正面人物孔立夫。他幼小失怙，聪明正直，孝亲敬老，既有传统士人的优雅教养，又接受了西学熏陶，在思想观念和行为方式上融合了儒家和现代人文主义的精神气质。孔立夫有强烈的正义感，感时忧国，嫉恶如仇，他对安福系的所作所为深恶痛绝，出于义愤撰写了大量抨击军阀腐败的政论文章，因而得罪了牛怀瑜和军阀当局而被捕入狱。小说以孔立夫的光明磊落和大义凛然来衬托安福系对日本人的奴颜婢膝，他在法庭上的慷慨陈词也是作家林语堂讨伐北洋军阀的檄文。

"三一八"惨案是安福系段祺瑞政府对日本卑躬屈膝而犯下的罪行，林语堂对之的谴责和抨击达到高潮。林语堂可以算是"三一八"惨案的亲历者，他当时是北京女子师范大学的教务主任，在英语系讲授英文课，惨案发生后的第三天（即1926年3月21日）他写了《悼刘和珍杨德群女士》来记念这两名在惨案中牺牲的学生。林语堂说这是他"有生以来最哀恸的一种经验"，这一方面是由于刘杨二女士死在"我们最痛恨之敌人手下，是代表我们死的"；另一方面是自己暗中已感觉"亡国之隐痛"。[①] 这篇悼念文章回忆了师生交往的一些细节，同时也宣泄了对于段祺瑞执政府的愤慨，并没有涉及更多的社会因素。而《京华烟云》中的"三一八"惨案叙事不但有具体可感的文学描写，而且包含着丰富的社会历史理性内容，从而使对段祺瑞政府的谴责和批判达到了新的高度。小说从1925年5月日本资本家枪杀工人顾正红从而爆发反帝爱国的五卅运动

---

① 林语堂：《悼刘和珍杨德群女士》，《林语堂名著全集》第13卷，东北师范大学出版社，1994，第55页。

讲起，着重描述冯玉祥的国民军与奉系军阀作战时日军炮击革命军、八国最后通牒等历史因由，突出了安福系政府卖国媚日的反动性。林语堂在《京华烟云》中描写了中学生阿满在"三一八"示威游行中牺牲的情节，表达了对安福系执政府罪行的控诉。阿满是姚木兰和曾荪亚的大女儿，她从小乖巧懂事，在学校经常参加爱国演剧活动，"三一八"那天她走在队伍最前面，最后颈部中弹而死。林语堂在这个人物身上显然投射了自己对于刘和珍和杨德群的悼念。小说以孔立夫的视角对这场野蛮残忍的大屠杀进行了详细的刻画，情景惨不忍睹：预伏在总理衙门附近的反动军警突然向游行队伍疯狂射击，又用刺刀、铁鞭、单刀向逃跑的学生连劈带砍，一时血流如注、伏尸遍地。这是中国现代文学史上难得一见的描写"三一八"惨案的小说场景。

林语堂不但从"三一八"惨案看到了安福系的残忍野蛮，更透视到其勾结日帝、出卖国家的本质。段祺瑞政府在惨案发生一个月后倒台了，但抗战爆发后的安福系政客如王克敏、梁鸿志等人"在日本的刺刀支持之下"又重新出现在北平，成为卖国求荣的汉奸。林语堂正是由于看到了安福系和汉奸之间的这种必然历史逻辑，才在《京华烟云》中给予充分的描绘和刻画。

第二节　揭露日本对中国的经济侵略

长期以来，国内学界对日本侵华的研究多集中于政治和军事方面，经济侵略涉及较少，正如学者所言："日本对华经济侵略，一直是抗日战争史研究的一个薄弱环节。"[①] 这种情况直到20世纪90年代才有所改观，陆续出现了《日本对华北经济的掠夺与统制》（居之芬主编，北京出版社，1995）、《日伪对华中沦陷区经济的掠夺与统制》（黄美真等著，社会科学文献出版社，2005）等论著，日本也不断有相关成果问世，如浅田乔二编著的《1937—1945日本在中国沦陷区的经济掠夺》（复旦大学出版社，1997）。甲午战争尤其是"九一八"事变之后，日本在对中国进行军

[①] 陆伟：《日本在上海和华中地区的货币金融侵略政策》，《党史研究与教学》1998年第4期。

事侵略和政治分离的同时，实行全面经济渗透和掠夺，战争全面爆发后其对沦陷区的经济掠夺和统制更是变本加厉。日方一方面通过开办公司、增加投资、兼并与控制中方厂矿企业等手段垄断东北与华北地区的重要行业；另一方面采取滥发纸币、倾销商品及走私、贩毒等方式搜刮财富、扰乱经济秩序。其中，走私和贩毒是日本对华经济侵略的特殊形式，它们破坏中国的经济命脉，危害中国民众。

林语堂的《京华烟云》把叙事的触角伸展到日本对华的经济侵略领域，着重对日本的走私和贩毒活动进行了详细而深入的描述，为抗战文学史提供了不可多得的有关经济抗战的历史书写。

日本的走私活动在华北最为猖獗。1935年底日本指使汉奸殷汝耕发动"冀东事变"，发表脱离南京国民政府的宣言，成立"冀东防共自治政府"，大搞由日本幕后操控的"华北特殊化"。自此之后，日本在华北的走私活动由隐蔽转向公开，从陆路扩展到海运，愈演愈烈。日本走私人员逃脱中国海关缉私监管，以大连、秦皇岛尤其是天津为基地疯狂地进行走私活动，日本军方则逼迫中国海关人员解除武装，纵容走私团伙抗拒甚至殴打中国缉私人员。中国在华北的关税主权丧失殆尽，财政收入锐减，沉重地打击了中国的民族工业。更为严重的是，贩毒与日本的货物走私活动相伴而行，成为日本掠夺华北财富的重要方式。日本奸商在日租界公开设立毒品工厂，雇用华人制造和兜售吗啡、海洛因、金丹、红丸等牟取暴利，甚至将毒品掺入小儿药品中以导致患者上瘾。北平、天津、唐山等地成为日本制毒贩毒的大本营，出席第22届国际禁烟会议的代表巴沙愤怒指出，天津日租界已"被公认为世界制毒及吸毒中心，不仅中华民族，即全世界各国亦莫不受其毒害"。① 关于日本在华贩毒走私的问题，近年来历史学界已有较为详尽的研究，兹不赘述。②

林语堂在《京华烟云》中用大量篇幅讲述了这段中华民族耻辱史，

---

① 转引自王同起《"七七"事变前日本对华北的经济侵略》，《天津师大学报》1992年第3期。
② 详见王德溥《日本在中国占领区内使用麻醉毒品戕害我国人民的罪行》（《民国档案》1994年第1期）；李恩涵《日本在华北的贩毒活动（1910—1945）》（《台湾中研院近代史研究所集刊》）（第27期，1997年6月）及王宏斌新近的专著《鸦片：日本侵华毒品政策五十年（1895—1945）》（上海社会科学院出版社，2016）。

并塑造了阿瑄、陈三、阿非和孔立夫等中国缉私人员的形象,通过对其与日本走私贩毒集团周旋斗争的描写,揭露了日本对华经济侵略的罪行,表达了抗战的坚定决心。

在写作《京华烟云》之前,林语堂显然对日本在华北的走私贩毒问题做了大量探赜索隐和史料分析工作,极为谙熟这些经济侵略史实。《京华烟云》里翔实细微的历史叙述无疑具有充分的现实来源和史料依据,也闪现着林语堂深透的抗战史识,他把史论式的叙述语言穿插到小说的文本中,大大增强了抗战叙事的学理性力量。对于日本在华北的走私贩毒活动,林语堂在小说中用了整整两章(第四十一章、第四十二章)加以表现,有许多历史"实录",其中充满着类似历史学家的理性论断。

> 伪冀东政府是日本和韩国走私的、贩卖毒品的和日本浪人的人间天堂,滔天的洪水已然突破了万里长城,毒品和走私货品的细流已经泛滥到北平。南到山东,西至山西东南,日本人所说的"亚洲新秩序"已经呼之欲出了。①
>
> 天津日本租界是世界海洛因的大本营。是日本、大连、沈阳、朝鲜的鸦片输往南北美的中心。世界上最大的海洛因工厂设在唐山……②

小说特别强调了日本在华北的走私贩毒人员因有"治外法权"保护,横冲直撞,为所欲为,甚至对中国的铁路局和海关人员拳脚相向,更甚的是,"日本海军当局拒绝承认中国海关人员有在十二海里之内行使职责之权,中国海关人员并无权向可疑的船只发出信号使其停止航行"。③ 中国政府已丧失在华北的治权,日本人疯狂走私导致毒品泛滥成灾,"在日本租界,没有一条街没有毒品制造厂,批发或是零卖,即便在最讲究的住宅

---

① 林语堂:《京华烟云》下卷,《林语堂名著全集》第2卷,东北师范大学出版社,1994,第381页。
② 林语堂:《京华烟云》下卷,《林语堂名著全集》第2卷,东北师范大学出版社,1994,第410页。
③ 林语堂:《京华烟云》下卷,《林语堂名著全集》第2卷,东北师范大学出版社,1994,第391页。

区，也是如此"。① 小说中这些论述与历史事实完全相符，足见林语堂为了揭露日本的经济侵略，对这段史实进行了深入的考辨和还原。

在中国现代文学群像中，《京华烟云》里的阿瑄、陈三、阿非和孔立夫等中国缉私人员形象显得格外难能可贵。这种人物形象是抗日题材小说中绝无仅有的，对此已有论文涉及。杨国明在《〈京华烟云〉与抗日战争爆发前的海关》一文中指出这部小说"塑造了抗战前中国海关、华员及关属的形象"，具有独特的海关文化价值。② 该文确实是论述角度新颖，独具慧眼。林语堂在小说中极力表现中国缉私人员与日本走私贩毒集团作斗争的勇气和决心，书写了中国经济抗战的独特篇章。小说所创造的中国缉私人员都具有强烈的爱国情怀，他们担当大义，舍生忘死。阿瑄是曾家大儿媳曼娘的养子，海关税务专门学校毕业，为天津海关缉私人员；陈三是曾家仆人陈妈失散多年的儿子，因当过兵枪法准，自愿加入缉私队；阿非是姚先生的小儿子，木兰的弟弟，在禁烟局工作；孔立夫此时当上了国民政府的监察委员，负责调查日本走私贩毒的情况。他们或在海关查缉走私，查处案件；或深入毒窟，缉捕贩毒制毒人员；或调查研究、搜集证据，向世界揭露日本人的罪行。小说描写了阿瑄与走私团伙斗争而受伤的情节：日本走私分子抢夺被海关缉获的货品，阿瑄和海关的同事奋不顾身到路上拦截，他被日本人用石头击中头部失去知觉。小说对于这场斗争的描写大多运用叙事的转述，形象性略显不足，但史实丰赡，深入日本对华经济侵略的历史肌理，有很高的社会历史意义和认识价值。

《京华烟云》不但叙述了中国缉私人员的英勇斗争，同时也以素云贩毒、博雅误吸毒品的典型事例控诉了日本贩毒活动对中国民众的腐蚀、戕害和控制。素云是牛家的千金、曾家的二儿媳，她生性自私，爱慕虚荣，在天津租界制造冰毒时被阿非抓获，她被捕时坦白了日本人对自己贩毒制毒行为的纵容、支持和控制。小说还写了体仁的儿子博雅因误食"白面"上瘾及戒毒时的痛苦情形，他脸上那种"恐惧、祈求和仇恨混而为一的

---

① 林语堂：《京华烟云》下卷，《林语堂名著全集》第2卷，东北师范大学出版社，1994，第408页。
② 杨国明：《〈京华烟云〉与抗日战争爆发前的海关》，《上海海关高等专科学校学报》2007年第2期。

表情"以及"精神上无可奈何的折磨的神态"是日本毒化中国人的鲜明写照。

日本对华经济侵略中的走私贩毒活动,本非抗战叙述的主流,然而林语堂为何要在《京华烟云》中大力加以叙述呢?笔者以为,这是林氏出于向欧美开展抗战宣传的需要。日本在华北的走私贩毒不但打击了中国的经济和民族工业,而且损害了欧美的在华经济利益,诚如历史学者所言的"日本华北走私损害了英美对华贸易,并直接影响到中国对英美外债的偿还",①《京华烟云》也特别写道:"日本走私的货已然南达长江流域,逼得英美没有生意可做了。"② 在当时英美两国仍与日本开展经济贸易之际,林语堂意在吸引欧美读者对自身经济利益的关注,从而唤起他们对中国抗日的同情和支持。

第三节 控诉侵华日军的暴行

战争爆发后,日军在中国犯下的暴行罄竹难书。林语堂的《京华烟云》称这场日本发动的野蛮的侵略战争为"亚洲历史上最可怕、最残忍、最不人道、破坏性最大的战争"③。小说着重描述北平沦陷和淞沪会战期间日军烧杀抢掠、奸淫妇女、狂轰滥炸的暴行,通过详写北平沦陷时的曼娘之死和淞沪会战期间的松江轰炸、阿眉受辱等情节来控诉侵华日军的罪恶。这些叙事大多在时空经纬上力求与历史事实相符的真切性,体现了艺术典型化的文学真实。

"卢沟桥事变"后不久北平即陷入敌手。日军由长辛店进入北平,占据城门,捕杀市民,开始了残酷的统治,同时于北平四郊乡间抓捕壮丁、烧杀奸淫,其暴行令人发指。《京华烟云》写道:"日本兵在村中各处泼汽油,把全村房子都烧起来。居民想逃命,但是全村都被日本兵包围,谁

---

① 袁成亮:《试论抗战前日本华北走私及其影响(1935.8—1937.6)》,《苏州大学学报》2009年第1期。
② 林语堂:《京华烟云》下卷,《林语堂名著全集》第2卷,东北师范大学出版社,1994,第392页。
③ 林语堂:《京华烟云》下卷,《林语堂名著全集》第2卷,东北师范大学出版社,1994,第416页。

逃跑就射杀。全村都烧毁了，人都死在火里。"① 关于此时日军在北平四郊乡间奸淫妇女的兽行，当年 8 月上海《申报》有如下报道。

> 至于乡间妇女一任其奸淫轮宿，敌人每至一处，即强迫我地方征集妇女若干，供其奸用，虽年近花甲老妇或未满十龄之稚女，亦均难脱其蹂躏，所有民间水缸，均被敌用为浴盆，更逼令我妇女为其擦背，浴后即奸污之。此种情形，竟无处无之。②

《京华烟云》中的曼娘和她的儿媳妇就是日军暴行的受难者。曼娘之死成为小说的一个情节高潮。曼娘天生丽质，从小受正统儒家教育，恪守女德，她自幼和曾家长子平亚订有婚约，两人虽相互爱慕，却谨守礼法。青春美貌的曼娘嫁给罹染重病的平亚"冲喜"，她成为孤孀后力行孝道，侍奉翁姑，和于娣姒，督教养子阿瑄读书，是中国传统社会淑女和节妇的化身。北平陷落，曼娘携儿媳妇和孙子逃往京北乡下，日军所到之处烧掠奸淫，北平郊外俨如人间地狱。敌人入室强暴了阿瑄的妻子，然后将她和儿子残忍地杀害，曼娘这样一个苦节淑行的古典女性为了保护自己的身体不受日军玷污，贞烈自缢，日寇连曼娘的尸体也不放过而极尽凌辱。小说采用文学对比法，把守身如玉的曼娘置于日军残暴兽行的情境中，让她在敌人的淫威下壮烈而死，从而在伦理上显示了中国人不屈的气节和牺牲精神，并凸显了敌人道义上的极端罪恶。

开始于 1937 年 8 月的淞沪会战是整个中日战争中进行的规模最大、战斗最惨烈的一场战役，侵华日军对上海、杭州等沿路中国人进行惨无人道的袭击和残杀。淞沪会战时日寇对平民的屠杀，著名的有"松江大轰炸"。从 1937 年 8 月 16 日至 11 月初松江沦陷的三个月中，日机对松江城进行 24 次大规模轰炸，全城绝大多数民房被毁，死伤 2000 余人，商铺荡然无存。这其中最惨烈的当为"松江火车站大轰炸"。据《松江县志》记载，9 月 8 日，日机猛炸松江火车站，一列难民客车亦被炸，死 300 余

---

① 林语堂：《京华烟云》下卷，《林语堂名著全集》第 2 卷，东北师范大学出版社，1994，第 445 页。
② 《沦陷后的北平》，《申报》1937 年 8 月 30 日。

人，伤 500 余人。①《京华烟云》对于"松江火车站大轰炸"也有真切翔实的描写。小说立足于日机轰炸松江火车站的"信史"，以文学的方式还原了这场惨案的全过程。这天，木兰、荪亚夫妇带着小女儿阿眉逃难来到松江火车站，准备搭车逃往杭州，当他们进入车厢后不久敌机开始轮番轰炸，一时血肉横飞、尸首遍地，幸免于难的木兰一家见证了这场日军屠杀平民的暴行。

杭州陷落，这座有着悠久历史和灿烂文化的山水名城罹受浩劫。《京华烟云》引用一个美侨医生的记载："现在日本人已经占领杭州五周，你不管在城内什么地方走，几乎都会看见日本兵公开抢劫，而日本当局毫无干涉制止之意，即便到现在，妇女到什么地方也得不到安全。"② 圣诞节这一天，九万日军蜂拥进入杭州城，日军大肆抢掠奸淫，全杭州城民居 90% 被劫掠，许多妇女惨遭凌辱，女人、儿童和老人涌入外国学校、医院和修道院的难民营。《京华烟云》以这些史实为依据，讲述了 1937 年 12 月 27 日木兰的小女儿阿眉在外国修道院遭到日军凌辱的经过，故事虽然以阿眉的脱险结束，但这发生在宗教场所的日军兽行无疑是对人类文明的粗暴践踏，足以让西方读者对中国抗战产生更大的同情。

《京华烟云》提及惨绝人寰的南京大屠杀时写道："在十二月十三日，日军进了南京。日军的无耻行为让全世界人的良心翻腾不安。"③ 尽管一笔带过，但林语堂对南京大屠杀难以忘却，他第二年（1940）出版了英文长篇小说《风声鹤唳》，对南京大屠杀作了深入而详细的描写。

第四节 讴歌中华民族的抗战精神

"卢沟桥事变"发生后，日寇的暴行激起了中华民族的反抗怒潮。《京华烟云》尽管没有太多篇幅描写惊心动魄、生死搏斗的抗日战场，但

---

① 转引自松江区档案局编《松江档案信息》第 7 期，2004 年 8 月。
② 林语堂：《京华烟云》下卷，《林语堂名著全集》第 2 卷，东北师范大学出版社，1994，第 485 页。
③ 林语堂：《京华烟云》下卷，《林语堂名著全集》第 2 卷，东北师范大学出版社，1994，第 483 页。

它所讲述的抗战故事同样表现了中华儿女抱定血战到底、抗战到底的信念和众志成城、共御外侮的民族抗战精神。小说的抗战叙事既涉及国民党领导的正面战场淞沪会战，也包括共产党领导的敌后战场，同时将触角延伸到北平沦陷区的"通州事变"以及铁血锄奸、间谍战等领域，较为广阔地反映了中华民族为抗击日本帝国主义而不屈不挠、浴血奋战的历程。

林语堂在1939年出版的长篇政论《新中国的诞生》里用充满激情的语言盛赞战时中国出现的"新的民族主义"，他列举了大量中华儿女奋力抗战救亡的事例，表达了"抗战到底""抗战必胜"的决心和信念："中国的民族主义是已完成的事实，中国已确信团结巩固确信领导无误，抱定抗战决心，直至最后胜利来临。纵使胜利之来，要经多年，亦所不顾。"① 正是这种民族抗战的坚定信念奠定了《京华烟云》明朗、昂然和乐观主义的基调。小说所塑造的黛云、陈三、环儿、阿瑄、阿通、肖夫等抗日英雄形象，他们以天下兴亡为职志，积极投身抗战洪流，不畏强暴，视死如归，坚忍不拔，书写了中华儿女团结抗敌的战歌。

《京华烟云》讲述了淞沪会战中阿通和肖夫的抗战经历。阿通是姚木兰的独子，战争爆发后他抱定"为国家做事"的信念，瞒着父母报名从军。他在给父母的信中写道："念及国若不存，家有何用？若为人子者皆念父母儿女之私情，中国将如何与日本作战？"② 阿通在淞沪会战前线部队的无线电部门服役，此时战事方殷，肖夫也决定从军参战。肖夫是姚家二女儿莫愁和孔立夫的长子，他连夜到达前线，与阿通并肩作战。木兰、苏亚和孔立夫也积极支持他们的儿子参加抗日，木兰还买了十箱橘子送到前线。小说还写了"通州事变"伪军的起义抗日。1937年7月29日在北平附近，驻守通州的伪军冀东保安队对日军发动了攻击，捣毁了日军机关，打死500多个日本人，陈三和牛家的第三代国璋参加了战斗，国璋中弹身亡。

小说的抗战叙事最值得关注的是对于共产党领导的游击战争有了积极的深刻认识，并给予特别的文学描述。20世纪30年代，林语堂作为一个

---

① 林语堂：《新中国的诞生》，香港民社，1939，第12页。
② 林语堂：《京华烟云》下卷，《林语堂名著全集》第2卷，东北师范大学出版社，1994，第464页。

自由主义作家，对中国共产党及延安社会十分隔膜。抗日民族统一战线形成尤其是抗战全面爆发后，共产党领导的敌后游击战争展现了无穷的创造力，给民族解放带来了新的曙光，加上毛泽东《论持久战》英文版及埃德加·斯诺《红星照耀中国》出版的反响，远在欧美的林语堂对共产党及其游击战争可谓是刮目相看、肃然起敬。林语堂异乎寻常地赞美红军长征，他在《新中国的诞生》中这样写道：

  他们突破国民党西方的战线，穿越滇黔山中未通人迹的地区，越过川藏边境。在三百六十八天中，一共走了六千英里（一万八千八十八华里）。这是一种超人力的努力，全靠精神和士气才能成功，一种勇敢的行为，这种行为斯诺说，实使汉尼拔越过阿尔卑斯山的长征看来仿佛是一种假日的旅行罢了。①

他认为，正因为有这种长征精神，中国有"抗战到底""抗战必胜"的信心："中国共产党领袖以十年经验组织的游击队（第八路军）之非凡的成功，已经获得证明。"②《京华烟云》尽管没有直接描写八路军的敌后游击作战，却通过黛云、陈三、环儿等人物的成长和叙述上的暗示来表现共产党领导的抗战。黛云是汉奸牛怀瑜同父异母的妹妹，思想进步，抗战爆发后她抱定"中华民族要对抗敌寇为国家求自由"的信念，积极参加铁血锄奸团，和陈三、环儿一起去暗杀汉奸，杀死了牛怀瑜小妾莺莺。陈三也从一个警察转变成一个抗战英雄。最后，黛云和陈三、环儿一起奔赴西北，参加八路军。阿瑄在他养母曼娘被日军凌辱而死后也参加了游击队，打仗十分勇敢，后来也和黛云他们会合参加了八路军。小说以这样的开放式简述来表现共产党领导的西北敌后游击战争。

  到这里，我们必须把陈三、环儿、黛云撇下，至于他们怎样出城，怎么失散又重聚，怎么到达山西省北部，后来阿瑄又去找到他们，怎么打游击，在战争开始后几个月，后来竟至几年，他们阻挡日

---

① 林语堂：《新中国的诞生》，香港民社，1939，第37页。
② 林语堂：《新中国的诞生》，香港民社，1939，第38页。

军进军西北,都要读者诸君自己去想象了。他们是勇敢爱国的中国青年,在物质环境最艰难之下,他们的精神奋发旺盛,他们的斗争勇气坚强不摧,不屈不挠。①

《京华烟云》还描述了间谍战的故事。素云堕落后加入贩毒集团,后来敌伪把她培养成间谍,准备诱杀张自忠将军,在黛云的教育感化下,她逐渐醒悟,她利用敌人的信任为抗战搜集情报,被发现后遭到日军枪杀。小说设置这样的情节,不但是为了增强故事的可读性,更是为了宣扬团结抗战的精神。

在整部小说结尾,林语堂把这种中华民族团结抗战的精神境界推向高潮。木兰全家随国府西迁,在途中听到开往前线的部队唱出了雄壮的军歌,"山河不重光,誓不回家乡",这激动人心的歌词使她心中涌起一阵强烈的情绪,她突然感到有着"深厚的耐心"和"雄伟的力量"的中华民族"就如同万里长城一样,也像万里长城之经历千年万载而不朽"。②这歌声是一种民族精神的自觉,是用鲜血和生命阐释的民族精神内涵,是中华民族生生不息的力量所在,小说的主题由此得到了崇高的升华。

第五节　反法西斯与讲述"中国故事"

1938年9月林语堂的《京华烟云》在巴黎刚刚开笔之际,欧洲列强签订了《慕尼黑协定》,绥靖政策达到顶峰,欧洲的战争风云日益逼近。在德国希特勒吞并小国、加紧备战的同时,为了抗击日益猖獗的法西斯主义思潮,1935年5月法国正式成立反法西斯人民阵线,著名作家罗曼·罗兰发起反法西斯的和平主义运动。欧战爆发时,林语堂已回到美国纽约。此时华盛顿虽对欧战表示中立,却废除了1911年签订的《日美通商航海条约》,将禁运清单扩大到铝、钼、镍、钨等重要物资。美国国内的

---

① 林语堂:《京华烟云》下卷,《林语堂名著全集》第2卷,东北师范大学出版社,1994,第440页。
② 林语堂:《京华烟云》下卷,《林语堂名著全集》第2卷,东北师范大学出版社,1994,第502页。

反法西斯运动风起云涌，支持中国抗战的声音日益增大，中国驻美大使胡适也不断游说美国总统罗斯福增加对中国的援助。在此背景下，作为一个深谙东西文化交流、擅长英文写作的中国作家，林语堂认识到不仅要为自己祖国的抗战发声，而且应把中国抗战置于世界反法西斯的宏大语境下，着力关注世界范围内的反战与和平问题，以期召引西方人在反法西斯的人类文化共同体中给予中国抗战更多的同情和帮助。在这个意义上说，林语堂是一个杰出的战时外交家。

林语堂1939年5月在国际笔会大会发表了题为"希特勒与魏忠贤"的演讲，同年他在《纽约时报》周刊发表政论文章《真正的威胁——观念，不是炸弹》，在《国家民族政坛杂志》（The Nation）发表思想自述《我的信仰》。这三篇作品有效地利用西方舆论阵地，宣传反法西斯思想，并不时以中国历史文化和中国抗战为例阐释人类的"共同心感"，在幽默轻松的语言氛围中透露出对人类命运严肃的沉思。

国际笔会（Pen Club）是第一次世界大战后英国女作家道森·司各特为了不使大战悲剧重演，在伦敦发起成立的超越种族、宗教和政治的文学家的世界性组织，随后各国纷纷成立自己的笔会中心。其宗旨是：文学是没有国界的，会员通过相互理解与尊敬，为世界和平而奋斗；反对妨碍各国之间思想交流、表现自由和报道自由的行为。国际笔会第一任主席是英国作家高尔斯·华绥。1939年5月9日欧洲上空乌云密布之际，第17届国际笔会大会在纽约举行。这次会议正值欧洲法西斯主义甚嚣尘上、欧战一触即发之际，也是中国抗战亟须国际社会支持和援助之时，林语堂应邀发表了《希特勒与魏忠贤》的演说，同台演讲的有流亡美国的德国作家托马斯·曼和法国作家安德烈·莫洛亚。在这篇演说中，林语堂谴责希特勒、墨索里尼破坏民主政体、扼杀思想自由的法西斯主义，强调了在当今欧陆沉沦、正义扫地的世界危难之际，作家应该负起捍卫人类思想信仰之自由的重任："吾人之职责，端在诚实无畏，保持个性，以维护人类之自由，防卫个人思想信仰之权利，慎勿为所侵夺。"[①] 在演讲中他有意穿插

---

① 林语堂：《希特勒与魏忠贤》，《拾遗集》下卷，《林语堂名著全集》第18卷，东北师范大学出版社，1994，第348页。

讲述"中国故事"。林语堂指出,"一个理想的国家里著作家同时也应该是统治者",他们以对人性和自由信念的坚持和捍卫来匡扶正义、对抗暴政,欧洲的启蒙思想家便是如此,这种理想曾经出现于古代的中国。他用中国古代儒道哲学来阐述作家的历史责任和道德操守,希望作家以"守真抱一"的道家思想立世;"作家之要务,首在明了何者曰'义'",他引用孔子的"君子喻于义,小人喻于利"等言论来寄望作家以之为依归,为追求世界和平而守护正义。在演讲最后,林语堂表达了法西斯必然失败的坚强信念:"法西斯政府蔑视人类自由,剥夺人民权利。凡此种种,我相信决不能长久。何则?不近人情故也。"他别出心裁地拈出明末擅政独裁的宦官魏忠贤,把他和大独裁者希特勒进行了有趣的对比。希特勒在德国被奉为救世主耶稣再世,而当年魏忠贤也被谀颂为"德齐尧舜"的圣人,尽管他们一时权势煊赫,终究难逃覆灭的命运,魏忠贤最后自杀了。林语堂断然指出:"自杀乃是独裁暴君最该做的事。"这是对六年后希特勒结局的精确预见。这篇演讲以乐观主义的"中国故事"收篇:"中国看魏氏灭亡,而中国至今还是中国。因此我们不必过分沮丧。"①

政论文章《真正的威胁——观念,不是炸弹》同样充满人类正义必胜的信念。这篇随笔立意高远,文风活泼,涉笔成趣,于幽默雍容中含蕴反法西斯思想的睿智。林语堂针对欧战爆发而甚嚣尘上的人类文明悲观论,提出了具有远见卓识的看法。他从生物的遗传本能说起,大凡动物均有弱肉强食和亲情两种本能,慕尼黑会议后欧战不可避免似乎昭示了弱肉强食的法则占了上风,然而从人类历史看,爱好和平、追求美好生活的本能是最终会胜于野蛮的战争的,因此战争并不能摧毁人类的文明,而在战争破坏后"人类爱好和平的伟大本能以及人类天才的创造能力能在欧洲在极短时期内恢复过来"。这种对欧战结局达观而深刻的洞见其实也是对中国抗战前途的一种乐观的态度。林语堂继续用"中国故事"宣示了在战争洗礼下中华文明依然屹立不坠的坚韧性。

---

① 林语堂:《希特勒与魏忠贤》,《拾遗集》下卷,《林语堂名著全集》第 18 卷,东北师范大学出版社,1994,第 348 页。

在这次战事中中国学校,文化机关的遭日本破坏可说不能再有比这更系统,更完全的了。可是要说是中国的文化消灭了是太牵强了。浙江一个大学的教授学生从东南徒步千哩走入内地,重新在云南西南开学上课。①

1939年底基本完成的高校内迁是战时特殊条件下进行的一次大学文化和现代文明艰苦卓绝的长征,他显然被这种为了保存文化血脉的伟大壮举深深震撼了,因此在这里特别自豪地将之传递给西方读者。在这篇随笔里,林语堂指出,虽然战争不能毁掉文明,但扼杀人类生活和思想权利的法西斯极权主义却是文明社会最大的威胁,他最后呼吁全世界热爱和平、热爱生活的人们与法西斯主义斗争到底。

至于《我的信仰》则是林语堂应纽约《国家民族政坛杂志》(The Nation)之约而撰写的思想自述,主要谈论自己的宗教信仰历程,既有拥抱科学思想、批判基督教教义的内容,也有评述儒道两家哲学的言论。最值得注意的是,文章援引了孔孟和道家的哲学思想,攻伐迷信武力的法西斯国家,指出法西斯主义必将在道家所推崇的物极必反的自然法则中遭到彻底失败。对于人类的前途,他依然是乐观的:"这个世界终有一天自然而然的会变好的。目光放远点,你就不伤心了。"②

学界对林语堂的研究过于看重其向西方传播中国古典文化的方面,却忽视其传达的这些真实、深刻而富有时效性的抗战叙事所蕴含的重要价值。在1939年欧战全面爆发、中国抗战处境艰难的形势下,美国依然和日本保持正常的通商贸易关系且源源不断地向其输出战略物资,如何博得美国人民对中国抗日的同情和支持,如何让美国主流社会认识到日本侵华也是对美国自身利益的损害,时任中国驻美大使的胡适为之在外交上不懈努力,而林语堂则用自己所擅长的英文写作向美国人宣传抗战,并有效地利用世界反法西斯的话语强化了这种与政治外交有着异曲同工之效的

---

① 林语堂:《真正的威胁——观念,不是炸弹》,《讽颂集》,第15卷,东北师范大学出版社,1994,第186页。
② 林语堂:《我的信仰》,《拾遗集》下卷,《林语堂名著全集》第18卷,东北师范大学出版社,1994,第348页。

文化外交。正如钱锁桥在其新著《林语堂传——中国文化重生之道》中所言:"林语堂在美国阐释中国文化大获成功,被誉为'中国哲学家'。国难当头之际,林语堂用他的文化资本为国做宣传,成为民间的独立发言人。"[1]

---

[1] 钱锁桥:《林语堂传——中国文化重生之道》,广西师范大学出版社,2019,第241页。

结　语

本书通过对1939年中国士人知与行的微观史考察，力图在短时段的历史进程中把握这一特定年份的中国文化思想脉络。无论是从这一年的文化思潮还是士人个案看，文化自觉与文化自信十分鲜明和突出，这显示了抗战时期中国文化的基本特征。以"中华民族是一个""学术中国化""民族本位""民族形式"为主流话语的战时中国文化思潮既与五四新文化运动的传统批判立场迥然有别，也和20世纪30年代强调阶级意识的文化取向分道扬镳，它恢复了民族传统文化的主体性地位，凸显了中华文化的核心价值。尽管在20世纪二三十年代，主张以儒家思想为基础的文化保守主义思潮绵亘不断，但在文化激进主义背景下，这种民族本位的文化立场始终处于被压抑的弱势状态。到了抗战全面爆发后，民族传统文化终于再次走进历史的场域。就本书所揭示的八个个案而论，这种趋于民族本位的文化价值取向也是显而易见的。抗战时期的中国知识分子，不管是曾经长期接受了传统文化熏陶的士人，还是在五四时期成长起来的智识阶层，抑或是深受异域文化浸染的新型学人，他们在中华民族危亡之际，集合于抗日民族统一战线的旗帜下，发扬"以天下为己任"的士人精神，以各种方式投身于伟大的民族抗战事业，或抱道履节，或明圣述作，或身体力行，表现出中国士君子特有的精神气度，传承民族文化，重铸民族自信。《黄河大合唱》在西洋音乐的形式框架下突出了中华民族和黄河的符号象征，其歌词创作和乐器的运用明显有意地取法于传统；熊十力在复性书院的哲学运思一方面积极汲取西方知识论的营养，另一方面则赓续了中国古代"外王事功""学以致用"的哲学传统；太虚大师希望重振大乘佛教救世利生的精神力量，其东南亚及南亚之行则更体现为"儒释兼容"、见危授命的传统士人行事风格；历史学家刘节的所思所行无一不体现出传统士人的精神特质，1939 年日记中深蕴的家国殷忧、交友行谊、学术追求和文人情怀与士人精神一脉相承；废名在对乡土社会进行批判性反思的同时发现了传统乡野的生命原力，彰显了儒家思想的现代价值；于伶通过上海"孤岛"的都市叙事反映了传统士绅的精神觉醒；王度庐用中国武侠传统颂扬士君子的高义，以中国文化的隐微修辞表达抗日情绪；在海外的林语堂则重新发掘道家精神，并强化了传统家族伦理的生命价值，借此凝聚民族的抗战力量。在微观史这个"放大镜"的视域下，战时中国士人的文化自觉与文化自信之历史本相得以充分彰显。

  1939 年中国士人的文化自觉和文化自信，首先，源自他们对中华民族抗战精神的创造、践行，以及感受和体悟。面对强敌，中国人民前赴后继、浴血奋战，形成和表现出伟大的抗战精神，正如习近平总书记在纪念中国人民抗日战争暨世界反法西斯战争胜利 69 周年座谈会上的讲话中指出的："中国人民向世界展示了天下兴亡、匹夫有责的爱国情怀，视死如归、宁死不屈的民族气节，不畏强暴、血战到底的英雄气概，百折不挠、坚忍不拔的必胜信念。"[①] 中国人民是这种抗战精神的创造者和实践者，他们中的知识分子更容易从中感受和体验了这种精神与中华民族优秀历史文化传统之间的血肉联系，从而培育和树立了对于民族文化的高度自觉和坚定自信。其次，中国士人的文化自觉和文化自信来自他们对于民族复兴的理想信念。抗战全面爆发后，抗日民族统一战线强化了"民族复兴"的话语，一方面是国民党放弃了文化统制而把"民族复兴论"的重心更多转移到直接服务抗战为目的，[②] 另一方面则是中国共产党号召全国人民通过共御外侮来推动民族复兴。[③] 正是对中华民族复兴的坚定信念，中国士人充分发掘民族文化的历史底蕴，探寻民族文化的精神根脉，从而确立了文化自觉和文化自信。

---

① 习近平：《在纪念中国人民抗日战争暨世界反法西斯战争胜利 69 周年座谈会上的讲话》，《人民日报》（海外版）2014 年 9 月 4 日，第 2 版。
② 黄兴涛：《民国各政党与中华民族复兴论》，《近代史研究》2014 年第 4 期。
③ 黄志高：《中国共产党"民族复兴"话语的历史发展与当代建构》，《现代哲学》2016 年第 6 期。

相较于五四新文化运动时期的知识分子而言，战时中国士人在保存和继承文化启蒙的同时呈现了回归传统文化的趋向，他们主动悬置了个性主义、国民性改造、文化批判等五四启蒙话语，凸显了感时忧国、舍生殉道的传统士人精神，将五四时期激进主义的文化立场和西化倾向转化为对中华民族精神的认同和趋归。"为什么（中西）这两个不同的文化传统所产生的知识分子，对国家、人民有不一样的看法，而且是很大程度的不一样，是一个很值得研究的问题。"① 对于这个杨振宁之问，也许能从战时中国士人的知与行中找寻到答案。

中国士人为抗战胜利做出了独特的牺牲和贡献。在实现中华民族伟大复兴的进程中，对于近现代中国知识分子与传统士人精神世界之间的研究探讨无疑具有重大的理论意义和实践意义，它能够为传承优秀文化、树立文化自信提供丰富的启示。学界应该打通横亘在士人与知识分子这两个概念之间的沟壑，通过宏观的整体性研究和微观的个案剖析，厘清中国现代知识分子与传统士人精神的传承脉络，揭示中国现代知识分子对传统士人精神的发展和创新，构建和创设具有学理性意义的中国现代士人精神谱系，以期在历史和逻辑上完善和深化对近代以来中国知识分子的理解和诠释。

战后，冯友兰在《国立西南联合大学纪念碑碑文》中称："我国家以世界之古国，居东亚之天府，本应绍汉唐之遗烈，作并世之先进，将来建国完成，必于世界历史居独特之地位。盖并世列强，虽新而不古；希腊罗马，有古而无今。惟我国家，亘古亘今，亦新亦旧，斯所谓'周虽旧邦，其命维新'者也！旷代之伟业，八年之抗战已开其规模、立其基础。今日之胜利，于我国家有旋乾转坤之功。"② 抗战胜利大大推进了中华民族复兴的历史进程，锻淬了以爱国主义为核心的中华民族精神，凸显了中华文化的主体自觉，同时开启了以社会主义为前途和发展目标的新方向。历史将永远铭记抗战期间为民族解放和民族复兴而不懈奋斗的中国士人。

---

① 杨振宁：《在"中国知识分子与国家前途"演讲会上的讲词》，《读书教学四十年》，三联书店香港分店，1985，第102页。
② 《重刊冯友兰国立西南联合大学纪念碑碑文》，《北京大学学报》（哲学社会科学版）2003年第4期。

参考文献

一 著作类

孔范今：《孔范今自选集》，山东文艺出版社，2004。

黄万华：《史述和史论：战时中国文学研究》，山东大学出版社，2005。

陈旋波：《时与光——20世纪中国文学史格局中的徐訏》，百花洲文艺出版社，2004。

田刚：《鲁迅与中国士人传统》，中国社会科学出版社，2005。

臧运祜主编《日本侵华与中国抗战——有关史料及其研究》，社会科学文献出版社，2013。

余英时：《士与中国文化》，上海人民出版社，1987。

〔美〕爱德华·萨义德：《知识分子论》，单德兴译，陆建德校，生活·读书·新知三联书店，2002。

〔法〕雅克·勒高夫等编《新史学》，姚蒙编译，上海译文出版社，1989。

陈平原：《抗战烽火中的中国大学》，北京大学出版社，2015。

李仲明：《抗日战争时期的中国文化》，团结出版社，2017。

孔范今主编《二十世纪中国文学史》，山东文艺出版社，1997。

徐迺翔、黄万华：《中国抗战时期沦陷区文学史》，福建教育出版社，1995。

王学珍等编《国立西南联合大学史料》，云南教育出版社，1998。

胡培安、陈旋波：《华文教育与中华文化传承》，社会科学文献出版社，2018。

何晓明：《百年忧患——知识分子命运与中国现代化进程》，东方出版中心，1997。

〔法〕艾曼纽·卢瓦耶：《流亡的巴黎——二战时栖居纽约的法国知识分子》，广西师范大学出版社，2009。

梁漱溟：《我与中国民主同盟》，当代中国出版社，2011。

杨振宁：《读书教学四十年》，三联书店香港分店，1985。

〔英〕特里·伊格尔顿：《审美意识形态》，王杰等译，广西师范大学出版社，2001。

〔美〕詹明信：《晚期资本主义的文化逻辑》，张旭东编，陈清侨等译，生活·读书·新知三联书店，1997。

〔英〕雷蒙·威廉斯：《关键词：文化与社会的词汇》，刘建基译，生活·读书·新知三联书店，2005。

〔英〕斯图亚特·霍尔：《表征——文化表象与意指实践》，徐亮、陆兴华译，商务印书馆，2003。

王德威：《想像中国的方法》，生活·读书·新知三联书店，1998。

李建平、盘福东：《广西抗战文化史》，广西人民出版社，2015。

钱理群编《二十世纪中国小说理论资料》第4卷，北京大学出版社，1997。

冼星海：《冼星海全集》第一卷，广东高等教育出版社，1989。

张光年：《张光年文集》1~5卷，人民文学出版社，2002。

黄兴涛：《重塑中华——近代中国"中华民族"观念研究》，北京师范大学出版社，2017。

俞玉姿主编《中国近现代音乐教育文选（1840—1949）》，上海教育出版社，2011。

苏春生：《中国解放区文学思潮流派论》，中国社会科学出版社，2000。

石凤珍：《文艺"民族形式"论争研究》，中华书局，2007。

延安文艺丛书编委会编《延安文艺丛书·文艺理论卷》，湖南人民出版社，1984。

马镜泉、赵士华：《马一浮评传》，百花洲文艺出版社，1993。

马一浮：《马一浮集》，浙江古籍出版社，1996。

景海峰：《熊十力哲学研究》，北京大学出版社，2010。

孙建勇：《一代狂哲熊十力》，台海出版社，2016。

郭齐勇：《郭齐勇自选集》，广西师范大学出版社，1999。

熊十力：《十力语要》，中华书局，1996。

冯契：《中国近代哲学的革命进程》，上海人民出版社，1989。

宋志明：《熊十力评传》，百花洲文艺出版社，2010。

冯友兰等：《玄圃论学集（熊十力生平与学术）》，生活·读书·新知三联书店，1990。

任继愈：《任继愈学术论著自选集》，北京师范大学出版社，1991。

释印顺：《太虚法师年谱》，宗教文化出版社，1995。

印顺文教基金会编《太虚大师全集》（电子版），2008。

钱穆：《八十忆双亲·师友杂忆》，生活·读书·新知三联书店，2018。

刘节：《刘节日记（1939—1977）》上、下册，大象出版社，2009。

常任侠：《战云纪事（常任侠日记（1937—1945））》，海天出版社，1999。

范智红：《世变缘常——四十年代小说论》，人民文学出版社，2002。

钱理群：《丰富的痛苦："堂吉诃德"与"哈姆雷特"的东移》，时代文艺出版社，1993。

赵世瑜：《小历史与大历史：区域社会史的理念、方法与实践》，生活·读书·新知三联书店，2006。

废名：《莫须有先生传》，广西师范大学出版社，2003。

废名：《废名集》，北京大学出版社，2009。

陈建军编著《废名年谱》，华中师范大学出版社，2003。

杨义：《京派文学与海派文学》，生活·读书·新知三联书店，2007。

郭济访：《梦的真实与美——废名》，花山文艺出版社，1992。

费孝通：《乡土中国》，上海人民出版社，2009。

陈青之：《中国教育史》，福建教育出版社，2009。

周作人：《周作人散文全集》，广西师范大学出版社，2009。

〔英〕加斯东·巴什拉：《梦想的诗学》，刘自强译，生活·读书·新知三联书店，1996。

孔海珠：《于伶传论》，上海人民出版社，2014。

孔海珠编《于伶研究专集》，学林出版社，1995。

于伶：《于伶剧作选》，人民文学出版社，1979。

上海市政协文史资料编《上海纪念抗日战争胜利60周年研讨会论文》，上海人民出版社，2005。

陶菊隐：《大上海的孤岛岁月》，中华书局，2005。

忻平：《从上海发现历史——现代化进程中的上海人及其社会生活1927—1937》，上海人民出版社，1996。

〔美〕李欧梵：《上海摩登——一种新都市文化在中国（1930—1945）》，毛尖译，北京大学出版社，2001。

李今：《海派小说与现代都市文化》，安徽教育出版社，2000。

上海社会科学院经济研究所编《上海解放前后物价资料汇编，1921年—1957年》，上海人民出版社，1958。

〔美〕罗兹·墨菲：《上海——现代中国的钥匙》，章克生译，上海人民出版社，1986。

马军：《1948年：上海舞潮案》，上海古籍出版社，2005。

夏衍：《夏衍论创作》，上海文艺出版社，1982。

胡叠：《上海孤岛话剧研究》，文化艺术出版社，2009。

林语堂：《林语堂名著全集》，东北师范大学出版社，1994。

林语堂：《新中国的诞生》，香港民社，1939。

王宏斌：《鸦片：日本侵华毒品政策五十年（1895—1945）》，上海社会科学院出版社，2016。

钱锁桥：《林语堂传——中国文化重生之道》，广西师范大学出版社，2019。

张泉：《沦陷时期文学8年》，中国和平出版社，1994。

徐斯年：《王度庐评传》，苏州大学出版社，2005。

陈平原：《千古文人侠客梦》，北京大学出版社，2018。

鲁迅：《中国小说史略》，齐鲁书社，1997。

二 论文类

李根：《论卡罗·金兹堡文化史研究的理论与方法》，博士学位论文，东北师范大学，2013。

郭川：《抗战大后方公教人员日常生活及心态嬗变研究》，博士学位论文，西南大学，2017。

汪效驷、李飞：《知识青年奔赴延安：一项战时交通社会史的考察（1937—1945）》，《安徽师范大学学报》2017年第6期。

高骞：《第三次全国教育会议研究》，硕士学位论文，华中师范大学，2018。

邬析零：《〈黄河大合唱〉的孕育、诞生及首演》上、下，《人民音乐》2005年第7期、第8期。

陈澜：《〈黄河大合唱〉的经典化研究》，《海南师范大学学报》（社会科学版）2012年第10期。

丁祥利：《水治则国治——皮大卫〈黄河：近现代中国的水问题〉评介》，《近代史研究》2015年第6期。

张啸虎：《对〈黄河大合唱〉歌词的一点体会》，《人民音乐》1955年第6期。

陈嘉明：《中国哲学的"力行"知识论》，《学术月刊》2014年第11期。

朱蓉蓉：《半官方社团与战时民间外交》，《江苏社会科学》2011年第5期。

曾友和：《"中国佛教访问团"走出国门宣传抗日》，《四川档案》2012年第4期。

侯坤宏：《1930年代的佛教与政治：太虚法师和蒋介石》，《四川师范大学学报》2006年第5期。

许肖生：《马来亚华侨对祖国抗战的贡献》，《华南师范大学学报》1984年第4期。

夏玉清：《试论抗战时期"南侨机工"人数与构成》，《东南亚纵横》2015年第6期。

昕匀：《中缅文化协会大事记（1939.12—1942.3）》，《民国档案》2009年第4期。

林承节：《印度国大党和印度人民对中国抗日战争的支持》，《南亚研究》1997年第1期。

钱茂伟：《小历史书写理论与方法的研究》，《学术研究》2013年第11期。

柯黎等选编《湖北抗战史料一组》，《湖北档案》1995年第3期。

王岩石：《废名文学思想研究》，博士学位论文，吉林大学，2010。

匡艳：《费孝通乡土交往伦理思想研究》，硕士学位论文，南华大学，2014。

张金俊：《宗族制度控制与社会秩序——以清代徽州宗族社会为中心的考察》，《天府新论》2010年第5期。

许纪霖：《"土豪"与"游士"——清末民初地方与国家之间的士大夫精英》，《华东师范大学学报》2015年第4期。

〔日〕汤山土美子：《我对鲁迅、周作人儿童观的几点看法》，《鲁迅研究动态》1988年第1期。

应玲素：《周作人儿童观的现代性品格》，《社会科学战线》2007年第2期。

薛振梅：《中国禅宗祖庭四祖寺与五祖寺》，《湖北文史资料》1997年第3期。

张一帆：《新文学家的儒教乌托邦理想——论废名〈莫须有先生坐飞机以后〉的主题》，《文艺争鸣》2017年第7期。

马勇：《抗战与"儒家思想新开展"：以贺麟为中心的讨论》，《北京科技大学学报》（社会科学版）2015年第4期。

李巧芸：《"孤岛"时期上海米价研究》，硕士学位论文，华中师范大学，2016。

张金芹：《另类的摩登：上海的舞女研究（1927—1945）》，硕士学位论文，华东师范大学，2007。

王鹏飞：《"孤岛"时期文学期刊研究》，博士学位论文，华东师范大学，2006。

戴知贤：《中国共产党领导的"孤岛"文艺斗争》，《中共党史研究》1996年第4期。

钱锁桥：《文章报国：林语堂的抗战岁月》（演讲稿），《齐鲁晚报》2019年1月5日，第12版。

莫建来：《段祺瑞的"武力统一"与日本的对华政策》，《民国档案》1988年第3期。

陆伟：《日本在上海和华中地区的货币金融侵略政策》，《党史研究与教学》1998年第4期。

杨国明：《〈京华烟云〉与抗日战争爆发前的海关》，《上海海关高等专科学校学报》2007年第2期。

袁成亮：《试论抗战前日本华北走私及其影响（1935.8—1937.6）》，《苏州大学学报》（哲学社会科学版）2009年第1期。

吕伟俊、宋振春：《山东沦陷区研究》，《抗日战争研究》1998年第1期。

郭贵儒：《日伪在华北沦陷区新闻统制述论》，《河北师范大学学报》2003年第3期。

舒洛建：《从魏碑兴衰看社会变迁对书体演变的影响》，《中国书法》2014年第12期。

禚迎春：《〈青岛新民报〉研究》，硕士学位论文，中国海洋大学，2009。

黄兴涛：《民国各政党与中华民族复兴论》，《近代史研究》2014年第4期。

附录　1939年中国文化大事记

1月

3日，张澜会同黄炎培、梁漱溟、江问渔、冷遹等，在重庆特园起草宣言，声讨汪逆，宣言表示"绝对反对"汪精卫的"艳电"，唯愿吾全国同胞认清形势坚定意志，增加抗战力量，争取最后胜利。

10日，《救亡日报》在桂林复刊，社长郭沫若，总编夏衍。夏衍赴香港为之筹款。

13日，东江华侨回乡服务团主办的《东江》周刊在惠阳淡水创刊。

17日，五四新文化运动的倡导者、语言文字学家钱玄同逝世。钱玄同对五四新文化运动和国语运动做出了重要贡献。

18日，《鲁迅风》创刊，冯梦云编辑，实为金性尧编辑。9月停刊，共出19期。

22日，由曹禺等导演、吴祖光编剧的《凤凰城》，于重庆国泰大戏院演出。

28日　爱尔兰诗人叶芝逝世。

在项美丽帮助下，杨刚翻译的《论持久战》（英文版）在上海孤岛秘密出版。

郁达夫担任新加坡《星洲日报》主笔，元旦在《星洲日报》发表著名时评《估敌》，表达对民族抗战"必成必胜的信念"。

延安电影团摄制大型纪录片《延安与八路军》。

公木在延安与朝鲜籍著名作曲家郑律成相识，创作《八路军进行曲》。

中共中央东南分局宣传部机关刊物《东南战线》在浙江金华创刊，

由骆耕漠、邵荃麟共同主编。

石鲁经西安八路军办事处介绍到泾阳县安吴堡青年训练班学习，后赴宜川第二战区民族革命大学前锋剧团工作，任戏剧和宣传股长。

处于流徙状态的中华平民教育促进会迁到重庆，晏阳初后在卢作孚等的帮助下创办"中国乡村建设学院"。

吴湖帆元旦为黄公望《富春山居图》残卷作跋。

卞之琳历经周折开始随军生活。短篇小说《红裤子》发表于《今日评论》（昆明）。

顾随作《和香奁集》，在北平辅仁大学兼课，讲授中国古代诗文。

师陀的短篇小说集《无名氏》由文生出版社出版。

西南联大剧团的多幕话剧《祖国》在昆明新滇大戏院上演，引起轰动。

夏丏尊与傅东华、胡朴安、陈望道、章锡琛等在上海发起组织中国语文教育学会。

李达应冯玉祥之邀，由桂林经贵阳到重庆，为冯玉祥及其研究室讲授辩证唯物主义。

阿英主编的《文献》丛刊刊登《日本侵略中国电影的阴谋特辑》。

李劼人发起成立中华全国文艺界抗战协会成都分会，先后担任总理事及《笔阵》主编等职。

陈岱孙、潘光旦主编的《今日评论》周刊在昆明创刊。

周作人接受汪精卫南京政府国立北京大学图书馆馆长的聘书，正式附逆。

2 月

1 日，毛泽东写信给陈伯达，讨论陈伯达的《墨子哲学思想》，说"在中国找出赫拉克利特来了"。

4 日，重庆《新华日报》发表社论《加紧沦陷区域的文化工作》，号召文化工作者和热心救亡工作的人到敌人后方去。

4 日，贵阳遭到日机轰炸，损失惨重，《贵州晨报》报馆被毁。

7 日，《新中华报》改组为中共中央机关报。毛泽东题词："把新中华报造成抗战的一支生力军。"张闻天题词："发挥中国无产阶级在中华民族中的核心作用——新中华报属题。"

10日，中华全国戏剧界抗敌协会陕甘宁边区分会，在陕北公学大礼堂举行成立大会。

16日，《现代文艺月刊》在延安创刊，周扬任主编，编委会成员有：丁玲、成仿吾、艾思奇、沙可夫、沙汀、李伯钊、何其芳、周扬、柯仲平、荒煤、夏衍、陈学昭、卞之琳、周文、冯乃超、刘白羽16人。由文艺战线社出版。发行人夏衍，生活书店总经销。

傅雷应滕固之请，从香港转越南入昆明，任国立艺专教务主任共两月，继续翻译《约翰·克里斯多夫》。

延安开展民族形式问题的学习讨论，周扬、艾思奇、何其芳发表文章。

黎烈文在福建永安创办改进出版社，播撒了抗战文化的种子。

刘白羽在太行山撰写《朱德将军传》。

"鲁艺"成立了"旧剧研究班"，致力于旧剧的改编。

张申府的《论中国化》发表于重庆在《战时文化》月刊，展开"学术中国化"运动。

黎锦熙在陕西城固的西北联大任教。是年他撰写《钱玄同先生传》，毛泽东寄赠《论持久战》。

杨晦任桂林女子中学语文教员。

阿垅开始创作长篇小说《南京》。

王统照任暨南大学教授，游记文学集《游痕》由重庆文化生活出版社出版。

林徽因在昆明《今日评论》发表散文《彼此》。

朱光潜赴四川乐山的武汉大学任教，任教务长。

泰戈尔的唯一中国学生魏风江辞任印度国际大学中国学院副教授回国。

电影《木兰从军》由美商中国联合影业公司华成制片厂摄制完成，沪光大戏院在原爱多亚路开幕，首映影片为《木兰从军》，连映85天。

艾芜赴桂林，任中华全国文艺界抗敌协会桂林分会理事。小说集《海岛上》《逃荒》《萌芽》由文生出版社出版。

3月

23日 奥地利心理学家弗洛伊德逝世。

茅盾抵新疆，在新疆学院任教。

翦伯赞与谭丕模、张天翼等接受中国共产党指示前往湘西溆浦民国大学任教。

孙犁从冀中区办的抗战学院调到阜平，在晋察冀通讯社工作。

沙汀随贺龙转赴晋西北和冀中抗日根据地，小说《联保主任的消遣》发表于《文艺战线》。

中华全国文艺界抗敌协会香港分会成立，戴望舒任首届干事。

丁玲主编、记述西北战地服务团活动的作品集《一年》由生活书店出版。

广西地方建设干部学校创办，桂系聘请杨东莼为教育长，开设马克思哲学课程。

报告文学作品《上海一日》（朱作同、梅益编）由上海华美出版公司出版。

沈尹默为郭沫若《石鼓文研究》作序并手迹影印。

虚云法师春戒，设坛每日礼忏两小时，荐亡息灾，并要求僧众减省晚食，节积余粮，以献助国家赈款。

徐悲鸿在新加坡、马六甲、怡宝等地举办画展，为抗战募捐。

丘堤利用闲暇时间亲自设计和制作百余个布娃娃义卖捐赠，并以此为本事创作油画《布娃娃》。

黄宾虹在北平闭门谢客，拒见日本画家荒木十亩，在《古学丛刊》发表《画史编年表》。

陶行知在重庆举行生活教育社12周年纪念，发表讲话，强调"负起当前的任务，开展全面教育运动"。

熊佛西在成都创办四川省立戏剧教育实验学校，任校长。

吴文藻《论边疆教育》发表于《益世报》。是年创办云南大学社会学系。

胡山源因反对《申报自由谈》的鸳鸯蝴蝶派格调而被解聘。

周文的小说《救亡者》开始连载于《文艺阵地》。

新华、华新、华成三家电影制片公司合并，改组为中国联合影业公司（简称"国联"），并冠以美商经营的名义，由张善琨担任该公司的中方总经理。

金门大戏院在福煦路开幕。该院由马祥生创建，首场收入捐助赈灾，1943年被日军管制。

谢冰莹养疴期间主动向陈铭枢请缨要求回战地工作。

宋云彬在《国民公论》第1卷发表《伟大的历史变革时代的本国史教学问题》。

王恩洋在四川南充龟山书房讲国学，其讲稿《老子学案》《王国维先生之思想》，由黄联科出资在上海佛学书局印行流通。是年，其师欧阳竟无在江津重建内学院，讲学不辍。

罗香林携眷抵重庆，旋赴云南澂江任中山大学教授兼研究院指导教授。

4月

6日清明节，在陕西中部县（黄陵县）举行公祭黄帝典礼。公祭仪式由国民党中央特派员张继主祭。国民党陕西省政府主席蒋鼎文、陕甘宁边区政府主席林伯渠等陪祭。陕甘宁边区政府和边区参议会致祭轩辕黄帝云灵曰："巍巍我祖，肇启中华，荡涤瑕秽，中亚为家，历数千年，乃开民国，中山先生，实宏祖德，国共合作，革命宏模，中更摧拆，十载蹉跎，强敌侵凌，乃寝内战；唯一方针，统一战线，国共两党，重新合作，三民主义，厥为公约……"

13日，光未然作词、冼星海作曲的《黄河大合唱》在延安首演。

19日，陕甘宁边区政府决定开展扫盲运动。毛泽东题词："为消灭文盲而斗争。"

《中国青年》在延安复刊，它是唯一一本延续至今的中国共产党早期创办的刊物，秘密创办于1923年10月20日。

《新中华报》同时发表题为《为扫除3万文盲而斗争！》的社论。

郭沫若由广州赴武汉，就任国民政府军事委员会政治部第三厅厅长。

黎烈文主编的《改进》月刊创刊于永安。

巴金改订的《旅途随笔》由开明书店出版。

新疆文化协会成立，茅盾被推举为文协会委员长。

国民党当局开始对生活书店分店进行封闭或迫令停业，查没所出图书。

侯外庐的《中国学术的传统与现阶段学术运动》发表于重庆《理论与现实》创刊号。

穆木天《对抗战诗歌的要求》发表于《春云》杂志。

郑君里拍摄新闻片《西北特辑》，后编入《民族万岁》。

《半月文艺》创刊，由四川大学学生方敬等人组织的文艺研究会主办。

苏雪林随武汉大学迁四川后潜心研究《屈赋》，撰写《昆仑之谜》《山鬼与酒神》。

弘一法师到福建省永春县普济寺静心修持，掩关治律。

郑君里开始拍摄大型抗战纪录片《民族万岁》。

梁实秋随国民政府教育部教科用书编委会疏散至重庆北碚，瓦房"雅舍"落成。

在北平沦陷区的辅仁大学和燕京大学师生募捐出版了纯文艺集刊《文苑》。

王度庐的武侠小说《宝剑金钗》在《青岛新民报》连载完毕，是年9月推出单行本。

丰子恺任在广西宜山的浙江大学讲师，讲授艺术教育和艺术欣赏课程。

姚雪垠与臧克家、孙陵到随枣前线采访。

胡风参加"文协"年会，代表大会宣读了他起草的《致全世界反法西斯侵略战争的作家电》。

吴宓读《神曲》，开设"欧史""翻译"等课程。时任清华大学外文系教授。

艾青诗歌《北方》在《七月》杂志发表，后诗集自费出版。

徐梵澄译尼采著作《快乐的知识》，由商务印书馆出版。

英国作家弗吉尼亚伍尔夫给凌叔华写信，鼓励她坚持写作。

5月

3日、4日，日军轰炸重庆，景象惨烈，死伤数千人。

6日，汪精卫通电投敌。

9日，第17届国际笔会大会在纽约召开，林语堂发表了题为《希特勒与魏忠贤》的演讲。

10日，毛泽东为鲁迅艺术学院成立一周年题词："抗日的现实主义，革命的浪漫主义。"鲁迅艺术学院成立于1938年，是抗日战争时期中国共产党为培养抗战文艺干部和文艺工作者而创办的一所综合性文学艺术学校，1940年后更名为"鲁迅艺术文学院"，简称"鲁艺"。

26日，毛泽东为延安《新中华报》著文《抗大三周年纪念》。指出抗大的教育方针是"坚定正确的政治方向，艰苦朴素的工作作风，灵活机动的战略战术"。

31日，国民政府教育部训令规定每年8月27日孔子诞辰为教师节，原有的"六六"教师节自该年废止。

陕甘宁边区西北青年救国联合会将5月4日定为中国青年节。

中华全国文艺界抗敌协会延安分会成立，成仿吾、周扬、丁玲、艾思奇、沙可夫等为理事。

周立波被周恩来调到桂林，任《救亡日报》编辑，并任中华全国文艺界抗敌协会桂林分会筹备委员。

冯乃超赴重庆负责国民政府军事委员会政治部第三厅郊外办公室日常工作。

中共江南特委的机关刊物《江南》杂志在无锡梅村以无锡各界抗日联合会宣传部的名义出版，主编秦国维。

在湖南衡山上封寺为游击干部训练班作报告的周恩来看了巨赞法师的《南岳佛道救难协会告各地救亡团体同志书》后，当场挥毫写下"上马杀贼、下马学佛"赠巨赞法师。

上海《文汇报》因发表抗日言论被勒令停刊，徐铸成赴香港担任《大公报》编辑主任。

徐复担任军训部西北巡回教育班秘书，辗转巴蜀西北，并就地开展风俗语言。

秦牧出任广东韶关《中山日报》副刊主编。

傅抱石《中国明末民族艺人传》由商务印书馆出版。

国民参政会参政员、中央研究院史语所所长傅斯年兼任北大文科研究所所长。

陈白尘的剧本《乱世男女》由重庆上海杂志公司出版。

胡兰成追随着汪精卫，离开香港到上海，投敌附逆。

世界书局开始出版郑振铎、王任叔、孔另境主编的《大时代文艺丛书》，共出 11 种。

李广田《雀蓑集》由文化生活出版社出版。

阳翰笙在重庆改编电影《塞上风云》。

蔡楚生参加大地影业公司工作，发表散文《我们需要同情》。

闻一多在西南联大讲授《诗经》和"古代神话与传说"。

《电影世界》月刊创刊。该刊是以图片为主的大型电影刊物，由马永华、陈平、陈忠豪等编辑，大效公司出版发行，共出版 24 期。

沪光大戏院插映苏联彩色片《女壮士》。此后，该院每月放映一部苏联影片。

西北大学历史系考古发掘张骞墓，留有《增修汉博望侯张公墓道碑记》，碑阴刻《汉书·张骞传》。参加发掘的教授有黎锦熙、陆懋德、沈志远、许寿裳、黄文弼等。

王统照的《欧游散记》、端木蕻良的《科尔沁旗草原》由上海开明书店出版。

《中学生》杂志改成《中学生战时半月刊》，在桂林复刊，叶圣陶任社长兼主编。

在上海的南洋华侨青年创办了文艺月刊《文艺长城》。

纯文艺杂志《南风》创刊，上海商务印书馆编辑并出版发行。

叶君健在香港用世界语翻译《新任务》等抗战小说。

张资平接受日军资助创办《新科学》月刊，投敌附逆。

6 月

18 日，杨骚参加以王礼锡、宋之的为正副团长的"作家战地访问团"，该团从重庆出发到抗日前线慰问，途经川、陕、豫、晋等省，历时半年。

聂绀弩到浙江金华，先参与中共浙江省委文化工作委员会机关刊物《东南战线》，从6月起任替代它的半月刊《文化战士》主编。

"中华全国文艺界抗敌协会"派老舍代表参加全国慰劳总会北路慰问团到西北慰问，途经陕甘宁青豫鄂等省区，行程两万多里。

国民党军事委员会设立新闻检查局。

徐訏与丁君匋创办《人世间》半月刊，共四期止。

陆俨少游览青城山、峨眉山，结识朱光潜、马一浮等人，画展深得朱光潜赞赏。

邵洵美陪同项美丽赴香港，会见了迁往香港的《天下》编辑吴经熊、温源宁等人。

史东山执导的剧情电影《好丈夫》在重庆上映。

王辛笛结束在英国爱丁堡大学英国文学进修回国，赴光华大学任教。

端木蕻良在重庆创作论文《论鲁迅》。

巴人的《鲁迅与高尔基》发表于《鲁迅风》杂志。

李健吾翻译的罗曼·罗兰话剧《爱与死的搏斗》由文生出版社出版。

反映上海孤岛爱国青年与汉奸进行斗争的电影《孤岛天堂》上映。

詹国泰在云南澄江刊行诗词合集《滇南挂瓢集》，诗词名家地位由此奠定。

中华基督教青年会全国协会派遣江文汉、梁小初和费吴生一行三人访问延安，受到毛泽东的接见。

沈兼士等人发起的"华北文教协会"在北平辅仁大学秘密成立，开展抗日宣传活动。

7月

20日，中国女子大学在延安开学，该校的教育方针以毛泽东制定的"以研究中国革命实际问题为中心、以马克思列宁主义基本原则为指导"，为抗战和新中国建设培养了1000多名妇女干部。

中共中央发表《为抗战两周年纪念对时局宣言》，提出"坚持抗战，反对投降；坚持团结，反对分裂；坚持进步，反对倒退"的三大政治主张。

陕公师生抵达延安，中共中央任命原陕北公学校长成仿吾为华北联合大学校长。

何其芳从冀中根据地回到延安，任鲁迅艺术文学院文学系主任。

国民政府教育部颁布《各省市师范学校辅导地方教育办法》。

国民党修正制定的《战时图书杂志原稿审查办法》，进一步控制言论自由。

戴望舒和艾青在桂林、香港主编诗歌杂志《顶点》。

黄君璧作东约张大千、张心智父子同游四川峨嵋山、青城，张大千在途中赠黄君璧《时装仕女图》。

罗大冈以"特优"评语通过博士学位论文，获巴黎大学文学博士学位。

时任辅仁大学校长的陈垣搬入兴化寺街5号，撰写《明季滇黔佛教考》。

陈望道修订完稿《拉丁化中国文字运动纲领草案》。

杨堃1930年在法国里昂大学的博士学位论文《中国家族中的祖先崇拜》出版。

贺敬之处女作《诗人的出游及归来》发表于成都《华西日报》。

刘海粟主持上海美专师生救济难童书画展览会，售出书画四百幅，后又受邀赴印度尼西亚主持筹赈画展。

林散之随身携诗稿、碑帖四处流浪，到上海寻恩师黄宾虹不遇。

朱自清散文《北平沦陷那一天》发表于《中学生战时半月刊》。

虞愚的《印度逻辑》由商务印书馆出版。

《横眉集》由世界书局出版，该书收录孔令境、王任叔、文载运、周木斋、周黎庵、风子、柯灵七人杂文113篇。

张乐平在浙江金华举办个人战地素描展，展览收入全部捐献给抗日救亡运动。

曹聚仁以国民党中央通讯社战地记者身份回故乡浙江兰溪梅江镇蒋畈作抗战演讲，一时轰动。

吕思勉《中国通史》定稿，台静农完成《鲁迅先生整理中国古文学之成绩》，杨明照《文心雕龙校注》杀青。

8月

7日，刘少奇在延安马列学院作题为《论共产党员的修养》的演讲。

8日，林语堂历时一年的《京华烟云》在巴黎完稿。

14日，曹禺导演的《原野》由联大剧团在新滇剧院演出，封凤子担任主角，闻一多、雷奎元任舞台设计。演出轰动春城。为满足观众要求，后又连演3场。

中华全国文艺界抗敌协会总会与香港分会合编的英文月刊《中国作家》出版。

中国艺术史学会发布缘起通告，会长为滕固，会员有方壮猷、吴其昌、徐中舒、黄文弼、商锡永、李小缘、朱希祖、宗白华、马叔平、胡小石、陈之佛、刘节、金静庵、傅抱石等20人。

中国伊斯兰教宗教文化类刊物《回教月刊》创刊于上海。该刊由上海牛肉庄、牛肉馆两个穆斯林肉食行业组织的"中国回教宣道所"主办，完捷三阿訇任主编。

兰州基督教青年会成立，其宗旨是"为了配合抗日战争形势，开展青年服务运动"，推定第八战区司令长官朱绍良为名誉会长，西北科学教育馆馆长梅贻宝为会长。

废名返回湖北黄梅故乡，任黄梅县第二小学教员，讲授"国文""自然"课程，撰写散文《五祖寺》。

《人世间》月刊创刊，徐訏、陶亢德主编。后迁桂林出版。

周谷城的《中国通史》由开明书店出版。

著名目录学家王重民从伦敦赴美国国会图书馆观中国善本。

钱锺书赴国立蓝田师范学院任英文系主任，并开始了《谈艺录》的写作和《围城》的具体构思。

许广平的《鲁迅先生的故乡》发表于《鲁迅风》杂志。

胡小石应云南大学校长熊庆来邀请，赴昆明任教并兼任文法学院院长。

饶宗颐受聘为中山大学研究员。

阿英历史剧《碧血花》又名《明末遗恨》在上海孤岛璇宫剧院公演。

西南联大文法学院从蒙自迁往昆明，穆旦结识刚从德国留学回国的冯至。

张爱玲考入香港大学文科。

15 岁的金庸与同学合编指导学生升初中的参考书《给投考初中者》，出版后畅销各地。

叶公超在重庆《中央日报·平明》发表《谈白话散文》。

艾芜的《逃荒》、李健吾的《撒谎世家》、艾青的《大堰河》由文化生活出版社出版。

出生于马来亚槟榔屿的福建籍诗人曾梦笔到新加坡《南洋总汇报》当翻译，结识丘菽园、郁达夫等人，其诗得到郁达夫的赞赏。

9 月

1 日，延安新华书店在延安北门凤凰山麓的平房新址举行隆重的开业仪式。毛泽东题写了店名。

1 日，萧乾离开香港赴欧，开始了七年的海外生涯。先在伦敦大学东方学院中文系任教，并兼任《大公报》驻英特派记者。

7 日，简又文、叶浅予、叶恭绰、欧阳予倩等在香港发起组织成立中国文化协进会，以集中文化界人士，联络友谊，"促进新中国文化之发展"为宗旨。

13 日，复性书院在四川乐山乌尤山举行开讲礼，马一浮任主讲，熊十力"特设讲座"，作《复性书院开讲示诸生》演讲。

毛泽东接见重返延安的斯诺，赞扬斯诺著的《西行漫记》真实报道了中国共产党的政策和红军情况。

中共中央正式宣布中央出版发行部成立，李富春任部长，王林为副部长。

萧红整理完成《鲁迅先生生活散记——为纪念鲁迅先生三周年祭而作》，后载《中苏文化》第四卷第三期。

李何林的《近二十年中国文艺思潮论（1917~1937）》由生活书店出版。

田间作为战地记者参加著名的陈庄歼灭战。

郑敏独自从重庆经贵州到昆明。计划入联大外语系学习英国文学，在报名注册时改修哲学系。

冰心在呈贡简易师范学校义务教课，为学校写校歌。

周汝昌得知尚未被日本兵侵占的燕京大学招生，遂以英语免试资格投考该校的王牌西语系。周汝昌考入燕京大学后，与诸多名家顾随、张伯驹、钱锺书等都有唱和。

范文澜在河南省确山县竹沟镇重新加入中国共产党，并奔赴延安。

武汉合唱团在马来西亚吉隆坡公演曹禺戏剧《原野》，郁达夫在开幕式的致辞中表明抗战到底的决心。

汪曾祺从上海经香港、越南到昆明，以第一志愿考入西南联大中国文学系，师从沈从文开始文学创作。

中国近现代著名经学家、古文字学家、教育家吴承仕在天津被汉奸日寇所逼，不幸逝世。

梁披云在印度尼西亚棉兰创办中华中学，首任校长。他以学校为基地，为声援祖国抗战，亲自选授毛泽东《论持久战》、介绍斯诺的《西行漫记》，激发华侨同胞爱国热情。

华侨教育家黄泰楠应菲律宾怡朗市华侨商会之邀，远渡菲岛担任怡朗华商中学教导主任、校长达16年。

于伶剧本《夜上海》由上海剧场艺术社出版。

吕叔湘在云南大学开设"中国文法"课程。

王莹以"中国救亡剧团"副团长的名义南下，在新加坡、马六甲等地展开两年的巡回演出，筹款一千多万法币，最著名的剧目是《放下你的鞭子》。

文化生活出版社出版《昆明冬景》（沈从文）、《见闻》（萧乾）、《宝马》（孙毓棠）、《废墟集》（缪崇群）、《新生代》（齐同）、《地上的一角》（罗淑）。

国立艺专迁往昆明安江村，中西画分科，潘天寿主持中国画教学。

施蛰存任教云南大学，编撰《中国文学史》《散文源流》等教材。

贺麟结束德国柏林大学留学生活，回到西南联大教书。

王力赴越南河内远东学院学习越南语。

吕荧到云南昆明西南联大念书，攻读历史、文学、哲学、外文等科目。

丘东平作品集《向敌人的腹背进军》由战文社出版。

艾青经八路军桂林办事处推荐到湖南新宁，应衡山乡村师范学校校长彭一湖之邀讲授"国文"课程。

根据"八女投江"故事改编的抗战题材电影《中华儿女》上映。

《美术界》创刊，共出3期。

赵朴初参加宋庆龄在上海领导的宪政运动。

伦敦大学埃及考古学系停办，夏鼐赴埃及参加考古挖掘。

王度庐的武侠小说《宝剑金钗》由《青岛新民报》推出单行本。

《中国文艺》杂志在北平沦陷区创刊，张深切担任主编。

10月

4日，毛泽东为《共产党人》撰写发刊词，明确提出中国共产党在中国革命中战胜敌人的三个法宝：统一战线、武装斗争和党的建设。

8日，武汉合唱团在吉隆坡演出《原野》，郁达夫观看演出后发表了剧评《〈原野〉的演出》。

20日，国际新闻社在长沙正式成立，后迁桂林。

中华全国文艺界抗敌协会等14个文化单位在重庆举行鲁迅逝世三周年纪念大会。邵力子担任主席。胡风、王平陵、陈绍禹分别讲演。到会的还有秦博古、董必武、吴玉章、叶剑英、叶挺、戈宝权等及各界群众千余人。《新华日报》发表社论《纪念伟大的民族战士鲁迅先生》。

中华全国文艺界抗敌协会桂林分会举行成立大会。选举王鲁彦、欧阳予倩、艾芜等25人为理事。芦荻、杨晦等15人为候补理事。

在周恩来的指示下，胡愈之等人筹资组建桂林文化供应社，开展抗战宣传。

根据新四军军部秘书长李一氓的倡议，新四军军部战地服务团绘画组以新四军军歌为内容，创作了一套18幅的木刻组画，用作对外宣传。史沫特莱赠给国际红十字会。

华北联大正式开学，沙可夫任文艺部部长，吕骥任副部长。设4个系，成立了文一队。

顾颉刚到成都，任齐鲁大学国学研究所主任，先后到郫县、双流、新津等地考察。

因国民政府教育部三度训令西南联大，必须遵守教育部核定的应设课程、全国统一教材等，冯友兰代为起草致教育部"抗辩书"。是年续写《贞元六书》。

日本宪兵以抗日分子罪名逮捕了圆瑛法师和明旸法师，两位法师镇静自若，表现出中国佛教徒的民族气节。

沈从文正式受聘西南联大副教授。是年创作了《一般或特殊》《烛虚》等作品，散文集《湘西》出版单行本。

陈抱一、朱屺瞻、钱鼎、倪贻德、周碧初、关良、丁衍庸、陈士文、宋钟沅画展在上海大新公司举行，展出油画作品一百余幅。

唐君毅寄居重庆璧山青木关，时聘国民政府教育部特约编辑，协助陈立夫修改《唯生论》和《生之原理》。

范古农继任上海佛学书局总编辑、杭州佛学研究会主讲，并担任《金刚经讲义》校订。

中国伊斯兰教综合性文化刊物《中国回教救国协会会刊》创刊于重庆。该刊物由中国回教救国协会主办，创办人为白崇禧。

中国伊斯兰教文化知识类刊物《绿旗》创刊于上海。

方东美开始研究《周易》，撰写《易之逻辑问题》。

刘文典的《庄子补正》出版。

傅抱石的《文天祥年述》著成，作叙例。

中华全国木刻界抗敌协会在桂林举办鲁迅逝世三周年木刻大型展览会。

《文艺新闻》在上海创刊。蒋策编辑。该刊以较多篇幅报道国内外作家消息。

牟宗三到重庆复性书院拜晤熊十力，并结识唐君毅。

欧阳予倩再赴桂林，推动桂剧改革，创办桂剧学校，整理了一大批保留剧目，培养了一批青年桂剧演员。

杨宪益继续在英国牛津大学墨顿学院研究西方文学，林耀华继续在美国哈佛大学攻读人类学博士学位，季羡林继续在德国哥廷根大学攻读印度学博士学位，赵元任在美国耶鲁大学担任访问教授。

翁独健结束在美国哈佛大学和巴黎大学的学业，赴云南大学历史系任教。

11 月

4 日，著名教育家、震旦大学和复旦大学创始人马相伯逝世于越南谅山。是年，各界为他举办百龄典礼，国民政府对他颁发褒奖令，中共中央特致贺电，称他为"国家之光，人类之瑞"。

23 日，黄炎培、章伯钧、左舜生、梁漱溟等在重庆特园发起成立"统一建国同志会"，黄炎培为主席。统一建国同志会在特园曾多次举行座谈会，酝酿筹建新的组织。

23 日，著名法学家、郁达夫的胞兄郁华在上海被汪伪暗杀。

日军纵火焚烧明星影片公司枫林桥基地。

丁玲担任陕甘宁边区文艺协会副主任。

艾青诗集《他死在第二次》由重庆上海杂志公司出版。

中华全国文艺界抗敌协会晋东南分会成立。李伯钊、刘白羽、荒煤、蒋弼、袁勃等 14 人当选理事。

太虚法师率领中国佛教代表团开始对缅甸、印度、斯里兰卡、马来亚和新加坡的访问。

朱生豪应邀入《中美日报》任编辑，为国内新闻版撰写了大量鞭挞法西斯、宣传抗战的时政短文《小言》。

史沫特莱参加"作家战地访问团"在湖北老河口与文化界人士举行的座谈会。

骆宾基反映东北抗日义勇军斗争的长篇小说《边陲线上》由巴金任主编的文化生活出版社出版。

顾颉刚和张维华在成都共同主办齐鲁大学国学研究所，后于翌年出版《责善》杂志。

梅娘的小说《傍晚的喜剧》发表于新京文选刊行会出版的《文选第一辑》，同期刊载梁山丁、洪灵菲的作品。

冯玉奇的通俗小说《孽海潮》由广益书局出版。

冯契从战场返回西南联大复学，为哲学系三年级学生。

梁漱溟从抗日前线视察返重庆，寓居特园。他此次考察行经皖苏鲁冀豫晋六省，出入于敌占区和游击区之间，历时八个月。

12 月

1 日，中共中央发出《大量吸收知识分子的决定》，指出全党同志必须认识，对于知识分子的正确政策，是革命胜利的重要条件之一。要求各地区和军队都要大量吸收知识分子参加革命工作。

毛泽东发表《中国革命与中国共产党》，系统提出新民主主义革命的理论。

中华全国文艺界抗敌协会桂林分会成立，巴金被选为理事。

中华全国文艺界抗敌协会桂林分会组织桂林文艺界、新闻界到桂南前线慰问昆仑关战役将士，香港新闻界和《珠江时报》同时派员随团参加。

艾思奇编的《哲学选辑》由辰光书店出版。

钱穆历经十多年在云南昆明岩泉寺写成通史性论著《国史大纲》并出版。钱穆时任北京大学历史系教授，该书在学生与知识分子中发挥了积极的民族文化凝聚作用。

费孝通的《中国农民的生活》以英文出版于英国，该书中译本名为《江村经济》。

洪深随国民政府军事委员会政治部第三厅至重庆，《戏剧的方法和表演》由新剧研究社出版。

香港《大公报·文艺》连出五次专刊，讨论民族形式问题。

梁宗岱翻译的莎士比亚十四行诗发表于《时事新报·学灯》。

柳亚子抵达香港后把寓所取名"羿楼"，以后羿射日自居，表示与日本侵略者不共戴天，其《南明史纲初稿》开始在香港《大风》半月刊连载。

刘海粟到印度尼西亚爪哇岛，上海美专校长职务由谢海燕代理。

投笔从戎的民俗学家钟敬文被第四战区政治部调到江西省信半县，为西南地区军需人员训练班学员讲解《抗战建国纲领》。

张恨水的小说《八十一梦》开始连载于重庆《新民报》。

朱谦之在中山大学发表题为"哥伦布前一千年中国僧人发现美洲"的演讲。

岑仲勉完成著作《读全唐文札记》《读全唐诗札记》。

邓广铭编写完成《稼轩年谱》《稼轩词编年笺注》初稿及《辛稼轩诗

文抄存》。

潘公旦开始着手翻译霭理士的《性心理学》。

郭绍虞的《近代文编》由燕京大学国文系印刷。是年他仍困居北平，宁守清贫，拒不与日伪同流合污。

人类学家林惠祥赴马来亚担任槟榔屿钟灵中学校长，其《世界人种论》由商务印书馆重版。

后　记

2016年暑假，我蛰居家中整理书房，偶然翻到自己以前研究林语堂、徐訏过程中保存下来的一些读书札记，这些手稿大多涉及这两位作家在抗战时期的思想和创作，我感到其中的一些文字论述尚有进一步深化的余地，于是便萌生撰写一部学术专著的想法。那时刚好自己正对法国年鉴学派和新史学产生浓厚兴趣，也学习了一点研究方法，本书逻辑框架及研究视角的形成显然与当时的学术阅读有关。

中华民族在反抗日本军国主义侵略的艰苦岁月中，谱写了感天动地、气壮山河的壮丽史诗。战时中国知识分子积极投身抗日救亡运动，或直接置身于抗日前线浴血奋战，或为军政部门及其他抗日组织贡献知识才干，或努力开展抗战宣传，更多的则以振兴中国学术文化为己任，创造了战时中国教育、学术和文学艺术诸领域的蓬勃气象，为中华民族的抗日战争做出了独特的贡献，也彰显了文化自觉与文化自信。对此，一些文化史、文学史叙述虽多有论及，但其往往囿于宏观的整体性体例而忽视了对战时特定年份中国知识分子之知与行的微观考察和透视，因而一定程度上遮蔽了许多生动丰富的历史细节，不利于历史本相的揭示。基于此，我考虑运用微观史学的方法写一本关于1939年中国知识分子之心迹与行迹的学术专著，并尝试以"士人"指称战时中国知识分子，以期引起学界对中国现代知识分子与传统士人精神之间深层联系的关注。在我看来，译自"intelligentsia"和"intellectual"的"知识分子"这一概念，是对20世纪中国士人的一种新的命名，它确实体现了启蒙现代性的新质而自有其存在的合理性，然而当我们以"知识分子"完全置换"士人"，并将这一崭新概念用来考察和讨论近代以来尤其是抗战时期的中国知识分子时，往往又会陷入历史和逻辑的悖论境地。本书提及的"杨振宁之问",也许只能从士人精神中寻求答案。我相信,随着文化自觉和文化自信的确立,"士人""士人精神"将逐渐成为一种显性话语体系,用以更准确地阐释中华优秀传统文化在20世纪中国的传承与发展。

三年来我徜徉于书海,在史料中爬梳剔抉,在学术理论中审思明辨,在文学作品中盘桓不去,经历了小书房里的四季晨昏,孤独而又美好。本书的振领提纲、遣词行文,每每因自己才思不敏而殚精竭虑,其中的忧喜得失,寸心可知。一个关涉民族复兴的宏大选题,当以慢工细活的态度为之,我特别喜欢这种做学问的方式。

我选择1939年作为本课题研究的微观时空基点,主要是由于该年份在战时中国文化思想史上有特殊的意义。虽说学术乃天下之公器,然而我之所以选取1939年却还有一点私念存焉。家父出生于1939年10月20日,童年饱经离乱之痛,他很小的时候就得为从南洋归来而遭受困厄的祖父母荷担分忧。新中国成立后,家父发愤为学、锐意求进,他1963年秋泉州师范毕业后即被选擢到福州乌山小学任教,自此在教育界服务36年直至退休。我觉得,家父就是一个典型的中国士人。我小时候的家史教育,有许多往事与父亲出生的那个年代有关,念小学的时候我就试图想去了解父亲诞生那一年的家国之事。如今借此课题了却一桩心愿。在这个意义上说,本书是为生于1939年己卯年农历九月初八的父亲而写的。谨以此书献给年届八旬、一生刚健厚德的家父。

衷心感谢华侨大学哲学社会科学学术著作专项资助计划的鼎力支持,感谢华侨大学社会科学研究处同人的辛勤工作。向支持本书出版的社会科学文献出版社社会政法分社王绯社长致以由衷的谢意。本书的责任编辑孙燕生先生细致缜密的作风让我感佩于心,对他的辛勤劳作特表谢忱。

陈旋波

2019年6月于闽南

图书在版编目(CIP)数据

1939：中国士人的知与行 / 陈旋波著. -- 北京：社会科学文献出版社, 2019.12
（华侨大学哲学社会科学文库.文学系列）
ISBN 978-7-5201-5703-2

Ⅰ.①1… Ⅱ.①陈… Ⅲ.①知识分子－研究－中国－1939 Ⅳ.①D693.71

中国版本图书馆 CIP 数据核字（2019）第 216477 号

华侨大学哲学社会科学文库·文学系列
1939：中国士人的知与行

著　　者 / 陈旋波

出 版 人 / 谢寿光
责任编辑 / 孙燕生

出　　版 / 社会科学文献出版社·社会政法分社（010）59367156
　　　　　地址：北京市北三环中路甲29号院华龙大厦　邮编：100029
　　　　　网址：www.ssap.com.cn
发　　行 / 市场营销中心（010）59367081　59367083
印　　装 / 三河市龙林印务有限公司

规　　格 / 开　本：787mm×1092mm　1/16
　　　　　印　张：16.5　字　数：259千字
版　　次 / 2019年12月第1版　2019年12月第1次印刷
书　　号 / ISBN 978-7-5201-5703-2
定　　价 / 86.00元

本书如有印装质量问题，请与读者服务中心（010-59367028）联系

▲ 版权所有 翻印必究